Ulrike Dahm

Starke Frauen sagen NEIN

ARISTON

Ulrike Dahm

Starke Frauen sagen NEIN

So lernen Sie, sich abzugrenzen

Dieses Buch erschien in einer früheren Ausgabe 1997 unter dem Titel *Die Kraft des Nein. Wegweiser zur Entscheidungsfreiheit für Frauen* bei Sphinx im Heinrich Hugendubel Verlag .

Bibliografische Information der Deutschen Bibliothek

Die Deutsche Bibliothek verzeichnet diese Publikation in der Deutschen Nationalbibliografie; detaillierte bibliografische Daten sind im Internet unter http://dnb.ddb.de abrufbar.

Textredaktion: Barbara Imgrund
Umschlaggestaltung: ZERO Werbeagentur, München
Produktion: Ortrud Müller
Satz: Typodata GmbH, München
Druck und Bindung: GGP Media GmbH, Pößneck
Printed in Germany

ISBN: 978-3-7205-2790-3

Inhalt

Vorwort

Das vorliegende Buch habe ich für Frauen geschrieben, die Schwierigkeiten haben, sich abzugrenzen. Zum einen bin ich eine Frau und fühle mich deshalb kompetent, über und für Frauen zu schreiben. Zum anderen arbeite ich in meinen Seminaren und in Einzelsitzungen vorwiegend mit Frauen.

Das Thema Selbstliebe bildet den Schwerpunkt meiner Arbeit, und es ist sehr bezeichnend, dass sich weit mehr Frauen als Männer von diesem Thema angezogen fühlen. Ist Selbstwert, Selbstbewusstsein oder Selbstliebe für Männer etwa kein Thema? Oberflächlich betrachtet scheinen die Herren der Schöpfung mit sich und der Welt ganz zufrieden zu sein.

Ganz anders die Frauen. Sie stellen sich weit häufiger infrage, zweifeln an sich und fühlen sich so, wie sie sind, nicht liebenswert. Da sie bereits bei kleinsten Fehlern und Schwächen ihre gesamte Person infrage stellen, fällt es ihnen besonders schwer, sich abzugrenzen. »Selbst-los« nehmen sie Dinge hin, unter denen sie körperlich und seelisch leiden, im Glauben, nicht das Recht oder die Kraft zur Veränderung zu haben.

Das Thema Abgrenzung ist in der Tat für Frauen ein anderes als für Männer. Während Frauen eher lernen müssen, sich abzugrenzen, an sich selbst zu denken, müssen sich Männer meist in der Hingabe üben. Weibliche Konditionierung lässt ein Nein nur ungern zu, während die männliche Konditionierung ein Nein geradezu herausfordert. Und so fragen sich viele Frauen:

- Wie kann ich mich abgrenzen, ohne mich auszugrenzen?
- Wie kann ich eigenen Wünschen und Bedürfnissen nachgehen und gleichzeitig auf andere Menschen eingehen?
- Wie kann ich »Ich« sein, ohne das »Du« zu verlieren?
- Wie ist es möglich, Hingabe zu leben, ohne mich aufzugeben?

Ich möchte mit meinem Buch Denkanstöße zum Thema Abgrenzung geben und neue Sichtweisen vermitteln. Dabei ist es mir wichtig zu verdeutlichen, dass das Nein durchaus nicht unweiblich ist, sondern ganz im Gegenteil unser Frausein schützt. Um Missverständnissen vorzubeugen möchte ich jedoch betonen, dass ich Frauen nicht dazu ermuntere, die Rolle des angepassten Weibchens mit der Rolle der rebellischen Lady zu vertauschen. Beide Seiten sind wichtig, das Ja genauso wie das Nein, Hingabe ebenso wie Abgrenzung.

Mit vielen praktischen Übungen können Sie das Gelesene selbst erproben und neue Erfahrungen sammeln. An manchen Stellen habe ich bewusst übertrieben oder pauschalisiert, um einen Sachverhalt zu verdeutlichen. Natürlich fließt mein persönlicher Weg in das Geschriebene mit ein. Über Rückmeldungen und gemeinsamen Erfahrungsaustausch würde ich mich sehr freuen (Adresse S. 224).

DANKSAGUNG

An diesem Buch haben viele Menschen direkt und indirekt mitgewirkt. Mein besonderer Dank gilt an dieser Stelle

- Michael Görden für die inhaltlichen Anregungen und die konstruktive Kritik,
- Veeta Gensberger, die das Konzept des inneren Patriarchen aus Amerika mitbrachte,
- Gert Hildebrand, der meinen Computer auf Vordermann brachte,
- der Voice-Dialogue-Supervisionsgruppe für ihre Hilfe bei der Formulierung des Titels.

Danken möchte ich auch all meinen Seminarteilnehmerinnen und Klientinnen. Vieles aus der Arbeit mit ihnen ist in dieses Buch mit eingeflossen.
Nicht vergessen möchte ich an dieser Stelle meine Mutter. Durch ihre nachgiebige Art hat sie mich gelehrt, zunächst auf die Gegenseite zu gehen und eine Rebellin zu werden, um dann viele Jahre später die Qualitäten ihres Wesens in mein Sein zu integrieren.
Abschließend danke ich meinem Partner Axel. Mit ihm übe ich jeden Tag den Balanceakt zwischen Nähe und Distanz, Hingabe und Eigenwillen, Ja und Nein.

»Es gibt da drei Sorten von Menschen:
Die ersten sagen erst ja,
und dann denken sie,
die zweiten sagen erst nein,
und dann denken sie,
und die dritten denken zuerst.«
Bert Hellinger

1. Nur wer nein sagen kann, kann auch wirklich ja sagen: Plädoyer für eine Nein-Kultur

Noch nie im Verlauf der Menschheitsgeschichte konnten wir unseren individuellen Bedürfnissen so stark nachgehen wie heute. Wir huldigen unserer persönlichen Freiheit mehr denn je. Selbstverwirklichung um jeden Preis, ob materiell oder spirituell, ein Maximum an schnellem Vergnügen – das ist es, was zählt. Wir sind auf unseren Vorteil bedacht. Immer mehr Menschen entscheiden sich für ein Leben als Single. Sie wollen weder auf einen Partner noch auf eine Familie oder sonstige Gemeinschaft Rücksicht nehmen müssen. Alles, was sie »belasten« könnte, ob Kinder oder die alten Eltern, wird peinlichst gemieden.

Unter dem Druck gesellschaftlicher Normen und Werte, die da heißen Erfolg, Geld und Karriere, breiten sich Egozentrik und Überheblichkeit aus. Es interessiert uns nicht sonderlich, wie es unserem Nachbarn geht. Vielleicht kennen wir ihn nicht einmal. Gerade in Zeiten der Krise versucht jeder, seine Schäfchen ins Trockene zu bringen und sich notfalls mit Ellbogen durchzusetzen. Nach mir die Sintflut! – so lautet die gängige Parole. Wir grenzen uns aus und ab, gerade dort, wo vielleicht ein Miteinander sinnvoller wäre. Wir verkümmern hinter unseren Fernsehern und Computern und kommunizieren nur noch über Internet und Telefon. Weshalb also in einer Zeit, in der wir an unseren aufgeblähten Egos zu ersticken drohen, ein Buch, das zur Abgrenzung, zum Neinsagen auffordert? Wäre es nicht sinnvoller, über das Miteinander, über Toleranz und Akzeptanz zu schreiben?

Ich behaupte, dass *gesunder* Egoismus für unsere körperliche und geistige Gesundheit von großer Bedeutung ist und nichts mit der oben beschriebenen Rücksichtslosigkeit und Ellbogenmentalität zu tun hat. Vielleicht ist die momentane Entwicklung hin zu immer mehr Egozentrik eine Gegenbewegung zur jahrhundertelangen christlichen Verherrlichung der

Nächstenliebe. »Liebe deinen Nächsten – wie dich selbst«, so steht es zwar in der Bibel – doch die Kirche hat den zweiten Teil dieses Satzes weitgehend unterschlagen, wären ihre Schäfchen als Sich-selbst-Liebende doch weniger kontrollier- und manipulierbar gewesen. So wurde Stolz zu einer der sieben Todsünden erklärt. Jede Form von Selbstsucht musste gebeichtet werden. Besonders Frauen wurde in der Vergangenheit gepredigt, demütig und selbstlos durchs Leben zu gehen und sich für die Familie aufzuopfern.

Ich glaube, dass wir Frauen nie gelernt haben, *in gutem Sinne* nein zu sagen, das heißt ein sinnvolles Nein von kindlich-aggressivem Trotz zu unterscheiden. Gerade Frauen, die bei jeder Gelegenheit lauthals protestieren *müssen,* haben kein wirkliches Ja zu ihrem Nein. Warum sonst müssen sie so kämpferisch auftreten?

Nur allzu oft lächeln und nicken Frauen, wenn es angebracht ist, Grenzen zu setzen. Sie schlucken und ducken sich, statt ihre Würde zu wahren und für ihre Rechte einzustehen. Sie ziehen sich schmollend zurück, wenn ein anderer sie verletzt hat. Oder sie können sich nicht erklären, woher die plötzlichen Wutausbrüche kommen, die der Situation nicht im geringsten angemessen sind. Ein Nein lässt sich nicht einfach wegdrücken. Es sucht sich, wird es nicht ins alltägliche Leben integriert, versteckte Wege, um Ausdruck zu finden.

Wenn wir nicht nein sagen können, so hat das auch für unser Ja weitreichende Folgen. Ich möchte diesen Sachverhalt an einem Bild verdeutlichen: Wenn ich in einem Haus lebe, wo statt der Türen und Fenster nur Öffnungen sind, so kann jeder Fremde in dieses Haus eindringen, und ich werde wenig dagegen tun können. Ich muss ständig auf der Hut sein, muss um meine Sicherheit, mein Hab und Gut und um mein Leben bangen. Ich werde mich nicht entspannen und erholen können in diesem Haus. Vielleicht baue ich einen hohen Zaun oder eine Mauer, mit Stacheldraht und spitzen Glasscherben versehen, um ungebetene Gäste fernzuhalten. Wenn ich stattdessen die Möglichkeit habe, Türen und Fenster zu schließen, wenn ich gegebenenfalls sogar einen Wachhund habe, so wird der hohe Zaun überflüssig.

Auf die menschliche Psyche übertragen heißt das: Je weniger ich dazu in der Lage bin, gesunde Grenzen zu setzen, desto weniger werde ich andere Menschen an mich heranlassen können. Wenn ich meine Türen nicht verschließen kann, so werde ich jeden Menschen, der sich meiner Schwelle nähert, als potentiellen Feind oder Ausbeuter betrachten, werde Nähe und Intimität zu Recht als bedrohlich erleben. Ich werde auf Abstand bedacht sein und muss eine dicke Mauer um mich errichten, damit andere Menschen mir nicht zu nahe kommen und mich verletzen können. Ich habe Angst, mein Herz zu öffnen, weil ich befürchte, mich dann nicht mehr abgrenzen zu können oder zu dürfen.

Mauern können recht unterschiedliche Gestalt annehmen:

1. Die Mauer aus Wut
Die Mauer aus Wut bewirkt, dass andere Menschen meine explosionsartigen Ausbrüche, meine Aggressionen und Vorwürfe fürchten und mir deshalb nicht zu nahe kommen.

2. Die Mauer aus Angst
Habe ich eine Mauer aus Angst um mich gebaut, so werde ich meinen Mitmenschen aus dem Weg gehen, wo es nur geht. Ich werde mich energetisch klein oder gar unsichtbar machen. Ist der Kontakt nicht zu vermeiden, werde ich anderen Menschen nonverbal signalisieren: »Kommt mir nicht zu nahe. Ich bin so empfindlich und furchtsam, ich verkrafte Nähe nicht.«

3. Die Mauer aus Schweigen
Weit verbreitet ist die Mauer aus eisigem Schweigen. Ein schweigender Mensch, der sich hinter seiner Zeitung verkriecht oder sich anderweitig zurückzieht, strahlt die Warnung aus: »Lass mich in Ruhe!«

4. Die Mauer aus Worten
Spricht ein Mensch gern und viel, so hat es zunächst den Anschein, als sei er oder sie recht kontaktfreudig. Doch Worte können eine starke Waffe sein, wenn es darum geht, Intimität zu vermeiden. Wenn jemand pausenlos redet und ich keine Chance habe, mich an der Unterhaltung zu beteiligen, werde

ich bald das Weite suchen. Solche Menschen sind anstrengend.

5. Die Mauer aus Resignation
Auch Resignation ist eine wirkungsvolle Mauer. Halte ich mich hinter ihr versteckt, muss ich Angst, Schmerz und Enttäuschung nicht spüren. Es hat ja sowieso alles keinen Sinn!

Mauern, wie auch immer sie geartet sein mögen, sind kein wirklich guter Schutz. Sie mögen zwar unsere Mitmenschen fern halten, doch die Gefahr, dass wir hinter ihnen vereinsamen, ist sehr groß.

Ich möchte Sie in diesem Buch für Ihre eigenen Grenzen sensibilisieren und Sie ermutigen, zu ihnen zu stehen. Nur so wird die innere Mauer unnötig und Sie können sich vertrauensvoll anderen Menschen öffnen. Erst durch ein gesundes Nein wird Ihr Ja authentisch.

Die Polarität von Ja und Nein

Ja und Nein bedingen einander. Sie sind die zwei Seiten der gleichen Medaille. Zusammen bilden sie eine Einheit. In jedem Nein steckt ein Ja, und in jedem Ja ist auch das Nein verborgen. Sage ich nein zu einer Sache, so bejahe ich gleichzeitig etwas anderes – und umgekehrt. Lasse ich mich beispielsweise voll und ganz auf eine Beziehung ein, so sage ich gleichzeitig Nein zu meinem Single-Dasein. Und ein Nein zu den Überstunden im Büro kann ein Ja zu mir selbst, zu meinen Interessen oder meiner Familie bedeuten. Sage ich eine Einladung oder Verabredung ab, so eröffnen sich neue Möglichkeiten, meine Zeit zu verbringen.

So sehr wir uns auch bemühen mögen, nur eine Seite der Münze zu leben, die andere begleitet uns stets wie ein Schatten. Entscheiden wir uns beispielsweise für das Ja, so können wir zwar versuchen, das Nein zu vermeiden, doch es wird nicht von unserer Seite weichen. Wenn es keinen Platz in unserem Inneren hat, so wird es im Außen auf uns zukommen. Es wird uns in Form von egoistischen Partnern, anspruchsvollen

Kollegen und trotzigen Kindern so lange begegnen, bis wir es nicht mehr in anderen Menschen bekämpfen, sondern in unser Leben integrieren.

Männer leben aufgrund frühkindlicher Konditionierung eher das Nein. So manche Mutter klagt zwar über ihren kleinen Trotzkopf, doch insgeheim ist sie stolz auf den willensstarken Jungen, der es versteht, seinen Kopf durchzusetzen. Ihm gesteht sie zu, was sie ihrer Tochter vielleicht verwehrt. Das Nein verleiht dem Mann Stärke und macht ihn zu einem ganzen Kerl! Das Ja mit seiner Qualität der Offenheit und Hingabe erscheint ihm schwach und weibisch – und daher wenig erstrebenswert. Welcher junge Mann kann sich schon dem Idealbild des Marlboro- oder Camel-Mannes entziehen, der als einsamer Wolf durch die Lande streift und sich auf sein Pferd und sonst niemanden verlässt?

Frauen sind hingegen meist auf der Ja-Seite vertreten. Schon früh wird kleinen Mädchen beigebracht, nachzugeben, brav und möglichst unauffällig zu sein. Das Nein erscheint Frauen häufig als zu hart, grausam und unweiblich und wird daher möglichst aus dem Leben verbannt. Rutscht es in einem unbedachten Moment doch über ihre Lippen, so plagen sie sich mit Schuldgefühlen herum.

Und da sich Gegensätze bekanntlich anziehen, finden sich in Beziehungen häufig Jasagerin und Neinsager zusammen. Die Frau, die die Nein-Seite nicht entwickelt hat, wird sich in einen Neinsager verlieben. Sie verfolgt den Mann regelrecht mit bedingungslosem Ja, während der Mann vor der Frau in trotzigem Nein flieht und sie anfleht, sie möge doch endlich egoistischer werden und eigene Interessen entwickeln, damit er mehr Luft bekommt.

Sie sucht die Nähe, er die Distanz. Dieses Paar hält sich oft ein Leben lang in einem Bindungsmuster gefangen, dem es nur entkommen kann, wenn beide Partner die Chance nutzen und erkennen, dass der andere die eigenen verdrängten Anteile lebt. Natürlich können die oben beschriebenen Rollen von Mann und Frau auch vertauscht sein, doch überwiegend sind Männer in der Partnerschaft auf der Nein- und Frauen auf der Ja-Seite angesiedelt.

Das Ja hat nicht nur bei der Eheschließung eine große Bedeutung. Es scheint auch die Eintrittskarte in die Welt der Religion und Spiritualität zu sein. Liebe, Hingabe und Vertrauen gelten als wichtige spirituelle Qualitäten. Dein Wille geschehe, Herr! Obwohl Jesus selbst ein Rebell war, hat die Kirche die Angst des Menschen vor der Hölle und seine Gier nach dem ewigen Himmelreich zu allen Zeiten kräftig ausgebeutet, hat Demut und Unterwerfung gefordert. Ängstliche und gierige Menschen sind bekanntlich leicht zu manipulieren. Wenn ich dem Willen des Herrn aus Angst vor dem Bratspieß des Teufels oder aus Gier nach den Freuden im Paradies folge, so wird mein Ja hohl. Es ist kein freudiges Ja, für das ich mich aus freiem Willen entschieden habe. Somit hat es keine Substanz. Wenn der Gegenpol des Nein fehlt, verkümmert der spirituelle Sucher zu einer bigotten, blassen und scheinheiligen Gestalt.

Wirkliche Hingabe an einen Menschen, eine Idee oder Sache ist nur möglich, wenn ich die Alternative habe, zwischen Ja und Nein zu wählen. Wahlmöglichkeit wiederum setzt größtmögliche Angstfreiheit voraus. Angst macht unfrei, und um meine Unfreiheit zu verstecken, muss ich mir die passende Ideologie suchen. Ich finde gute Gründe und Rechtfertigungen für mein Ja oder Nein.

Viele spirituelle Schulen sehen als höchstes menschliches Ziel die Auflösung des Ego, die Erleuchtung an. Sie vertreten die Ansicht, dass das Nein dem Ego dienlich ist, während das Ja das Ego auflöst. Gott ist Liebe, Gott ist unumschränktes Ja, im Nein sitzt der Teufel! Mit dem Nein schließt sich die Tür zum Du, mit dem Ja öffnet sie sich.

Ich stimme dem im Großen und Ganzen zu. Doch was ist falsch an einer geschlossenen Tür? Muss meine Tür immer offen sein? Und wer macht die Gesetze, nach denen ich mich richten soll? Ist es nicht so, dass ich auch über das Nein zum Ja finden kann? Zu einem Ja, das mir niemand vorgepredigt hat und ich nicht einfach nachplappere, sondern zu einem Ja, das aus meiner eigenen Erkenntnis erwachsen ist? Ich bin der Ansicht, wir dürfen keine Stufe überspringen. Mein Ego kann ich – wenn überhaupt – nur aufgeben, wenn ich es erst einmal gefunden habe. Ich kann auf Macht nur verzichten, wenn ich jemals welche hatte. Es ist keine große Kunst, eine Rechtfertigung für Opfermentalität und Ohnmacht zu finden und aus der Not eine Tugend zu machen. Nur allzu leicht besteht die Gefahr, dass wir vor den eigenen Abgrenzungsschwierigkeiten flüchten und das Ja verherrlichen.

Anstatt also das Ja in den Himmel zu heben und das Nein zu verteufeln, sollten wir vielmehr anderen Menschen dazu verhelfen, gesunde Grenzen zu setzen, damit sie beide Pole zur Verfügung haben. Wir sollten sie lehren, auf sich zu hören, ohne dabei ihre Mitmenschen völlig auszugrenzen. Dies wiederum ist nur möglich, wenn sie sich so akzeptieren, wie sie sind, mit allen Fehlern und Schwächen. Selbstbewusstsein – das heißt, mir meiner selbst bewusst zu sein – ist ein lebenslanger Prozess. Durch bewusstes Innehalten und nach innen Schauen löse ich die Identifikation mit bestimmen Überlebensstrategien auf und integriere verdrängte Anteile in die eigene Psyche. Wenn ich liebevoll mit mir selbst umgehe, werde ich auch andere Menschen rücksichtsvoll behandeln.

Unser Bewusstsein, durch das wir die Welt erfahren, ist polar. Nicht die Welt besteht aus Polaritäten – es ist unser Denken, durch das wir die Welt polar wahrnehmen. Unser Verstand zerlegt die Wirklichkeit unentwegt in kleine Stücke und unterscheidet zwischen diesen kleinen Stücken. Er sagt ja zu allem, was er aufgrund von vorausgegangenen Erfahrungen für richtig oder gut befunden hat, und nein zu dem, was ihm als verwerflich, schmerzhaft oder gefährlich erscheint. Er nimmt nur bestimmte Teile der Wirklichkeit an und identifiziert sich mit ihnen. Diese Teile werden Hauptstimmen oder Hauptselbste genannt. Die anderen muss er verdammen und aus unserem Gesichtskreis verbannen. So haben Sie als Kind vielleicht die Erfahrung gemacht, dass Ihr Vater Sie verprügelte, wenn Sie sich seinen Anordnungen widersetzten, oder dass Ihre Mutter Sie mit Liebesentzug bestrafte, wenn Sie nicht taten, was sie wollte. Also haben Sie beschlossen, artig zu werden, sich anzupassen und Ungehorsam, Rebellion und Widerspruch aus Ihrem Verhaltensrepertoire zu streichen. Die angepasste Tochter wurde zu Ihrem Hauptselbst und die Rebellin wurde zu Ihrem verdrängten Selbst.

Doch das Abgelehnte lebt im Schatten unserer Psyche weiter. Der Schatten hat eine große Macht über unser Leben, denn er ist uns nicht bewusst. Er sabotiert unsere Handlungen und Bemühungen aus dem Untergrund. Da wir ihn in uns selbst nicht sehen wollen, projizieren wir ihn auf unsere Mitmenschen. Alles, was wir an anderen Menschen ablehnen oder stark bewundern, entspringt unserem Schatten, unseren verdrängten Selbsten. Wenn wir uns beispielsweise immer wieder beklagen, wie egoistisch andere Menschen sind, so können wir davon ausgehen, dass Egoismus dem Schattenbereich unserer Psyche angehört. Auch die couragierte Nachbarin, die »bewundernswerterweise« allen frech die Meinung sagt und sich trotz Familie viel Zeit für ihre eigenen Interessen nimmt, verkörpert eines unserer verdrängten Selbste.

Selbsterkenntnis ist ohne Polarität nicht möglich. Unser Ego verhindert, dass wir Einheit oder Ganzheit in irgendeiner Form wahrnehmen. Wir sind Gefangene der Dualität, wir können ihr nicht entkommen. Das Streben nach Einheit, Ganzheit ist paradoxerweise nur über den Weg durch die Polarität möglich. Die vermeintlichen Gegensätze von Richtig und Falsch, Gut und Schlecht, von Tag und Nacht, Sommer und Winter, Mann und Frau, Geburt und Tod usw. ergänzen und bedingen sich gegenseitig. Das eine kann ohne das andere nicht existieren: Nehmen wir einen Pol weg, so verschwindet auch der andere. Nehmen wir das Nein weg, verschwindet auch das Ja. Wir brauchen beide Pole, um einen verstehen zu können, weil jeder an der Entwicklung und Vervollkommnung des anderen beteiligt ist. Es kann also niemals um ein Entweder-oder, sondern nur um ein Sowohl-als-auch gehen. Die Polarität zwingt uns, den Weg durch die Gegensätze von Ja und Nein hindurchzugehen, bis wir beide Seiten integriert haben.

Der Mensch ist kosmischen Gesetzmäßigkeiten unterworfen. Wir müssen uns in eine überpersönliche Ordnung einfügen, auch wenn wir uns dessen nicht bewusst sind. Fritz Riemann beschreibt in seinem Buch »Grundformen der Angst« nicht nur zwei, sondern vier mächtige Grundimpulse, denen der Mensch, der in diese Welt hineingeboren ist, gehorchen muss:

1. Die Erde kreist um die Sonne.

2. Gleichzeitig dreht sich die Erde um ihre eigene Achse.

Damit sind zwei weitere Impulse gesetzt:

3. Die Schwerkraft hält die Welt zusammen und richtet sie nach der Mitte hin aus.

4. Die Fliehkraft strebt nach außen, drängt in die Weite.

Fritz Riemann überträgt dieses System auf uns Menschen und sagt, dass die vier beschriebenen Impulse ihre Entsprechung als unbewusste Triebkräfte im Menschen haben. Daraus ergibt sich folgendes:

1. So wie die Erde um die Sonne kreist, muss auch der Mensch sich in ein größeres Ganzes einordnen, sein eigenes Wollen begrenzen und sich dem Du öffnen. Gleichzeitig entsteht damit die Angst vor Hingabe, vor Ich-Verlust und Abhängigkeit (= Ja).

2. So wie die Erde sich um ihre eigene Achse dreht, ist auch der Mensch aufgefordert, seine Individualität zu entwickeln und sich gegen andere Menschen abzugrenzen (= Nein). Er muss lernen, seine Einzigartigkeit zu erkennen und anzunehmen. Doch damit einher geht die Angst vor Isolation, vor dem Nicht-mehr-Dazugehören zu einer Gemeinschaft, die Angst vor der Selbstwerdung.

3. Die Schwerkraft ruft uns dazu auf, Dauer anzustreben, uns niederzulassen, die Zukunft zu planen. Daraus erwächst die Angst vor Neuem, vor dem Vergänglichen, vor Veränderung und Wandlung.

4. Die Fliehkraft will, dass wir uns ständig wandeln, verändern und lebendig weiterentwickeln. Doch daraus ergibt sich die Angst vor Einengung, Reglementierung, Unfreiheit und Endgültigkeit.

Nur die Ausgewogenheit dieser vier Impulse garantiert die Aufrechterhaltung der Ordnung, in der wir leben. Das Übergewicht oder Ausfallen einer Bewegung würde die Ordung stören und uns ins Chaos stürzen. Fritz Riemann schreibt:

»Stellen wir uns einmal vor, die Erde würde einen dieser Grundimpulse aufgeben. Gäbe sie z.B. die Revolution, die Umkreisung der Sonne auf und würde nur noch die Rotation, die Drehung um die eigene Achse vollziehen, würde sie die Größenordung eines Planeten übersteigen und sich als Sonne gebärden, als Mittelpunkt, um den sich die anderen Planeten zu drehen hätten. Sie würde sich also nicht mehr in die ihr vorgeschriebene Bahn um die Sonne einfügen, sondern nur noch ihr eigenes Gesetz leben.

Gäbe die Erde dagegen die Rotation, ihre Eigendrehung, auf und würde sie nur noch um die Sonne kreisen, sänke sie von der Planetenstufe auf die eines Trabenten, eines Mondes herab, der Sonne immer die gleiche Seite zuwendend in größter Abhängigkeit. In beiden Fällen würde sie also ihre Planetengesetzlichkeit, abhängiges Sicheinfügen und dennoch unabhängige Eigendrehung zu haben, durchbrechen.«*

Wenn wir dieses Beispiel auf unsere Ja-Nein-Pole übertragen, so können wir daraus schließen: Wenn wir uns ausschließlich auf das Du beziehen und ihm zustimmen, wenn wir stets freundlich, offen und hilfsbereit sind, so geraten wir wie der Mond als nächtlicher Begleiter der Erde in völlige Abhängigkeit. Betonen wir dagegen ausschließlich unser Ich, leben unsere Freiheit auf Kosten anderer, niemals bereit, einen Kompromiß zu schließen, so sind wir gefangen im Kampf gegen Nähe und Hingabe. Wir müssen den Preis für unsere Unabhängigkeit bezahlen. So mögen wir uns vielleicht stark fühlen, doch wir sind auch isoliert und einsam.

Zu den Grundbedürfnissen des Menschen zählt einerseits der Wunsch nach Nähe, Verbundenheit, Liebe, Hingabe, Sicherheit und Geborgenheit, und andererseits der Wunsch nach Distanz, Unabhängigkeit, Alleinsein, Freiheit, Individualität und Abgrenzung. Der eine Wunsch bedarf unseres Ja, der andere macht ein Nein nötig. Ich möchte die Polarität von Ja und Nein an einer Grafik verdeutlichen:

---

* Fritz Riemann, Grundformen der Angst, München: Ernst Reinhardt Verlag 1997, S. 11.

Eigenschaften:

Du-Betonung	Ich-Betonung
Altruismus	Egoismus
Gefangen in der Zustimmung	Gefangen in Ablehnung und Kampf

Identifikation mit folgenden Teilpersönlichkeiten:

Gute Mutter/Tochter	Trotztochter
Schmeichlerin	Rebellin
Bedürftiges Kind	Kämpferin
Selbstlose	Unabhängige

Ziel:

Bewusstes Ich

Entscheidungsfreiheit
Wahlmöglichkeit

Angst vor:

Selbstwerdung	Ich-Verlust
Isolation	Abhängigkeit
Unabhängigkeit	Nähe
Ablehnung	Hingabe
Distanz	

Werte:

Hilfsbereitschaft	Eigenständigkeit
Nächstenliebe	Freiheit
Offenheit	Authentizität
Freundlichkeit	Wahrheit
Mitgefühl	Kompromisslosigkeit

Herausforderung:

Nein	Ja
Abgrenzung	Hingabe an das Du
Eigene Interessen	

Sowohl im Ja als auch im Nein sind wir unfrei. Auf der Ja-Seite sind wir gefangen in der Zustimmung. Wir müssen einfach ja sagen, ob wir es wollen oder nicht. Je mehr wir auf die Nein-Seite geraten, desto mehr sind wir auf Abwehr bedacht. Wir glauben, es uns nicht leisten zu können, nachzugeben oder Kompromisse zu machen. Mit dem Nein haben wir die Kontrolle. Mit dem Ja, mit unserer Zustimmung überlassen wir uns dem anderen und seinen Vorstellungen.

Während wir als Jasagerinnen identifiziert sind mit der Rolle der guten Mutter oder braven Tochter, der Schmeichlerin, die es allen Leuten recht machen will, der Selbstlosen oder mit dem bedürftigen Kind, sind wir als Neinsagerinnen mit der Rolle der Trotztochter, der Rebellin und unabhängigen Kämpferin identifiziert. Wenn wir mit einer bestimmten Teilpersönlichkeit identifiziert sind, sehen wir die Welt durch die Brille ebendieses Teils und können uns nicht vorstellen, dass unsere Sichtweise sehr begrenzt ist. Wir fühlen uns mit unseren jeweiligen Ansichten im Recht und bekämpfen oder fürchten alles, was unserer Einstellung zuwiderläuft.

Auch unsere Normen und Werte sind recht unterschiedlich, ja diametral entgegengesetzt, je nachdem, ob wir mehr auf der Ja- oder auf der Nein-Seite angesiedelt sind. So rangieren auf der Werteskala der Jasagerin Werte wie Hilfsbereitschaft, Nächstenliebe, Offenheit, Freundlichkeit, Mitgefühl und Nähe ganz oben, während für die Trotztochter Eigenständigkeit, Freiheit, Authentizität, Wahrheit und Kompromisslosigkeit besonders wichtig sind.

Es gibt Frauen, die ihr ganzes Leben lang schwerpunktmäßig nur eine Seite verwirklichen. Andere wiederum wechseln im Lauf ihres Lebens vom braven Mädchen zur rebellischen Tochter. Meist geschieht dies während der Pubertät. Verächtlich schauen sie dann auf die Angepassten, Guten, die ihr Leben in den Dienst von Mann, Familie und / oder Arbeitgeber stellen. Welch arme, bemitleidenswerte Geschöpfe!

Rebellische Töchter haben einfach das Lager gewechselt. Sie stehen genauso auf einem Bein wie die angepasste Jasagerin. Beide gehen sehr einseitig durchs Leben. Auf einem Bein zu stehen ist eine recht wackelige Angelegenheit. Nur wer mit beiden Füßen auf der Erde steht, hat einen wirklich festen Stand im Leben.

Es kann also nicht darum gehen, das Ja abzulehnen und das Nein zu verherrlichen (oder umgekehrt), sondern darum, in die Mitte zu kommen. Beide Seiten können voneinander lernen. In die Mitte zu kommen bedeutet, ein Bewusstes Ich zu entwickeln, das nicht mit einer der beiden Seiten identifiziert ist, sondern das die Wahlmöglichkeit hat und die Freiheit, sich je nach Situation für das Ja oder das Nein zu entscheiden. Der Weg dorthin ist nicht immer einfach. Das Bewusste Ich ist kein Zustand, sondern ein lebenslanger Entwicklungsprozess. Im Bewussten Ich zu sein heißt nicht, dass alles harmonisch ist und völlige Eintracht herrscht. Es bedeutet, die Spannung zwischen den verschiedenen Polen auszuhalten und die Verantwortung für die eigenen Entscheidungen zu übernehmen.

Wenn ich mein ganzes Leben auf dem Ja-Pol angesiedelt war, ist es manchmal unumgänglich, zunächst extrem auf die Nein-Seite zu gehen, um bewusst mit Abgrenzung experimentieren zu können. Auch die Schalen einer Waage kommen nur dann ins Gleichgewicht, wenn sie zunächst heftig ins Schwanken geraten, um dann ganz allmählich die Balance zu finden. Viele Frauen würden gern das Neinsagen in homöopathischen Dosen lernen. Sie fragen mich, wie sie sich besser abgrenzen können, doch gleichzeitig wollen sie auf jeden Fall vermeiden, andere Menschen vor den Kopf zu stoßen. So begrenzen sie ihr Potential von vornherein, um ihre Mitmenschen ja nicht zu verärgern oder zu vergraulen. Deshalb lasse ich die Teilnehmerinnen in meinen Seminaren zunächst einmal laut nein schreien, nicht damit sie nach Hause gehen und jeden, der ihnen in die Quere kommt, niederbrüllen, sondern um überhaupt Zugang zu der Kraft des Nein zu erhalten und es energetisch zu verankern. Wenn die Kraft des Nein sich schließlich ganz entfaltet hat, ist es nicht mehr nötig zu schreien. Dann genügt ein Blick, eine Geste, die entschlossene Körperhaltung, um dem Gegenüber zu vermitteln: Bis hierhin und nicht weiter!

Übung: »Ja zu ...« heißt »Nein zu ...«

Damit Sie sich ganz bewusst vor Augen führen, dass Ja und Nein zwei sich ergänzende Pole sind, möchte ich Ihnen vorschlagen, die folgende Übung durchzuführen. Notieren Sie sich so konkret wie möglich einige Dinge, zu denen Sie ja sagen, und überlegen Sie dann, wozu Sie damit gleichzeitig nein sagen. Sie können auch umgekehrt vorgehen und sich notieren, wozu Sie nein sagen möchten. Dieses Nein schließt auch ein Ja zu etwas anderem mit ein.

Ja zu ...	**heißt**	**Nein zu ...**

Nein zu ...	**heißt**	**Ja zu ...**

Wo sind die Grenzen von Ja und Nein?

Es ist mitunter recht schwierig, zu entscheiden, wann es angebracht ist sich abzugrenzen, an sich selbst zu denken, und wann es richtig ist, nachzugeben und sich anzupassen. Auch ich habe dafür kein pauschales Rezept. Menschliches Verhalten lässt sich offensichtlich nicht durch die Zehn Gebote oder ein Gesetzesbuch regeln, sonst sähe es auf unserem Planeten anders aus. Verbote und moralische Vorschriften bringen uns nicht weiter. Es gibt keine allgemein gültigen Regeln, nach denen wir uns richten können. Was für den einen Menschen in einer bestimmten Situation stimmt, mag für den anderen das Falsche sein. Und was heute für mich richtig ist, kann morgen ganz verkehrt sein.

Wir selbst müssen einen inneren Maßstab finden, nach dem wir uns richten können. Dieser innere Maßstab muss auf die

Dauer beide Pole berücksichtigen: mich und meine Mitmenschen. Beides muss bei meinen Überlegungen in die Waagschale geworfen werden. Einmal mag die eine Seite gewinnen, ein andermal die andere.

Um zu überleben, brauchen wir andere Menschen. Deshalb ist der Wunsch nach Zugehörigkeit, nach Gemeinschaft und Kontakt im Menschen recht groß. Er ist der Hauptmotor unseres Handelns. Jedes Kind weiß instinktiv, was es tun darf und was es lassen muss, damit es angenommen wird und dazugehört. Selbst Tiere wissen das. Unser inneres Gewissen dient als Orientierung, doch dieses Gewissen, das auf verinnerlichten Normen und Werten basiert, kann nicht immer die letzte Instanz sein. Manchmal müssen wir das Gewissen hinter uns lassen, seine Maßstäbe beiseite legen, um »Ein-Sicht«, das heißt eine ganzheitliche Sicht zu gewinnen und uns weiterzuentwickeln.

Das Leben fordert uns heraus, permanent Entscheidungen zu treffen. Soll ich den Jungen in der U-Bahn neben mir bitten, seinen Walkman leiser zu stellen, oder lieber den Platz wechseln? Soll ich mich gegenüber der aufdringlichen Kollegin abgrenzen oder sie gewähren lassen? Kann ich meiner Mutter sagen, dass ich nicht jeden Tag angerufen werden will, oder soll ich aus Rücksicht auf ihre Gesundheit und ihr Alter lieber den Mund halten? Es sind die kleinen, alltäglichen Begebenheiten, die uns zu Entscheidungen herausfordern.

Jede Entscheidung, und mag sie auch noch so klein sein, hat Auswirkungen auf unser weiteres Leben. Ein richtiger Entschluss gibt uns innere Kraft, während Entscheidungsunfähigkeit ein wahrer Energieräuber sein kann. Wir können immer gute Ausreden finden, wenn es darum geht, neue Wege zu gehen. Keine Entscheidung ist auch eine Entscheidung. Wir lassen uns von Zweifeln übermannen. Ist meine Entscheidung auch richtig? Verletze ich damit nicht unnötigerweise andere Menschen? Diese Überlegungen haben durchaus ihre Berechtigung. Wenn ich jedoch auf alle Fälle vermeiden will, Fehler zu machen, dann werde ich Entscheidungen meiden wie die Pest. Es könnte sich hinterher ja herausstellen, dass ich meine Entscheidung korrigieren muss, und was dann? Vielleicht geht es mir dann noch schlechter als zuvor!

Frauen müssen lernen, Spannungen auszuhalten und vorübergehende Disharmonie zu ertragen. Die Angst vor negativen Konsequenzen ist eine kindliche Angst. Nur wenn wir bereit sind, die Folgen unseres Handelns zu tragen, sind wir frei, immer wieder experimentierfreudig neue Wege zu gehen. Wir können in jedem Augenblick eine Entscheidung treffen. Als erwachsene Menschen, die in unseren Breiten und in der heutigen Zeit leben, gibt es so gut wie nichts, wozu wir gezwungen werden. Keiner sperrt uns ins Haus ein, zwingt uns mit Handschellen, bei unserem Partner zu bleiben, oder treibt uns mit der Peitsche zur Arbeit. Es liegt also weitgehend an uns, wie wir unser Leben gestalten wollen.

Doch wer die Wahl hat, hat bekanntlich auch die Qual. Und so ist es verständlich, dass wir nach äußeren Kriterien suchen, nach denen wir unsere Entscheidungen ausrichten können. Tut man das? Kann man jenes? Schickt es sich für eine Frau? Was werden nur die anderen denken, wenn ...? Wir haben gesellschaftliche und religiöse Werte und Normen verinnerlicht und richten uns nach ihnen aus. Meist sind uns diese Werte nicht bewusst. Sind es Werte wie Liebe, Sicherheit, Geborgenheit oder eher Freiheit, Abenteuer und Leidenschaft, die mein Leben bestimmen? Von welchen Werten lasse ich mich leiten? Woher stammen diese Werte? Sind diese Werte für mich heute noch sinnvoll? Welche Wertvorstellungen müsste ich haben, um das Leben zu führen, das ich mir wünsche? Dies alles sind wichtige Fragen, die ich mir stellen muss, wenn ich die richtigen Entscheidungen treffen will.

Doch ebenso wichtig wie die Frage nach der richtigen Entscheidung erscheint mir die Frage: *Wer* ist es, der da entscheidet? Entscheidungen werden in den meisten Fällen von den inneren Teilpersönlichkeiten getroffen, mit denen wir identifiziert sind, von unseren Hauptstimmen. Wenn ich beispielsweise nur die selbstlose Seite in mir zulasse und der Egoist in mir ein Schattendasein führt, so trifft die Selbstlose meine Entscheidungen. Wenn ich identifiziert bin mit der Rolle der Jasagerin, so werde ich die Welt durch die Brille dieser Teilpersönlichkeit betrachten. Und diese wird mir selbstverständlich gut zureden, um Himmels willen keine Schwierigkeiten zu machen und immer nachzugeben. Bin ich jedoch mit der Trotztochter identifiziert, so wird es mir unmöglich erscheinen, den Wünschen anderer Menschen nachzukommen.

Nur ein Bewusstes Ich, das die beiden Pole von Ja und Nein aus dem Abstand betrachten kann, hat wirkliche Entscheidungsfreiheit. Manche Dinge kann ich nur erkennen, wenn ich sie anschaue und wahrnehme, ohne zu urteilen. Solange wir in der Polarität gefangen sind, ist wirkliche »Ein-Sicht« nicht möglich. Dieses Bewusste Ich ist kein statischer Zustand, den man erreichen kann, sondern ein Prozess, der gelebt werden muss. Ich muss mich erproben und konkret erfahren im Ja und im Nein. Das Bewusste Ich hat energetischen Kontakt zu beiden Seiten und sieht in ihnen keine unvereinbaren Gegensätze, sondern eben zwei Pole, die sich gegenseitig bedingen und ergänzen. Es scheut sich nicht, die notwendigen Entscheidungen zu treffen, auch wenn es weiß, dass es dadurch in gewissem Sinne schuldig wird.

Das Bedürfnis nach Unschuld ist jedoch ein kindliches Bedürfnis. Wir wollen, dass Papa und Mama sagen: »Alles ist in Ordnung. Auch wenn du nein sagst, ich liebe dich trotzdem.« Entwicklung und »Er-wachsen-werden« ist immer mit Schuld verbunden. Wenn ein Kind sich entwickeln, den Kinderschuhen entwachsen und eigene Wege gehen will, muss es die gegen die Normen und Regeln der Eltern verstoßen und ihre Verbote übertreten. Es muss ihren Ärger und ihre Enttäuschung aushalten lernen, sonst bleibt es in ihrem Einflussbereich, kann sich nicht wirklich lösen und ein eigenes Leben entwickeln. Wie oft höre ich von Frauen, dass sie lernen möchten, sich besser abzugrenzen oder zu behaupten, doch dabei weiterhin die Liebe, Nette sein und um Himmels willen keinen Ärger machen wollen! Damit treten sie auf Bremse und Gas gleichzeitig und bringen sich in eine Pattsituation. Je mehr wir also auf die Zustimmung von anderen Menschen angewiesen sind, desto unfreier sind unsere Handlungen. Nett sein und nein sagen passt in vielen Fällen nicht zusammen. Wollen wir unschuldig bleiben, bleiben wir schwach und handlungsunfähig.

Es erscheint mir in diesem Zusammenhang äußerst wichtig, dass wir lernen, unsere »Schuld« zu akzeptieren, ohne uns von ihr erdrücken zu lassen. Das Wort Schuld ist durch unseren christlichen Hintergrund sehr negativ geprägt. Schuld und Sühne – eine schwere Bürde. Das Kreuz, das wir zu tragen haben. Ich möchte an dieser Stelle Schuld so definieren, wie es Thorwald Dethlefsen in seinem Buch »Krankheit als Weg« getan hat:

»Die Schuld des Menschen ist methaphysischer Natur und wird gerade nicht durch sein Handeln verursacht. Vielmehr ist die Notwendigkeit, sich entscheiden und handeln zu müssen, sichtbarer Ausdruck seiner Schuld. Das Eingeständnis der Schuld befreit von der Angst vor dem Schuldigwerden. Angst ist Enge, und gerade diese verhindert am sichersten die notwendige Öffnung und Ausdehnung. Der Sünde entkommt man nicht, indem man sich anstrengt, das Gute zu tun, was immer mit dem Verdrängen des dazugehörigen Gegenpoles bezahlt werden muss. Dieser Versuch, der Sünde durch gute Werke zu entkommen, führt allein in die Unehrlichkeit.«*

Wer andere für sich entscheiden lässt, wer das Nein aus Angst vor den Konsequenzen meidet, wird es nicht erlösen. Nur wer es zulässt, erlebt, durchlebt, ist in der Lage, die Mitte zu finden. Dabei bedarf es des Mutes, Fehler zu machen und aus ihnen zu lernen. Wer das Nein in seiner Totalität gefühlt und die Verantwortung für die Folgen übernommen hat, wird in der Lage sein, zu einem wirklichen Ja zu finden. Die Angst vor dem Nein ist letztendlich die Angst vor der Ich-Werdung und damit die Angst vor der Einsamkeit. Das Ja verbindet uns miteinander, das Nein trennt uns. Mit dem Nein heben wir uns heraus aus dem bergenden Schoß der Gemeinsamkeiten. Wer bereit ist, sich der Einsamkeit, dem »All-eins-Sein« zu stellen, dessen Ja strahlt eine neue Kraft und Intensität aus.

Selbstverständlich sind dem Nein ebenso Grenzen gesetzt wie dem Ja, spätestens dann, wenn andere Menschen dadurch dauerhaft zu Schaden kommen. Leider wollen viele Frauen nicht sehen, dass es zu einem überzogenen, rücksichtslosen

* Thorwald Dethlefsen/Rüdiger Dahlke, Krankheit als Weg, München: C. Bertelsmann Verlag 1983, S. 74f.

Nein meist erst dann kommt, wenn sie es zu lange unterdrückt haben. Wenn sich der Dampf im Dampfkochtopf zu sehr aufgestaut hat, entlädt er sich irgendwann mit einem heftigen Knall und Zischen, das uns zurückschrecken lässt. Wenn wir mit unserem Nein andere Menschen völlig vor den Kopf stoßen, wenn wir um uns schlagen, um unsere Grenzen zu schützen, so ist das ein sicherer Hinweis, dass wir zu lange geschluckt haben oder tief in unserem Inneren kein wirkliches Ja zu unserem Nein haben.

Doch es wäre falsch, daraus den Rückschluß zu ziehen, lieber in Zukunft den Mund zu halten. Viele Frauen sind in einem Teufelskreis von zu langem Erdulden und Schweigen einerseits und gelegentlichen Ausbrüchen andererseits gefangen. Da sie sich nicht angemessen schützen können, kommt es zu Überreaktionen, zu vulkanartigen Entladungen, vor denen ihre eigenen Hauptstimmen, zum Beispiel die gute Mutter oder die brave Tochter, so erschrecken, dass sie sich in der darauffolgenden Zeit wieder anpassen – so lange, bis der Topf wieder überkocht.

Übung: Unsere Werte als Richtschnur unseres Verhaltens

Unsere Wertvorstellungen haben magnetische Kraft. Sie bestimmen die Richtung und das Ziel unseres Lebens. Unsere Entscheidungen werden von ihnen geprägt. Werte sind es auch, die bestimmen, wozu wir ja, und wozu wir nein sagen. Sie können sich im Laufe unseres Lebens verändern. Die Werte, die wir zu Anfang unseres Lebens aufgrund frühkindlicher Konditionierungen entwickelt haben, mögen später unwichtig werden. An ihre Stelle können aufgrund unserer Erfahrungen neue Werte treten.

Es ist äußerst wichtig, dass wir uns bewusst machen, welche Werte für uns Vorrang haben, damit wir in Übereinstimmung mit unserer Wertehierarchie leben können. Was ist es, das mich glücklich macht? Und was will ich eher meiden, weil es mir nicht gut tut?

Um Ihren eigenen Wertvorstellungen auf die Spur zu kommen, möchte ich Ihnen folgende Übung vorschlagen, die ich der Werteübung in Anthony Robbins' Buch »Das Powerprinzip« nachempfunden habe:

Beantworten Sie die folgende Frage:

Was erscheint mir in meinem Leben am erstrebenswertesten?

1. ______________________________
2. ______________________________
3. ______________________________
4. ______________________________
5. ______________________________
6. ______________________________
7. ______________________________
8. ______________________________
9. ______________________________
10. ______________________________

Um Ihnen die Aufgabe zu erleichtern, liste ich einige gängige Werte hier auf:
Liebe, Freiheit, Kreativität, Spontaneität, spirituelles Wachstum, Gesundheit, Harmonie, Frieden, Einfluss und Macht, Sicherheit, Abenteuer, Erfolg, Wohlstand, Karriere, Achtung und Beachtung, Glück, Fröhlichkeit, Lebensfreude, Ehrlichkeit, Gemeinschaft, Nähe, Leidenschaft, Treue, Loyalität, Flexibilität, Auseinandersetzung, Wärme, Mitgefühl, Nächstenliebe.

Welcher dieser Werte ist der wichtigste für Sie? Welcher steht an zweiter Stelle? usw.

Wenn Sie Ihre innere Werteskala kennen, können Sie verstehen, warum Sie sich in bestimmten Situationen für oder gegen eine Sache entscheiden und warum Sie manchmal in Konflikte geraten. Wenn Sie beispielsweise Sicherheit an die erste Stelle gesetzt und als Punkt zwei Abenteuer aufgeführt haben, dann sind diese beiden unvereinbaren Werte so nahe beieinander, dass Sie früher oder später in einen inneren Zwiespalt geraten werden.

Wir streben einerseits positive Erfahrungen an, andererseits gibt es jedoch auch eine ganze Reihe von Gefühlszuständen, die uns negativ erscheinen und die wir deshalb um jeden Preis vermeiden wollen. Es sind dies in der Regel Dinge wie Angst, Ablehnung, Wut, Eifersucht, Einsamkeit, Schuldgefühle, Niedergeschlagenheit, Versagen, Demütigung, Resignation, Unsicherheit, Sorgen, Auseinandersetzung und Konflikte.

Beantworten Sie nun die nächste Frage:

Was möchte ich in meinem Leben unter allen Umständen vermeiden?

1. ______________________________
2. ______________________________
3. ______________________________
4. ______________________________
5. ______________________________
6. ______________________________
7. ______________________________
8. ______________________________
9. ______________________________
10. ______________________________

Vergleichen Sie nun Ihre beiden Listen miteinander. Wie passen sie zueinander? Sabotieren Sie sich selbst, indem Sie als beispielsweise oberstes Ziel Gemeinschaft aufgeführt haben, aber gleichzeitig Auseinandersetzung um jeden Preis vermeiden wollen? Einerseits möchten Sie Beziehung und Nähe zu anderen Menschen – wenn Sie jedoch Konflikte vermeiden wollen, so werden Sie sich selbst einen Strich durch die Rechnung machen, denn wir Menschen sind eher bereit, etwas zu tun, um Schmerz zu vermeiden, als einen Lustgewinn zu verbuchen.

Vielleicht müssen Sie Ihre Werte neu überdenken, ihre Sinnhaftigkeit infrage stellen. Welchen Preis zahlen Sie für die Aufrechterhaltung mancher Werte? Es mag sein, dass Sie bestimmte Werte von Ihrer Liste streichen und andere hinzufügen müssen, um mehr Lebensqualität zu erzielen. Überprüfen Sie, inwieweit Ihre Werte, die ja vom Elternhaus geprägt sind, heute noch von Nutzen sind, oder ob sie Ihnen mehr schaden als nutzen.

2. Ist das Nein unweiblich?

Weiblich – was ist das?

Für viele Frauen scheint »Nein« ein Fremdwort zu sein. Trotz Emanzipationsbewegung, finanzieller Unabhängigkeit und Selbstbestimmung haben Frauen häufig große Schwierigkeiten, sich abzugrenzen. Ringen sie sich doch einmal dazu durch, kämpfen sie hinterher mit schlechtem Gewissen. Doch damit nicht genug. So manche Frau quält sich darüber hinaus mit Selbstvorwürfen, wenn sie sich nicht durchsetzen kann. »Vom Kopf her wüsste ich schon, dass ich mehr zu mir stehen sollte, aber ...«, höre ich oft von Frauen in meiner familientherapeutischen Praxis.

Vielen Frauen ist der Zugang zum Nein versperrt, weil sie tief in sich ein altes Glaubensmuster mit sich herumtragen, das besagt, das Nein sei unweiblich. Welche Frau will schon als Mannweib oder hartgesottene Emanze verschrien sein? Frauen, die nein sagen, die ihren Wert und ihre Grenzen kennen, sind unbequem. Männer wollen pflegeleichte Frauen – so denken zumindest viele Frauen.

Was weiblich ist, haben seit Jahrhunderten Männer bestimmt. Sie versuchten, Frauen die Rolle der Passiven, Empfänglichen, Emotionalen, Schwachen, Duldsamen und dem Manne Unterlegenen zuzuweisen. Fur ein Nein ist in diesem Bild kein Platz. Kämpfen darf frau nur für andere. Als Löwenmutter, die ihre Jungen verteidigt, ist sie begehrt. Sollte sie jedoch für ihre eigenen Belange eintreten, sieht die Sache anders aus.

Was – so fragen sich viele Frauen – ist denn nun weiblich? Oft saß ich im Kreis mit Freundinnen oder Seminarteilnehmerinnen zusammen, und wir diskutierten etwas ratlos über unser Frausein. Wir hatten das Gefühl, dass uns irgendetwas Wichtiges fehlte, trotz Loslösung von der patriarchal geprägten Frauenrolle, trotz Erfüllung im Beruf und finanzieller Unabhängigkeit. Aber keine von uns konnte so recht benennen, was sie vermisste. Wir fühlten uns unwohl in unserer Haut, waren nicht selten zu Feindinnen unseres eigenen Körpers geworden. Wir kannten praktisch keine einzige Frau, die ihren Körper wirklich liebte. Der einen war der Po zu dick oder die Oberschenkel waren zu schwabbelig, die andere fand den Busen zu schlaff oder das Gesicht zu faltig. Wir maßen uns an den gängigen Schönheitsidealen. Die Antwort auf die Frage, was denn nun weiblich sei, fanden wir selbst in der Frauenliteratur nicht.

Zurück in die traditionelle Frauenrolle wollte keine von uns. Perspektiven fehlten gänzlich. An wem sollten wir uns orientieren? Doch nicht etwa an einer miniberockten, ewig lächelnden Claudia Schiffer oder an der coolen Managerin mit den Designerklamotten von nebenan? Sollte etwa die birkenbestockte Alternative aus dem Naturkostladen im wallenden Sackkleid unser Vorbild sein? Vielleicht Hillary Clinton oder Maggie Thatcher, die First Ladies? Oder verkörperte am Ende etwa doch Mutter Beimer aus der Lindenstraße die wirkliche Weiblichkeit? Weder die engagierte Öko-Maus noch die geliftete Armani-Lady schienen das Ziel unserer Sehnsucht zu sein, weder Mutter Theresa noch die unzähligen Barbiepuppen der Hochglanzmagazine. Sie alle hatten sich auf bestimmte Aspekte der Weiblichkeit reduzieren lassen.

Die Frauenbewegung engagierte sich in der Vergangenheit schwerpunktmäßig für die Gleichberechtigung der Frauen gegenüber den Männern und wollte Frauen von ihren einschränkenden, geschlechtsspezifischen Rollen befreien. Chancengleichheit ist ein wichtiger Schritt, doch sie ist nicht das Ende der Reise. Übertriebenes Suchen nach Gleichheit kann zur Leugnung der Verschiedenheit von Mann und Frau führen. Der Unisex mag eine lobenswerte Absicht verfolgen, doch Mann und Frau sind nun einmal nicht gleich.

Die Erforschung des Weiblichen steckt noch in den Kinderschuhen. Da männliche Prinzipien immer Vorrang hatten, wurde das Weibliche schlicht und einfach vernachlässigt. In unserem Kulturkreis gibt es eine Vielzahl von Möglichkeiten, männliche Qualitäten zu schulen, doch es fehlen die gleichen

Möglichkeiten, das Feminine zu entwickeln, abgesehen vom mütterlichen Aspekt der Frau. Noch immer gilt maskulines Denken mehr als feminines Denken. Noch immer genießt Denken überhaupt ein höheres Ansehen als Fühlen. Wie selbstverständlich werden dem Mann die Denkfähigkeit und der Frau die Gefühle zugeordnet. Nur langsam dämmert es uns, wie sehr die Überbetonung des Männlichen unseren Planeten in Mitleidenschaft gezogen hat und wie wichtig das weibliche Prinzip der Verbundenheit für uns alle sein könnte.

Die sieben Aspekte der Weiblichkeit

Ich möchte mich im folgenden an die Definition von Weiblichkeit halten, die Angelika Aliti in ihrem Buch »Die wilde Frau« gegeben hat. In ihrer Beschreibung von Weiblichkeit stieß ich nicht nur auf liebreizende Geschöpfe, nicht nur Liebesgöttinnen und Priesterinnen, wie sie im New Age oft zu finden sind, sondern – und das trifft unser Thema ganz genau – die wilde Frau. Sie war es, die mich faszinierte und in ihren Bann schlug.

Sieben Aspekte von Weiblichkeit ergeben zusammen das Wesen einer Frau. Es sind dies: die Liebende, die Mutter, die Priesterin, die Künstlerin, die Kriegerin, die Königin und die wilde Frau. Die Sieben gilt seit Urzeiten als heilige und geheimnisvolle Zahl. Sie ist die Zahl der Wandlung, der Grenzüberschreitung und Vervollkommnung. Die Sieben hatte für Frauen schon immer eine besondere Bedeutung. Keine Frau vereinigt alle sieben Aspekte in sich, manche sogar nur einen einzigen. Einem Aspekt gibt jedoch kaum eine Frau in ihrem Inneren einen Platz: der wilden Frau. Sie ist die Trägerin des Nein zu Ausbeutung und Missachtung durch andere Menschen und damit die Hüterin des Ja zu uns selbst. Deshalb wollen wir ihr hier besondere Aufmerksamkeit widmen.

Selbstverständlich könnte man Weiblichkeit noch unter vielen anderen Aspekten betrachten. Die hier erwähnten haben mir jedoch am meisten eingeleuchtet.

Die wilde Frau

Die wilde Frau ist, wie ihr Name schon sagt, wild und gefährlich. Angelika Aliti beschreibt sie als »inhuman wie die Natur«. Sie ist nicht nett, zuvorkommend und höflich. Sie macht keinen Knicks und entschuldigt sich nicht, bevor sie den Mund aufmacht. Mit Sicherheit wird man sie nicht überhören, sondern ihr Achtung und Respekt zollen. Sie kann bei Grenzüberschreitungen zur Furie werden und andere Menschen gnadenlos in ihre Schranken weisen. Sie verteidigt unsere Würde als Frau und schützt unsere Verletzlichkeit, unser inneres Kind. Und genau dieser Wesenszug verleiht ihr Stärke und Kraft. Leugnen Frauen ihre destruktiven Energien und ihre Wildheit, so sind sie von ihrer Kraft abgeschnitten und projizieren die zerstörerische Energie auf Männer.

Es ist die wilde Frau, die allen anderen Aspekten Lebendigkeit verleiht. Nettigkeit, Bravsein und Naivität liegen der wilden Frau fern. Sie bringt die Dinge auf den Punkt, redet niemandem nach dem Mund und betreibt keine Augenwischerei. Sie sagt, was sie zu sagen hat, und kann sich klar abgrenzen, wenn es die Situation erfordert. Es ist ihr gleichgültig, ob sie von anderen gemocht wird oder nicht. Sie hat keine Angst vor der Einsamkeit. Im Gegenteil: Sie braucht das Alleinsein zu ihrer Entfaltung. Die wilde Frau bereichert unsere Beziehungen, denn sie macht uns Frauen unabhängig vom Mann. Indem sie bereit ist, keine Auseinandersetzung zu scheuen und alles aufs Spiel zu setzen, gibt sie uns Freiheit.

Mitleid ist ein Fremdwort für die wilde Frau. Statt dessen hat sie einen starken Sinn für Gerechtigkeit. Wie die Venus von Willendorf lehrt sie uns, den Gesetzen der Erde zu vertrauen und keine Angst vor der Körperlichkeit zu haben. Sie will, dass wir unsere individuelle Schönheit erkennen und unseren Körper wertschätzen, anstatt uns Modeströmungen zu unterwerfen und uns deformieren zu lassen.

Die wilde Frau hat auch einen geistigen Aspekt. »Notre Dame de la Nuit«, die Königin der Nacht, ist dem Element Luft zugeordnet. Ihr Tier ist die heilige Schlange. Sie stillt unsere Sehnsucht nach wahrer Größe. Die meisten Frauen leiden unter ihren schwachen Müttern, die sie Bescheidenheit und Anpassung lehrten. Häufig stutzten Mütter ihren Töchtern die Flügel, indem sie deren Träume als Illusionen und Hirngespinste abtaten und ihnen als Horrorvision das Bild der alten Jungfer vor Augen führten, wenn sie sich nicht der Männerwelt unterordneten.

Der feurige Aspekt der wilden Frau ist die Amazone. Sie sagt uns Frauen: »Hört auf zu jammern!« Sie ruft uns auf, Konsequenzen zu ziehen, anstatt zu klagen: »Ohne meinen Mann kann ich nicht überleben!« Sie zwingt uns, erwachsen zu werden, und schlägt uns vor, in die Aktivität zu gehen, die »notwendigen« Schritte zu unternehmen, anstatt depressiv zu werden.

Vielleicht erschrecken Sie beim Lesen dieses Kapitels und es erscheint Ihnen ganz und gar nicht erstrebenswert, wie die wilde Frau zu werden. Um Himmels willen! Das bringt doch nur Scherereien! Bei solchen Gedankengängen können Sie davon ausgehen, dass Sie stark mit der guten Mutter oder der braven Tochter identifiziert sind.

Es geht mir nicht darum, dass Sie möglichst oft Ihre Krallen zeigen und blind um sich schlagen. Sie sollen nicht bei jeder Gelegenheit wie von der Tarantel gestochen auf Männer losgehen und sie das Fürchten lehren. Doch wenn wir Frauen den Aspekt der wilden Frau völlig leugnen, sind wir schutzlos. Haben sich Frauen in früheren Zeiten – da sie ja als das schwache Geschlecht galten – dem Schutz von Männern anvertraut, so sind sie heute mehr und mehr auf sich selbst gestellt und müssen für ihren eigenen Schutz sorgen. Kaum ein Mann wird sich heute für eine Frau duellieren oder sich schützend vor sie stellen, wenn sie beleidigt oder attackiert wird. Deshalb ist es so wichtig, dass uns das Nein zur Verfügung steht.

Ich möchte Ihnen im folgenden zeigen, wie wichtig für die anderen Aspekte der Weiblichkeit der Aspekt der wilden Frau ist. Sie ist es, die der Mutter, der Priesterin, der Liebenden, der Kriegerin, der Künstlerin und der Königin Farbe verleiht, ihnen Leben einhaucht und Reife gibt. Ich möchte Ihnen die Angst vor ihr nehmen und Sie ermutigen, ihr einen Platz in Ihrem Leben einzuräumen.

Die Liebende

Vielen Frauen fällt es nicht schwer, den Aspekt der Liebenden zuzulassen. Schließlich wird kein Mann einer Frau verwehren, Venus oder Aphrodite zu sein – zumindest solange sie nicht zu wild und ekstatisch wird und ihre Erotik in erster Linie für ihn reserviert. Die Liebende bietet unendlichen Stoff für Theater und Filme. Schon seit Urzeiten haben Dichter die Schönheit der Aphrodite gespriesen, Künstler haben sie gemalt und Musiker haben ihr ihre Lieder gewidmet. Selbst Hollywood machte nicht vor ihr Halt.

Wenn die Liebe in einer Frau erblüht, so ist sie zu fast allem bereit. Liebe beflügelt uns wie kaum etwas anderes. Wir könnten Bäume ausreißen, fühlen uns weiblich und begehrenswert. Wir tun Dinge, an die wir vorher nicht einmal im Traum zu denken gewagt hätten. Die Liebe macht uns, sofern sie erwidert wird, glücklich und schön.

Die Schattenseite der Liebenden zeigt sich, wenn sie das Objekt ihrer Liebe mit Zuneigung erdrückt, wenn sie zur eifersüchtigen Kerkermeisterin mutiert und ihr Opfer wie eine Spinne im Netz gefangen hält. Besitzergreifende Liebe erstickt jedes zugewandte Gefühl im Keim. Die Liebe bleibt unreif, wenn die Liebende um Zuneigung bettelt und wie ein Kind um Papas Anerkennung kämpft.

Die Energie der wilden Frau kann Aphrodite helfen, dass ihre Liebe reif wird, dass sie aus dem Eltern-Kind-Muster herausfindet und eine partnerschaftliche Beziehung eingehen kann. »Die wilde Frau kann die Liebende aus dem Reich der kindlichen Koketterie und des herzigen Augenaufschlags vertreiben, was bei einer Zwanzigjährigen ja noch angehen mag, bei einer Dreißigjährigen aber auf die Dauer schon recht anstrengend für das geliebte Objekt sein kann« (Angelika Aliti).* Die wilde Frau macht aus einem sexy Weibchen, das – um den Mann an sich zu binden – die perfekte Verführerin spielt, dabei aber selbst mit seinen Bedürfnissen auf der Strecke bleibt, eine

---

* Angelika Aliti, Die wilde Frau, Hamburg: Hoffmann und Campe 1993, S. 289.

sinnliche Frau, die ihre Sexualität voll und ganz genießen kann, weil sie sich in ihrem Körper wohl fühlt, auch wenn dieser den gängigen Schönheitsidealen nicht entspricht.

Die Mutter

Auch der Mutter-Aspekt wird von vielen Frauen gelebt, natürlich nicht mehr mit der gleichen Macht wie einst, im Kreis anderer Frauen, bei denen man Unterstützung fand. Die Mutter von heute sitzt häufig vereinsamt und überfordert in ihrem Appartement oder Reihenhaus, ohne die Freuden und Leiden der Kindererziehung mit anderen Frauen teilen zu können. Das heutige Mutterdasein bedeutet eine beträchtliche Einbuße an sozialem und ökonomischem Status. So manche junge Familie gerät in eine Außenseiterposition, zumal wenn sie mehrere Kinder hat. Der Muttertag wird zur Farce.

Eine unserer Ursehnsüchte ist die Sehnsucht nach mütterlicher, warmer, fürsorglicher, nährender und umhüllender Energie. Niemand kann so völlig selbstlos geben und ganz für andere da sein wie eine Mutter. Es ist wunderbar, wenn wir Frauen auch mütterlich sein, Trost spenden und anderen helfend zur Seite stehen können. Fehlt der Mutter jedoch der Aspekt der wilden Frau, so bemuttert sie alles und jeden. Auch der Ehemann regrediert dann innerhalb kürzester Zeit zum unmündigen Kind, das sich nicht mehr eigenständig anziehen kann. Entwicklung ist unter den Fittichen der Übermutter nur schwer möglich, denn sie kann ihre Kinder nicht in die Welt entlassen. Wenn eine Mutter nicht auch Rabenmutter sein kann, die ihre Jungen zu gegebener Zeit aus dem Nest wirft, wenn sie die Angst, dann nicht mehr geliebt zu werden, nicht überwindet, werden ihre Kinder noch mit dreißig oder vierzig Jahren unbeschwert Hotel Mama in Anspruch nehmen und nie ein eigenes Leben entwickeln können.

Die wilde Frau lehrt die Mutter auch, sich nicht zu sehr zu verausgaben und ihre eigenen Grenzen zu respektieren. Anstatt ihre Lebensbatterien zu erschöpfen, muss die Frau lernen, Mütterlichkeit auch sich selbst zu geben und ihre Wünsche und Bedürfnisse nicht nur hintanzustellen. Die wilde Frau nimmt der Mutter das Schuldgefühl, das sie überfällt, wenn sie etwas für sich selbst tut, es sich gut gehen lässt. Sie ist es, die die vielbeschäftigte Mutter auch mal in ein Café entführt oder ihr ein paar Urlaubstage gönnt.

Die Priesterin

Die Priesterin verkörpert den spirituellen Aspekt unseres Frauseins. Sie hat Verbindung zur geistigen Welt. Kinder, Küche oder Karriere allein reichen ihr nicht aus. Sie sucht nach dem tieferen Sinn des Lebens. Sie spricht die Sprache der Tiere, Bäume, Pflanzen und Steine und folgt ihrer inneren Sehnsucht nach Verbundenheit mit allen Lebenwesen. Sie weiß, wann es an der Zeit ist, sich zurückzuziehen, um mit der verborgenen Welt Kontakt aufzunehmen. Häufig ist sie medial begabt, betätigt sich als Heilerin oder Therapeutin.

Doch wie kann sie anderen Menschen helfen, wenn sie nur zum Licht strebt und ihre eigenen Schattenseiten nicht kennt? Die wilde Frau kann der Priesterin helfen, nicht als bigotte Nonne oder in »schein-heiliger« New-Age-Lieblichkeit zu enden. Wenn die Priesterin ihre Macht nicht anerkennt und in jungfräulicher Unschuld und Hilflosigkeit verharrt, muss sie die Macht, die sie nicht besitzen will, auf andere Menschen projizieren. Seltsamerweise begegnen ihr dann ständig hexenhafte Frauen oder schwarzmagische Männer, die ihr schaden wollen. Erst die wilde Frau sorgt dafür, dass die Priesterin in ihrer Engelhaftigkeit nicht allzu sehr vom Boden abhebt. Die wilde Frau beschmutzt das reinweiße Hemd der Priesterin und ermöglicht ihr den Zugang zu göttlicher Ekstase. Sie zeigt ihr, dass Gott nicht der Übervater, der Retter aus der Not ist, sondern dass es darum geht, die eigene Göttlichkeit zu finden.

Die Künstlerin

Die Künstlerin in uns verkörpert die Fähigkeit des kreativen, sinnlichen Ausdrucks. Sie will dem Göttlichen in der Welt Ausdruck verleihen. Dabei geht es ihr nicht um Berühmtheit und Applaus. Sie malt um des Malens willen, singt um des Singens willen, sie schreibt, weil es ihr ein Bedürfnis ist, und sie tanzt, bis Tanz und Tänzerin eins sind.

Die Künstlerin bewahrt uns vor Mittelmäßigkeit. Doch nur die wilde Frau vermag die Künstlerin davon abzuhalten, ein exaltiertes Weibchen zu werden, das von Vernissage zu Vernissage eilt. Auffallen um jeden Preis, Exzentrik – das sind unreife Ausdrucksformen der Künstlerin. Künstlichkeit hat mit der Künstlerin nichts zu tun. Die Welt der Kunst ist, wie andere Bereiche, Modeströmungen unterworfen. Doch darum kümmert sich die wirkliche Künstlerin nicht. Ihr geht es darum, dem sinnlichen Ausdruck Form zu geben.

Die Kriegerin

Wird Frauen der Zugang zu ihrer kriegerischen, wilden Energie verwehrt, so fehlt ihnen der Zugang zu ihrer Hauptkraftquelle. Kriegerische, aggressive Energien werden von vielen Frauen als männlich und destruktiv angesehen. Frauen streben eher nach Frieden und Harmonie. Doch leider besteht die Welt nicht nur aus rücksichtsvollen, lieben Menschen. »Die Kriegerin in uns ist es, die das Aggressionspotential einer Frau verwaltet und hütet. Wäre die Künstlerin, die tanzen kann, nicht – wer weiß, vielleicht wäre die Kriegerin hart und herzlos. Wäre die Mutter nicht, so wüßte die Kriegerin möglicherweise nicht, daß sie eine Hüterin und Wächterin verletzbaren Lebens sein muß. Wäre die wilde Frau nicht, traute sich die Kriegerin am Ende überhaupt nicht, zum Vorschein zu kommen«, so Angelika Aliti.*

Die kriegerische Energie von Frauen erschöpft sich meistens im Kampf um die Belange anderer. Als Löwenmutter, die zähnefletschend ihr Kind verteidigt, wenn es zu Unrecht vom Lehrer in der Schule gerügt wurde, oder als treibende Kraft, die ihrem Mann den Rücken stärkt und ihn zu Heldentaten anspornt, ist sie sehr begehrt. Vielleicht knirscht sie nachts im Schlaf mit den Zähnen, doch bei Tage wird sie ihre Zähne kaum zeigen: Für ihre eigenen Belange einzustehen wagt sie

* Angelika Aliti, Die wilde Frau, S. 294.

nicht. Es ist ein Irrtum, wenn Frauen dem Märchen Glauben schenken, dass andere gut zu ihnen sein werden, wenn sie nur gut zu anderen sind und sich für sie aufopfern. Im Gegenteil: Wir verlieren den Respekt anderer, wenn wir katzbuckeln und uns selbst nicht achten. Frauen sollten lernen, auch für sich und um sich zu kämpfen. Hat die Kämpferin keine wilde Frau an ihrer Seite, so lässt sie sich leicht ausbeuten, richtet ihre Aggressionen gegen sich und entwickelt psychosomatische Störungen. Wagt sie es nicht, sich abzugrenzen und zu verteidigen, so bleibt ihr nur noch der Weg in die Depression oder Krankheit.

Die Königin

Die Königin ist sich ihres Selbstwertes bewusst. Betritt sie den Raum, so ist er ganz von ihrer Präsenz erfüllt. Sie achtet sich – und damit andere Menschen und findet so Beachtung. Majestätisch regiert sie ihr Reich und schützt seine Grenzen. Die Königin verleiht uns die Fähigkeit, unser eigenes Zentrum sein zu können, über Macht und Autorität zu verfügen. Sie gibt uns Eigenverantwortung, Würde und Selbstachtung.

Doch viele Frauen bleiben auf dem Weg zur Königin im Stadium der unreifen Prinzessin stecken. Sie sind nicht imstande, ihr eigenes Königreich zu regieren. Sie suchen den starken Mann, sind sie doch innerlich und vielleicht auch äußerlich an den Vater gebunden. Für Männer machen sie Kompromisse, geben ihre Karriere oder sonstige Interessen auf. Häufig ist es Papas Lieblingstochter, die über Jahre hinweg als heimliche Geliebte eines einflussreichen Mannes ihr Dasein fristet. Sie verbringt ihr Leben gleichsam im Dornröschenschlaf und hofft, der Prinz möge sie eines Tages erlösend wach küssen. Vielleicht segelt die Prinzessin auch im Schatten ihres Chefs oder Ehemannes. Achtung wird sie in dieser Rolle kaum finden. Sie lässt sich ans Haus binden und begnügt sich damit, Königin in ihrer Küche zu sein, während sie eifersüchtig auf die Erfolge des Mannes an ihrer Seite schielt.

Ohne die wilde Frau neigt die Königin dazu, Macht abzugeben und andere für sich entscheiden zu lassen. Sie sucht sich falsche Berater und braucht ihre Bestätigung. In Auseinandersetzungen gibt sie klein bei. So manche Königin irrt sich bei der Wahl ihres Zukünftigen – so heiratet sie einen Mann, der Anlass zu großen Hoffnungen gibt, und ist bitter enttäuscht, wenn sie bemerkt, dass sie ihre Machtgelüste auf den falschen Mann projiziert hat. Nun ist sie gefangen in mütterlichen Pflichten und weiß sich keinen Ausweg mehr. Die wilde Frau bringt sie zurück in ihr Zentrum und gibt ihr die Verantwortung für ihr Leben wieder.

Vielleicht fragen Sie sich an dieser Stelle, welche Aspekte der Weiblichkeit Sie entwickelt haben und welche Aspekte bei Ihnen vernachlässigt sind. Wir Frauen scheuen uns, das Wilde, Hexenhafte, Amazonische in uns zu leben. Es ist für mich immer wieder erschreckend, in meiner Arbeit zu erleben, wie lieblos Frauen mit sich selbst umgehen, wie sehr sie aufgestauten Hass und unterdrückte Lebendigkeit gegen sich selbst richten. Das gesamte aggressive Potential ist nach innen gerichtet und tobt sich dort ungehindert aus. Es ist an der Zeit, dass wir das Nein in unser Leben integrieren und so unser Frausein schützen.

Der innere Patriarch verhindert die Entfaltung unserer Weiblichkeit

Das Weibliche ist in patriarchalen und christlichen Gesellschaftssystemen immer wieder unterdrückt worden. Die Frau wurde als minderwertig betrachtet und häufig genug von Mannes Gnaden nur geduldet. Die Frauenbewegung hat ohne Zweifel viel dazu beigetragen, das alte Rollenbild aufzubrechen und Frauen die gleichen Chancen wie Männern zu ermöglichen. Doch trotz Emanzipationsbewegung und Liberalisierung haben Frauen jahrtausendealte männliche Denkmuster verinnerlicht, die sich nicht einfach in wenigen Jahrzehnten Frauenbefreiung ausrotten lassen. Im Außen hat sich ohne Zweifel viel verändert, in unserem Inneren scheint jedoch manchmal die Zeit stehengeblieben zu sein.

Einer der Hauptgründe, warum es Frauen schwer fällt, sich abzugrenzen, sind Schuldgefühle. Vielleicht haben wir ja spontan nein gesagt oder uns nach reiflicher Überlegung dazu durchgerungen, doch hinterher plagt uns noch tagelang das schlechte Gewissen. War ich jetzt zu hart oder zu kleinlich? Steht es mir überhaupt zu, etwas zu fordern? Habe ich nicht überreagiert? Hätte ich mich nicht weniger heftig ausdrücken können? Könnte man das nicht in aller Ruhe besprechen? War ich zu egoistisch?

Der Zweifel an der Richtigkeit der Entscheidung nagt. Wann immer Frauen dem klassischen, patriarchal geprägten Weltbild nicht entsprechen, meldet sich in ihrem Inneren eine Stimme – ich nenne sie den verinnerlichten oder inneren Patriarchen –, die die Richtigkeit ihres Denkens oder Verhaltens in Frage stellt (Sidra Stone, die Mitbegründerin der Voice-Dialogue-Methode, hat sich mit der Erforschung des inneren Patriarchen eingehend beschäftigt. Von ihr habe ich das Konzept des inneren Patriarchen übernommen). Nach patriarchaler Auffassung sind Hingabe, Opferbereitschaft, Bescheidenheit und Anpassung an den Mann erstrebenswerte weibliche Tugenden. Wann immer eine Frau rebellisch oder eigenwillig ist, sich gegen Ungerechtigkeiten wehrt, nein sagt oder Forderungen stellt, meldet sich der innere Patriarch mit folgenden Aussagen:

- Du bist gar keine richtige Frau, du bist viel zu hart.
- So wie du dich aufführst, wirst du nie einen Mann finden.
- Du bist zu gefühlsbetont, zu unstrukturiert und chaotisch.
- Bei deinem herrischen Wesen brauchst du dich nicht zu wundern, wenn dir dein Freund / Mann davonläuft.
- Sei nicht so egoistisch. Eine Frau muss nachgeben können.
- Männer wollen umsorgt werden. Nur so kannst du sie halten.
- Stell dich nicht so an. Nimm dich nicht so wichtig.
- Du wirst alle Freunde verlieren, wenn du nicht großzügiger bist.
- Männer mögen keine Emanzen.
- Hast du dir schon mal überlegt, was dein aufmüpfiges Verhalten für Konsequenzen hat? Du kommst doch allein überhaupt nicht klar!

- Du benimmst dich wie ein Mann! Du solltest lieber zu Hause bleiben, heiraten und Kinder kriegen.
- Du bist unlogisch.
- Die Welt ist in einem desolaten Zustand, weil Frauen ihre natürliche Rolle verweigern und sich wie Männer gebärden. Es wäre besser, sie würden sich mehr um ihre Kinder kümmern!

Der innere Patriarch ist der festen Überzeugung, dass Frauen den Männern von Natur aus unterlegen sind und nur durch den Schutz und die Unterstützung des Mannes in der Welt überleben können. Deshalb kritisiert er alles, was seiner Auffassung nach mit Weiblichkeit zu tun hat. Wohlgemerkt: Die obigen Sätze spielen sich als *innerer* Dialog ab. Meist bleibt dieser Dialog unbemerkt. Bewusst nehmen wir oft nur die Schuldgefühle, die uns klein und schwach halten, wahr.

Ich war selbst verblüfft und schockiert, als ich, die ich mich als emanzipierte und unabhängige Frau betrachte, meinem inneren Patriachen auf die Spur kam. Völlig unentdeckt hatte er jahrelang in mir sein Unwesen getrieben und erreicht, dass ich mich über Männer definierte, mich schnell infrage stellte und mein Handeln von dem Wunsch nach männlicher Anerkennung geprägt war. Nicht im Traum hätte ich daran gedacht, dass der innere Patriarch mein Leben so stark bestimmte, hatte ich mich doch jahrelang in der Frauenbewegung engagiert. Doch es ist leichter, einen Feind im Außen als im Inneren zu bekämpfen.

Ein starker innerer Patriarch drängt Frauen in die Tochterrolle. Da wir meist keine Ahnung haben, dass es einen Patriarchen in unserem Inneren gibt, reagieren wir unbewusst auf ihn:

1. Wir werden zur guten, angepassten Tochter, die die traditionelle Frauenrolle der fürsorglichen Ehefrau, Hausfrau und Mutter einnimmt und sich permanent bemüht, durch botmäßiges Verhalten die Anerkennung des Mannes (und des inneren Patriarchen) zu erringen.

2. Wir entscheiden uns für die Rolle der rebellischen Tochter oder Trotztochter, die es hasst, sich Männern unterzuordnen oder von ihnen abhängig zu sein. Die Trotztochter befindet

sich – ob bewusst oder unbewusst – in einem permanenten Kampf gegen die Männer (oder gegen ihren eigenen inneren Patriarchen). In dieser Kategorie treffen wir viele Feministinnen an, die auf dem Weg in die Eigenständigkeit im Vorwurf gegen das Patriarchat stecken geblieben sind.

3. Wir versuchen, dem inneren Patriarchen keine Angriffsfläche zu bieten, und vermeiden das Gebiet, auf dem er aktiv werden könnte. So fliehen wir beispielweise aus engen Beziehungen aus Angst, wir könnten uns selbst verlieren, wenn uns ein Mann zu nahe kommt.

Es gibt also drei verschiedene Möglichkeiten, auf den inneren Patriarchen zu reagieren: Anpassung, Rebellion und Vermeidung.

Inge hat sich im Laufe ihres Lebens für die Rolle der guten Tochter entschieden. Stets war sie ihrem Mann, dem wohlhabenden Chef einer großen Firma, eine treusorgende Gattin. Auch ihre drei Kinder hatten eine Mutter, die immer für sie da war. Nachdem die Kinder aus dem Haus waren, verfiel Inge immer mehr in Depressionen. In einer Therapie wurde ihr bewusst, wie sehr sie ihr gesamtes Lebenskonzept auf der Rolle der Hausfrau und Mutter aufgebaut hatte und dass sie sich ihrem Mann völlig entfremdet hatte. Sie versuchte, ihn zu einer Paartherapie zu überreden, doch er weigerte sich. Nach reiflicher Überlegung trennte sie sich von ihm, um zu sich selbst zu finden und ihr eigenes Leben zu entwickeln.

Nach anfänglicher Erleichterung, alles hinter sich gelassen zu haben und nun stolze Besitzerin einer eigenen Wohnung zu sein, wurde Inge immer häufiger von Selbstzweifeln und Schuldgefühlen geplagt. Das Scheidungsverfahren zog sich hin, denn es ging um viel Geld und Grundbesitz. Vor allem nachts schlug ihr innerer Patriarch voll zu: »Du warst diejenige, die die Trennung wollte, und jetzt willst du deinem Mann auch noch das Geld abknöpfen! Du bist ganz schön unverschämt!« Inge war drauf und dran, sich vom Anwalt ihres Mannes über den Tisch ziehen zu lassen, wäre da nicht ihr eigener Anwalt in die Bresche gesprungen. Aber der innere Patriarch blieb hartnäckig. Er ließ die langen Jahre ihrer Ehe im hellsten Licht erscheinen: »Du hast es doch gar nicht schlecht gehabt. Schließlich hattest du alles, was sich eine Frau nur wünschen kann: Geld, Ansehen, ein phantastisches Haus, Reisen. Was willst du eigentlich? Schließlich hat dich dein Mann nicht geschlagen, war kein Alkoholiker und ist nicht fremdgegangen.« Dass Inge emotional völlig ausgehungert war und sich sexuell überhaupt nicht mit ihm verstanden hatte, kehrte er einfach unter den Teppich. Inges Patriarch war clever. »Schau dich doch an! Geht es dir jetzt etwa besser?« klagte er sie an. »Du bist doch ohne einen Mann überhaupt nicht existenzfähig! Und deinem Sohn hast du den Vater genommen!«

Es war für Inge äußerst wichtig, zu erkennen, dass es genau dieser innere Patriarch war, der sie davon abhielt, ihr jetziges Leben zu genießen und ihre eigene Kraft zu entwickeln. Die langjährige Konditionierung zur guten Tochter war stark. Ansprüche ohne schlechtes Gewissen zu stellen, auch wenn sie noch so berechtigt waren, musste Inge im Laufe ihrer Arbeit an sich selbst Schritt für Schritt wieder lernen. Interessanterweise werden die inneren Patriarchen hauptsächlich über die Patriarchen der Mütter an die Töchter weitergegeben, sozusagen in bester Absicht und zu ihrem Schutz.

Auch in Heikes Innerem ist der Patriarch ein häufiger Gast. Immer wenn ihr erwachsener Sohn ein Wochenende mit seiner Frau allein verbringen will, nimmt Heike die Enkelkinder bereitwillig in ihre Obhut und verzichtet automatisch auf eigene Pläne. Anfangs ist das ganz in Ordnung. Doch als die junge Familie den kostenlosen Babysitter immer häufiger in Anspruch nimmt, würde Heike gern protestieren. Aber der innere Patriarch – unterstützt von Heikes Mann – ist stärker. »Jetzt sei doch nicht so kleinlich! Schließlich hast du ja nichts Wichtiges vor. Sei froh, wenn du gebraucht wirst! Gönne den jungen Leuten doch ein paar kinderfreie Tage!« lässt er verlauten und bringt sie zum Schweigen.

Heike will selbstverständlich nicht kleinlich sein. Schließlich liebt sie ihre Enkelkinder. Also hält sie den Mund, schämt sich ob ihrer egoistischen Gedanken und fügt sich in ihr Schicksal.

Wenn sich Frauen erst einmal mit der Rolle der guten Mutter oder Tochter identifiziert haben, sind sie leichte Beute für den inneren Patriarchen. Er belegt sie mit Schuld und Scham, und schon tanzen sie – oft wider besseres Wissen – nach seiner Pfeife. Unsere Mitmenschen spüren diese Schuldgefühle und nützen sie kräftig aus. Eine schuld- oder schamgebundene Frau wird sich nicht wehren – im Gegenteil. Sie wird alles in ihrer Macht Stehende tun, um die Schuldgefühle möglichst schnell wieder zum Verschwinden zu bringen. Sie »ent-schuldigt« sich, wo es vielleicht gar nichts zu entschuldigen gibt. Das Schuldgefühl sagt: »Du bist schlecht, du hast etwas falsch gemacht.« Wenn wir dem inneren Patriarchen Tür und Tor öffnen, machen wir uns klein, sind lieb, brav und sagen zu allem ja und amen. Gängige Schuldzuweisungen des Patriarchen sind:

- Du bist eine schlechte Mutter!
- Du bist eine miserable Hausfrau!
- Du engst deinen Partner zu sehr ein!
- Du bist zu wenig lustvoll und sexy!
- Du kümmerst dich nicht genug um deine Eltern, deinen Mann, deine Familie!

Bei diesen Aussagen sollten wir hellhörig werden. Das Ende der Schuldgefühle wäre der Eintritt in die Welt der erwachsenen Frau, die Verantwortung für sich, ihre Gedanken und Handlungen übernimmt.

Was also tun mit den vermaledeiten Quälgeistern, den Schuldgefühlen? Zunächst einmal ist es wichtig, die Identifikation mit dem inneren Patriarchen aufzuheben und Distanz zu ihm zu schaffen. Das ist möglich, indem wir auf unsere Selbstgespräche achten und uns bewusst machen, wann der Patriarch das Ruder übernommen hat und was seine Aussagen sind. Wir gehen in die Beobachterposition und fragen uns:

- Wie soll ich nach Meinung des Patriarchen als Frau sein?
- Welche Eigenschaften und Verhaltensweisen verabscheut er?
- Von wem hat er seine Meinungen übernommen? (Vom Vater, Onkel, Lehrer, vom Patriarchen der Mutter ...)

Statt zu verkünden: »*Ich* bin schlecht, egoistisch und anmaßend«, müssen wir durchschauen, dass *er* es ist, der da spricht, und es in etwa so formulieren: »Aha, jetzt ist mein innerer Patriarch wieder am Werk. Er glaubt, ich sei egoistisch und anmaßend und will mir Schuldgefühle machen. Er spricht genau wie mein Vater (Ehemann etc.). Ich bin da anderer Meinung. Es steht mir zu, eigene Bedürfnisse zu haben.« Es gibt eine eigene, sehr effiziente Methode, mit dem inneren Patriachen zu arbeiten. Sie heißt Voice Dialogue und wurde von zwei amerikanischen Psychologen, Dr. Hal und Sidra Stone, entwickelt. Um die Methode anwenden zu können, bedarf es jedoch fachkundiger Begleitung.

Schuldgefühle dienen vielleicht anderen Menschen, auf keinen Fall jedoch uns selbst. Sie untergraben unseren Selbstwert und bringen uns in eine verletzliche Position. Jahrtausendelang haben sich Religionen diese Tatsache zunutze gemacht. So wurden Menschen als sündig und böse abgestempelt und mit Schuld beladen (»Mea culpa, durch meine Schuld, durch meine Schuld, durch meine große Schuld«), um ihnen Angst einzuflößen. Angst und Schuld machen Menschen gefügig. Wem die Hölle droht, der wird sich dreimal überlegen, ob er wirklich tun will, was ihm sein gesunder Menschenverstand eingibt.

Es ist wichtig, an dieser Stelle zwischen »gesunden« und »ungesunden« Schuldgefühlen zu unterscheiden. Gesunde Schuldgefühle sind der Kern unseres Gewissens. Sie entstehen immer dann, wenn wir uns im Widerspruch zu unseren verinnerlichten Überzeugungen und Wertvorstellungen verhalten. Wir sagen dann: »Ich habe etwas falsch gemacht.« Das Bedürfnis nach Wiedergutmachung entsteht sofort, und wir »entschuldigen« uns bei dem Menschen, den wir verletzt haben. Wir wissen, dass wir die Grenzen des anderen überschritten haben, und übernehmen Verantwortung für unsere Fehler, ohne dass wir uns als Gesamtperson infrage stellen. Wir betrachten Fehler und Schwächen als Teile menschlichen Lebens, aus denen wir lernen können.

Leiden wir unter krankhaften Schuldgefühlen, so laden wir uns zuviel Verantwortung auf. Wir glauben, dass wir für das Wohlbefinden anderer Menschen im Übermaß verantwortlich sind, und haben den Anspruch, vollkommen zu sein. Perfektionismus und familiäre Verstrickungen sind meist die Ursache für übertriebene Schuldgefühle. Wenn wir mit unserer Umwelt in Konflikt geraten, gehen wir automatisch davon aus, dass wir im Unrecht sind. Wir fühlen uns minderwertig und wertlos. Und da ich ein Versager bin, darf ich natürlich auch keine Grenzen setzen. Im Gegenteil: Ich muss mich noch mehr anstrengen, um meine Defizite auszugleichen, indem ich mehr leiste, mehr Kompromisse schließe, mehr lächle, mehr nachgebe.

Wenn Sie einen humorvollen Ausstieg aus Ihren Schuldgefühlen suchen, schlage ich Ihnen die folgende Übung vor:

Die Schuldbefreiungsübung

Setzen Sie sich mit einem Menschen Ihres Vertrauens zusammen und versuchen Sie sich all die Situationen in Erinnerung zu rufen, in denen Sie gemein gehandelt, sich sehr blamiert oder völlig daneben benommen haben, die Situationen, nach denen Sie sich furchtbar schlecht gefühlt haben. Übertreiben Sie ruhig! Versuchen Sie sich gegenseitig zu übertreffen mit Ihren »Verfehlungen«. Wessen Schuldenberg ist höher?

Wenn Sie beide herzhaft lachen müssen, hat die Übung ihren Zweck erfüllt: Humor schafft Distanz zu Ihren Schuldgefühlen, und Sie sind weniger identifiziert mit ihnen. Vielleicht sind Sie damit auf dem besten Weg, sich selbst zu verzeihen. Anstatt in Gewissensbissen stecken zu bleiben, können Sie Ihre Energie nun darauf verwenden, neue und bessere Verhaltensweisen zu finden.

3. Warum es Frauen schwer fällt, nein zu sagen

»Bis hierhin und nicht weiter – klingt das nicht ein wenig zu hart?« meint eine Freundin, als ich ihr verschiedene Titel für mein neues Buch nenne. Diese Reaktion ist typisch für Frauen. In der Tat kommt ihnen dieser Satz nur schwer über die Lippen. In Frauenohren klingt er gnadenlos und unerbittlich. Während klare Abgrenzung aus Männermund durchaus akzeptiert wird, ja Durchsetzungsfähigkeit als männliche Tugend gepriesen und als anziehend empfunden wird, glauben Frauen häufig, mit Geduld und Passivität ans Ziel ihrer Wünsche zu kommen.

Die Rolle der Frau hat sich in den letzten Jahrzehnten drastisch gewandelt – so verkünden es zumindest Politiker und Medien. Aber ist dem wirklich so? Oder sind dem klassischen Rollenbild der Frau als hingebungsvolle Ehefrau und aufopfernde Mutter nicht nur ein paar Attribute hinzugefügt worden? Sehen wir uns das Bild an, das die Medien von der modernen Frau zeichnen.

Die Frau von heute soll ein Allroundgenie sein. Mit links und immer frohgemut meistert sie dynamisch Haushalt, Beruf und Kinder, um abends dann aufregend dekolletiert ihrem Mann den Sherry zu reichen. Und wenn der Göttergatte sich beklagt, wie viel Stress er in der Arbeit hatte, baut sie ihn auf, massiert ihm den Nacken und verschont ihn mit ihren »Problemchen«.

Frauen orientieren sich eher an den Wünschen der Männer als an ihren eigenen. Die männlichen Vorlieben werden besonders deutlich in Heiratsanzeigen und Bekanntschaftsannoncen: Anschmiegsam und doch eigenständig, sexy und doch treu, humorvoll und tiefsinnig, intelligent, gebildet und doch häuslich und ohne Karriereabsichten – und natürlich attraktiv und jung soll sie sein, die Frau seiner Träume. Auch Frauen preisen sich selbst oft an wie auf dem Sklavenmarkt. Da ist die perfekte Hausfrau und Mutter, sanft, tolerant und ehrlich, mit niedlichem Gesicht, jung geblieben – oder die warmherzige Zauberfee mit mädchenhaftem Charme, natürlich schlank, mit langen Haaren und Beinen, unkompliziert und anschmiegsam.

Der Wert einer Frau auf dem Heiratsmarkt hängt mehr als bei Männern vom Alter und dem äußeren Erscheinungsbild ab. Und so strampeln sich Frauen im Fitness-Studio die lästigen Pfunde ab, geben teures Geld für Antifaltencremes aus, verschlingen Bücher über die neue Weiblichkeit, belegen Kurse über die thailändische Küche an der Volkshochschule – alles nur, um die Herrn der Schöpfung bei der Stange zu halten. Und wenn der Göttergatte dann verkündet: »Schatz, dein Kaffee ist einfach wunderbar«, leuchten die Augen der Angetrauten wie die eines Kindes unter dem Weihnachtsbaum. Doch leider vergisst sie darüber ihre eigenen Wünsche und Bedürfnisse.

Zweifellos hat sich seit der Generation unserer Großmütter viel verändert, vor allem im Außen. Es gilt als selbstverständlich, dass Frauen berufstätig sind. Es ist keine Schande mehr, unverheiratet zu leben und ein Kind ohne Vater aufzuziehen. Emanzipation, früher ein fast anrüchiges Wort, ist zum vertrauten Bestandteil unserer Sprache geworden. Doch in unserem Inneren sieht es anders aus. Jahrtausendealtes Patriarchat lässt sich nicht einfach innerhalb weniger Jahre ausrotten. Männliche Werte und Normen schlummern tief im Unterbewusstsein und melden sich in Form von Selbstzweifeln, wenn frau gegen diese Werte verstößt.

Als wesentliche Lernziele für Mädchen schrieb die christliche Erziehung Keuschheit, Fleiß, Ordnungsliebe, Bescheidenheit und Gehorsam fest. Erst gegen Ende des 19. Jahrhunderts gestand man jungen Frauen etwas mehr Bildung zu, doch nur, »damit der deutsche Mann nicht durch die geistige Kurzsichtigkeit und Engherzigkeit seiner Frau gelangweilt werde«, so ein zeitgenössisches Zitat. Frauenbefreiung zur Erbauung und Aufwertung des Mannes? Doch viele Männer protestierten gegen die Bildung der Frauen und sahen in ihr den Zusammenbruch der Weltordnung. Ernsthaft behaupteten sie, das weibliche Gehirn sei zu klein, und die Eierstöcke würden durch Intellektualität verkümmern.

Was – so fragen sich viele Frauen heutzutage – macht denn nun eine »richtige« Frau aus? Bis vor vierzig oder fünfzig Jahren noch war das ganz genau definiert. Die Frau sorgte als Perle des Hauses, Mutter der Kinder und Kameradin des Mannes für das leibliche und seelische Wohl der ihr Anvertrauten. Die berühmten drei »K's« – Küche, Kinder, Kirche – bestimmten klar ihren Lebensspielraum. Die Situation unserer Großmütter lässt sich schlicht und einfach mit dem Begriff »Abhängigkeit« charakterisieren. Das bedeutete: Ohne Mann kein Zuhause, kein Essen, kein Leben. Versuchte eine Frau aus dieser Enge auszubrechen, war sie eine Außenseiterin und wurde gesellschaftlich geächtet.

Glaubt man den Medien, so sind die Ansprüche an eine »richtige« Frau ins Unermessliche gewachsen. Perfekt soll sie sein, nicht mehr und nicht weniger. Stets wie ein Topmodel gestylt, hetzt sie von einem Termin zum anderen. Selbstredend kommt sie mit sechs Stunden Schlaf pro Nacht aus und versprüht schon beim Frühstück strahlende Laune. Sie liest nicht nur Bücher über Kindererziehung, sondern ist darüber hinaus politisch und kulturell auf dem neuesten Stand. Und während sie die Regalschluchten im Supermarkt entlanghetzt, gibt sie dem Babysitter vom Handy aus die letzten Anweisungen. Sie ist ein Universalgenie – die perfekte Hausfrau, Ehefrau und Mutter und natürlich beruflich voll engagiert. Wenn zu später Stunde die selbstgemachten Weihnachtsplätzchen im Ofen bräunen, erledigt sie die überfällige Arbeit am PC, um ganz nebenbei – der Kinderpopo wird es ihr danken – noch ein paar Stoffwindeln ihres jüngsten Sprösslings auszuwaschen.

Susanne ist 36 Jahre alt, selbständige Personalfachfrau, attraktiv und hat viel Herz. Während sie in ihrem Beruf sehr selbstbewusst ist, wird sie in ihrem Privatleben von Selbstzweifeln gequält, denn – welch ein Makel – sie ist seit zwei Jahren ohne feste Beziehung. Was ist nur falsch an mir, dass ich keinen Mann finde? Bin ich zu selbständig, zu dick, zu alt? Vielleicht mögen Männer keine Karrierefrauen? Susanne misst ihren Wert daran, ob sie einen Mann an ihrer Seite hat. Eine Frau ohne Mann – ist das überhaupt eine richtige Frau? Vielleicht bin ich nicht weich, nicht feminin genug? Ob ich überhaupt hingabefähig bin? Susanne würde gern eine Familie gründen und beruflich jederzeit zurückstecken, doch das sieht sie nicht, solange sie von ihrem inneren Patriarchen gnadenlos attackiert wird. Verunsichert durch das Idealbild einer Frau, das die Medien uns vorgaukeln, misst sie sich an diesem Vorbild und schneidet im Vergleich mit anderen natürlich immer schlechter ab. Ihr Selbstwertgefühl sinkt auf Null. Und außerdem: Die Uhr tickt. Ist es nicht wahrscheinlicher, von einem Löwen gefressen zu werden, als über vierzig noch einen Mann zu finden?

Wie Susanne geht es vielen Frauen. Einerseits möchten sie dem klassischen Rollenbild entsprechen, andererseits wollen sie sich beruflich verwirklichen. Wie schaffe ich es nur, in der Berufswelt der Männer zu bestehen und trotzdem Frau zu bleiben? Wie kann ich eigene Wünsche und Bedürfnisse klar ausdrücken, zu mir stehen und doch offen, sensibel und mitfühlend bleiben? Sind diese beiden Dinge überhaupt miteinander vereinbar? Alte Rollenklischees geistern nach wie vor in unseren Köpfen herum: Eine Frau soll offen, mitfühlend, verständnisvoll, hingabefähig, tolerant, empfänglich, bescheiden, anpassungsfähig, weich, zuverlässig und vieles mehr sein.

Dagegen ist nichts einzuwenden. Es ist wunderschön, wenn ein Mensch diese Fähigkeiten besitzt. Hat jedoch ein klares Nein in diesem Rollenbild auch Platz? Werde ich dann nicht als hartes Mannweib oder als Egoistin abgestempelt? Hat nicht meine Mutter schon gesagt, man muss als Frau nachgeben können, wenn eine Ehe funktionieren soll? Und schließlich habe ich doch vor dem Traualtar ja gesagt, auf immer und ewig!

Viele Frauen glauben, dass Ja das Zauberwort für ein harmonisches, glückliches Leben ist, die Eintrittskarte in die Welt der Männer. Das ist ein Trugschluss. Das ewige Jasagen hat seinen Preis. Und so manche Frau wundert sich, wenn sie in späteren Jahren in Depressionen verfällt, unfähig, eigene Bedürfnisse zu erkennen, geschweige denn sie auszusprechen. Die Kinder sind aus dem Haus, die Firma bevorzugt eindeutig Jüngere, sie wird nicht mehr gebraucht. Was nun?

Petra ist eine solche Frau. Jahrelang hat sie sich äußeren Zwängen angepasst, hat Freundschaften vernachlässigt und eigene Interessen hintangestellt. Auf die Frage »Was willst du, was macht dir Spaß und Freude?«, antwortet sie mit einem ratlosen Achselzucken. Sie ist taub geworden für ihre eigenen Bedürfnisse und Empfindungen. »Mir war immer nur wichtig, dass es anderen gut geht!« gestand sie mir in einer Beratungssitzung. Dadurch hatte sie Selbstbestätigung erhalten. Als die Anerkennung von außen immer weniger wurde, fiel sie in ein tiefes Loch.

Nun hat Petra die Wahl, ihre Krise als Chance zu nutzen oder sich bereits mit 45 Jahren aufzugeben. Sie muss lernen, sich selbst wichtig zu nehmen und gegebenenfalls auch nein zu sagen. Dazu braucht sie Mut. Und Klarheit. Zum Selbstrespekt gehören eindeutige Grenzen. Wie sollen mich andere Menschen respektieren, wenn ich mich selbst nicht respektiere? Vom Kopf her scheint alles ganz einfach zu sein. Doch im Bauch sitzt die Angst, unweiblich zu erscheinen und deshalb kritisiert, abgelehnt, verlassen zu werden oder den Arbeitsplatz zu verlieren.

Die folgenden Seiten sollen die verschiedenen Ängste von Frauen genauer beschreiben.

Die Angst vor Ablehnung

Frauen kämpfen von Kindesbeinen an – meist vergeblich – um Anerkennung beim männlichen Geschlecht. Und da es so schwer ist, Papas Zuwendung zu erhalten, strengen sie sich an, sind brav, hilfsbereit und nett. Kleine Mädchen machen keine Schwierigkeiten und widersprechen nicht. Vielleicht lobt mich der Papa ja, wenn ich gute Noten nach Hause bringe? Doch der vielbeschäftigte Vater nimmt seine Tochter kaum wahr, auch wenn sie ihm in krakeliger Kinderschrift Gedichte schreibt und Bilder malt. Schließlich will er den wohlverdienten Feierabend genießen und sich nicht noch zusätzlich um die Kinder kümmern. Er liest die Zeitung, trinkt ein Bier zur Sportschau oder trifft seine Freunde in der Kneipe. Und so sehr die Tochter auch darum bittet, er nimmt sie nicht mit auf den Fußballplatz. Warum konnte es auch kein Junge werden! Die Kleine spürt die Zurückweisung – und bemüht sich noch mehr. Sie hilft im Haushalt, bringt ihm die Pantoffeln, schafft es bis zur Klassenbesten – doch vergebens.

Dieses Muster setzt sich im späteren Leben fort. Der Schmerz der Ablehnung sitzt tief. Frauen unternehmen oft gigantische Anstrengungen, um Zuwendung und Liebe zu erhalten. Sie registrieren jede kleinste Regung ihres Partners oder Chefs, lesen ihm jeden Wunsch von den Lippen ab und setzen alles daran, ihn möglichst schnell zu erfüllen. Lieber verzichten sie auf eigene Wünsche und Bedürfnisse, als dass sie ihre Partnerschaft oder die berufliche Tätigkeit infrage stellen.

Regina ist seit zwei Monaten frisch verliebt. Holger, ein gutaussehender, charmanter und erfolgreicher Jungunternehmer, scheint der Mann ihrer Träume zu sein. Er trägt Regina auf Händen, und Regina will ihn auf keinen Fall wieder verlieren. Sie gibt sich die Schuld am Scheitern ihrer letzten Beziehung. Diesmal will sie alles richtig machen. Ausgerechnet in der größten Verliebtheitsphase trifft sie ihr altes Leiden, eine Blasenentzündung, wie ein Blitz aus heiterem Himmel, was Holger nicht davon abhält, abends im Bett zärtlich zu werden. Regina geht zögernd darauf ein, doch schlafen will sie mit Holger nicht. Der stürmische Liebhaber lässt jedoch nicht locker. »Nur ein bisschen, ich bin auch ganz vorsichtig!« drängt er Regina. Was tun? Sie will nicht prüde erscheinen. Schließlich könnte Holger jede Frau haben, er ist nicht auf eine blasenkranke Freundin angewiesen. Und die Konkurrenz schläft nicht! Sie beißt die Zähne zusammen, auch wenn es höllisch brennt. Mit Tränen in den Augen rennt sie zur Toilette. Sie ist wütend auf Holgers Rücksichtslosigkeit, übersieht jedoch, dass sie selbst nicht gut für sich gesorgt und rechtzeitig Halt gesagt hat.

Reginas Liebe ist unreif und von Verlustangst geprägt. Sie glaubt fest daran, dass ein Mann nur dann bei ihr bleibt, wenn sie jederzeit sexuell verfügbar ist. Regina will nicht, dass ihr das gleiche Schicksal wie ihrer Mutter widerfährt: Wäre diese nicht so lustfeindlich gewesen, hätte der Vater nicht ständig fremdgehen müssen – so lautet zumindest die Erklärung des Vaters, der Regina als Vatertochter Glauben schenkt. Der Lieblingssatz der Mutter »Männer wollen immer nur das Eine« hat sich in Reginas Gehirnwindungen fest eingenistet.

Regina ist dem Idealbild einer Frau erlegen, das die Medien kräftig fördern. Zu diesem Idealbild gehört vor allem sexuelle Attraktivität, immerwährende Lust und Verführungskunst. Signalisiert ihr Körper andere Bedürfnisse, etwa, weil sie müde oder krank ist, so gerät sie in einen inneren Konflikt. Sie glaubt, dass sie von ihrem Freund abgelehnt wird, wenn sie diesem Idealbild nicht entspricht.

Wie Regina beziehen viele Frauen ihr Selbstwertgefühl über die Anerkennung von Männern. Fehlt diese Anerkennung, fühlen sie sich nutzlos, ungeliebt und minderwertig. Oft genügt bereits ein schräger Blick oder eine kleine Bemerkung, um sie völlig aus dem Gleichgewicht zu bringen. Reginas Liebe gilt aussschließlich Holger, für sie selbst bleibt dabei nichts mehr übrig. Wie ist es nur möglich, dass eine Frau, die für sich allein ein erfülltes, zufriedenes Leben geführt hat, zu einem unsicheren Mäuschen wird, sobald ein Mann in ihrem Leben erscheint?

Lassen wir uns auf eine Liebesbeziehung wirklich ein, so tauchen nach der ersten Verliebtheitsphase alte Wunden und Verletzungen aus der Kindheit wie Schatten aus der Dunkelheit wieder auf. Offensichtlich ist eine der größten Wunden, die Frauen zugefügt wurde, mangelnde Anerkennung und Nichtachtung, vor allem von der ersten großen Liebe, dem Vater. Noch heute ist vielerorts die Freude größer, wenn ein »Stammhalter« das Licht der Welt erblickt; dass Mädchen später als erwachsene Frauen wesentlich zur »Erhaltung des Stammes« beitragen, scheint dabei keine Rolle zu spielen.

Eltern trauen ihren Söhnen meist mehr zu als ihren Töchtern. »Mach nur, das schaffst du schon!« sagt der Vater oder die Mutter zu ihrem zögerlichen Sohn, während die Tochter in der gleichen Situation zu hören bekommt: »Lass es lieber, das ist zu schwierig für dich!« Von anspruchsvolleren Tätigkeiten, die über die Hilfe im Haushalt hinausgehen, lässt ein Mädchen lieber die Finger. Wenn die Tochter die Aufgabe wider Erwarten doch mühelos meistert, ist die Verwunderung groß.

Jungen haben in der Regel einen größeren Spielraum zum Experimentieren und Erproben ihrer Fähigkeiten. Sie werden in ihrem Bewegungsdrang weniger gebremst, dürfen auf Bäume klettern und werden zu wilden Spielen ermuntert, während Mädchen lieber im Sandkasten und mit ihren Puppen spielen sollen. Ab der Pubertät wird der unterschiedliche Erziehungsstil besonders deutlich. Für Jungen ist es kein Problem, bis spät in die Nacht oder gar das ganze Wochenende außer Haus zu sein. Mädchen hingegen werden mehr behütet und sollen daheim bleiben – schließlich könnten sie ja ein Kind nach Hause bringen!

Auch in der Schule existiert nach neuesten Untersuchungen ein »heimlicher« Lehrplan. Schulwissenschaftlerinnen fanden heraus, dass Lehrer und Lehrerinnen von gemischten Klassen durchschnittlich nur ein Drittel ihrer Zeit den Mädchen widmeten. Sie wurden weniger aufgerufen als Jungen, und die Lehrkräfte hörten ihnen auch weniger lang zu.

Selten haben Mädchen in ihren Müttern ein positives Rollenvorbild. Auf der einen Seite sehen sie ihre Kraft und Stärke, andererseits gehen in Mama seltsame Veränderungen vor, sobald Papa die Bühne betritt: Während sie den Tag über durchaus die Fäden in der Hand hielt, passt sie sich jetzt plötzlich an, zieht sich bei Konflikten zurück, will um jeden Preis Harmonie statt offener Auseinandersetzung.

»Noch heute ist mir unverständlich, warum meine Mutter zu Bestrafungsaktionen meinen Vater brauchte«, berichtet Renate, eine 40jährige Klientin. »›Wartet nur, bis euer Vater nach Hause kommt!‹ pflegte sie zu sagen, wenn wir etwas angestellt hatten, und machte damit meinen Vater zu einer Respektsperson, vor der man Angst haben musste. Und er konnte toben wie ein Berserker!«

Traute sich die Mutter nicht zu, die Dinge selbst zu regeln? Nein, es war einfach bequemer, sich aus der Affäre zu ziehen, Konflikte zu delegieren, den Vater zum bösen »schwarzen Mann« zu stempeln und sich selbst dabei eine reine, weiße Weste zu bewahren. Zur Mutter ging man, um Trost und Hilfe zu finden, die unliebsamen Strafpredigten hielt der Vater. Auch in anderen Situationen verstand es die Mutter geschickt, die Fahne der harmonischen Familie hochzuhalten. Sie war so tüchtig, so perfekt, so anpassungsfähig, dass es schwer fiel, ihr böse zu sein.

Es sollte viele Jahre dauern, bis Renate lernte, dass Männer einen eigenen Kopf bei Frauen durchaus schätzen und dass Ablehnung nicht gleichbedeutend mit Einsamkeit und Tod sein muss. Das Vermächtnis ihrer Mutter: »Bleib lieber allein. Du bist zu eigenwillig und machst nur jeden Mann unglücklich«, kann Renate aufgrund der Familiengeschichte ihrer Mutter heute zwar verstehen, diesen Bann zu lösen hat sie unter Tränen und Schmerz jedoch viel Arbeit an sich selbst gekostet.

Um ein gesundes Selbstbewusstsein aufzubauen, um eine eigene Meinung, die zu den Wünschen und Bedürfnissen eines anderen Menschen auch konträr sein kann, ohne schlechtes Gewissen äußern zu können, braucht ein Kind das Gefühl, angenommen und geliebt zu sein, so wie es ist, ohne besondere Leistungen und Anstrengungen vollbringen zu müssen. Wenn dieses Grundgefühl (»Ich bin in Ordnung«) da ist, kann es temporäre Zurückweisung ertragen. Ansonsten hat sie etwas Bedrohliches, das den Selbstwert von Grund auf erschüttert. Hat ein Kind von seinen Eltern häufig Kritik und Ablehnung erfahren, so übernimmt es diese Kritik und verinnerlicht sie. Im späteren Leben bedarf es nicht mehr unbedingt der Kritik und Ablehnung von außen: Der innere Kritiker übernimmt das Ruder und kritisiert uns immer dann, wenn wir seinen Wertvorstellungen nicht entsprechen. Er hat ständig etwas an uns auszusetzen, vergleicht uns zu unseren Ungunsten mit anderen Menschen und wertet unsere Gefühle ab. Jedes Nein, jeder mißbilligende Blick, jedes Stirnrunzeln oder gar der Rückzug eines anderen Menschen stellt, wenn wir unserem Kritiker Glauben schenken, sofort die gesamte Person infrage. Jedes Schweigen ist selbstverständlich gegen mich gerichtet und hat natürlich nichts Gutes zu bedeuten.

Der innere Kritiker – oder sein Verbündeter, der innere Patriarch – versucht uns an gesellschaftliche Erfordernisse anzupassen. Er trägt Sorge dafür, dass wir uns an die gängigen

Normen und Werte halten, indem er uns bei Abweichungen kritisiert, *bevor* uns andere Menschen kritisieren können. Wenn er der Kritik von außen zuvorkommt – so glaubt er zumindest –, bleibt uns diese Kritik erspart. Doch leider geht seine Rechnung meist nicht auf.

Anpassung ist für menschliches Zusammenleben durchaus erforderlich. Sie bringt gewisse Vorteile, denn damit sichern wir uns die Zugehörigkeit zu einer Gruppe oder Einzelperson. Doch wenn wir nicht riskieren, auch einmal unnachgiebig und eigenwillig zu sein, wenn der Preis für eine Arbeitsstelle oder Beziehung völlige Unterordnung bedeutet, so ist dieser Preis zu hoch.

Aus meiner therapeutischen Praxis weiß ich, welche Katastrophenphantasien in den Köpfen von Frauen herumgeistern, wenn es darum geht, Grenzen zu setzen.

Julia ist tatsächlich felsenfest davon überzeugt, ihr Mann würde sie verlassen, wenn sie den allsonntäglichen Besuchen der Schwiegermutter Einhalt gebieten würde. Es ist zur Selbstverständlichkeit geworden, dass diese jede Woche zur gleichen Zeit an der Tür klingelt. Um den Familien(schein)frieden nicht zu gefährden, erträgt Julia Sonntag für Sonntag das Jammern und die versteckten Vorwürfe, niemand kümmere sich um sie. Die ganze Familie leidet unter diesen Spannungen. Doch Julia beißt die Zähne zusammen, backt jeden Samstag den obligaten Kuchen und bettelt um die Anerkennung als gute Schwiegertochter, die sie vermutlich nie erhalten wird. Nie würde sie es wagen, den Wunsch zu äußern, hin und wieder das Wochenende nur mit ihrer Familie zu verbringen.

Frauen müssen erkennen, dass ein eigener Kopf oder ein Konflikt nicht zwangsläufig eine Katastrophe heraufbeschwört. Disharmonie und Reibung gehören ebenso zum Leben wie Friede und Übereinstimmung. So manches Gewitter hat schon die verpestete Luft gereinigt. Wenn ich nur damit beschäftigt bin, mich so zu verhalten, dass ich nicht anecke und andere Menschen mich mögen, so wird mein Leben zu einer einzigen Anstrengung. Und erreichen werde ich dieses Ziel trotz bester Absichten sowieso nie! Die wilde Frau kann uns an dieser Stelle die Angst vor Ablehnung nehmen und uns Selbstvertrauen und Eigenliebe schenken. Sie hält Missstimmungen aus und macht uns Mut, unsere Bedürfnisse ernst zu nehmen und klar zu äußern.

Die Angst vor Verantwortung

Frauen übernehmen nur allzu bereitwillig die Verantwortung, wenn es darum geht, in Konfliktsituationen einen Schuldigen zu finden. »Was habe ich nur falsch gemacht?« ist eine Frage, die sich Frauen gern stellen. Liegt es an mir, dass der Haussegen schiefhängt? Warum ist der Chef nur so schlecht gelaunt? Warum hat mich die Nachbarin nicht gegrüßt? Sicher habe ich etwas falsch gemacht!

Die Bereitschaft, Fehler und Schwächen im Übermaß bei sich zu suchen, statt zu erkennen, dass meist auch andere Menschen mitbeteiligt sind oder eine Missstimmung gar nichts mit ihnen zu tun hat, macht Frauen zu dankbaren Sündenböcken. Auf ihnen kann mann abladen, was er zu tragen nicht bereit ist, was für ihn uner-träg-lich ist. Während er in Konfliktsituationen felsenfest davon überzeugt ist, seine Frau sei unpässlich, einfach zu empfindlich, komisch oder übertrieben intolerant – kurz, er würde niemals auf die Idee kommen, die Situation könnte etwas mit ihm zu tun haben –, sucht die Frau die Schuld bei sich und bemüht sich um Veränderung.

Auch in familiären Angelegenheiten übernehmen Frauen die meiste Verantwortung. Nicht selten entbinden sie die Männer von ihren väterlichen Pflichten und nehmen sie vor den Kindern in Schutz. »Sei still! Vati hat jetzt keine Zeit für dich! Er ist völlig überlastet und müde!« Und wenn ein Kind auf die schiefe Bahn gerät, so sind selbstverständlich die Mutter und ihre falsche Erziehung daran schuld. Frauen vermitteln, stiften Frieden, sprechen aus, was ihren Männern nicht oder nur schwer über die Lippen kommt, und fühlen sich verantwortlich für Dinge, die sie eben nicht zu verantworten haben.

Wenn es jedoch darum geht, Verantwortung im Beruf oder in finanziellen Angelegenheiten zu übernehmen, so ziehen

Frauen die Fäden lieber im Hintergrund. In diesem Zusammenhang hat das Wort Verantwortung für sie einen negativen Beigeschmack. Es klingt nach einer schweren Bürde, die auf sich zu nehmen gar nicht erstrebenswert erscheint. Sollen sich doch die Männer damit herumplagen!

Wenn wir noch einen Schritt weitergehen und Verantwortung mit Macht gleichsetzen, so schrecken Frauen davor zurück. Schließlich ist Macht gleichbedeutend mit Ausbeutung, Ellbogenmentalität, Herrschaft über andere, Kampf, Dominanz, Korruption – und wohin das führt, können wir täglich in den Zeitungen lesen. Macht verdirbt den Charakter! Beispiele dafür gibt es genügend. Da liest man über den korrupten Firmenchef, der mit den Millionen geflohen ist und das Unternehmen in den Ruin geführt hat. Oder frau hört vom machthungrigen Sektenführer, der seine Anhänger nur ausgenommen hat. Von Politikern erst gar nicht zu reden!

Frauen schlüpfen, wie ich bereits erwähnt habe, lieber in die Rolle der Prinzessin als in die Rolle der Königin. Sie beklagen eher die Zustände, die männliche Machthaber geschaffen haben, statt die Dinge selbst in die Hand zu nehmen. Was soll frau als Einzelkämpferin schon ausrichten? Macht macht nur einsam und unbeliebt! Sie schafft Neider(innen), und welcher Mann will schon ein kaltes, hartes Karriereweib, das nur noch für seinen Beruf lebt: Frauen mit Machtanspruch sind Männern suspekt. Was beim Mann als Durchsetzungsfähigkeit gilt, wird bei der Frau leicht zur Herrschsucht.

Doch weibliche Macht ist etwas ganz anderes als männliches Herrschertum. Ich zitiere an dieser Stelle Angelika Alitis Definition von weiblicher Macht:

»Weibliche Macht ist die Fähigkeit zur Autonomie, zur Authentizität und Eigenmächtigkeit, eine Kraft, die nicht über andere herrschen muß, sondern ganz im Sinne der Anarchie entscheidet, welche Handlung einen Sinn macht und welche nicht; eine Kraft, die ermächtigt, sich schützend vor Schwächere zu stellen, und deren Auswirkungen allen zugute kommt, weil sie nicht auf Kosten von anderen erstarkt.«*

* Angelika Aliti, Die wilde Frau, S. 123.

Überkommene patriarchale Glaubenssätze geistern in den Köpfen von Frauen herum. So sehen sie, von Männerphantasien angeregt, in alleinstehenden Frauen alte Jungfern oder Mauerblümchen, die sich in ihren Beruf stürzen, nur weil sie keinen Mann abbekommen haben. Oder frau bemitleidet die erfolgreiche Journalistin, die zwar in der ganzen Welt herumjettet, aber heimlich in ihr Kopfkissen schluchzt, weil sie keinen Mann an ihrer Seite hat.

Einsamkeit ist der Preis für den Erfolg – so die Horrorvorstellung der meisten Frauen. Dass viele ihrer Geschlechtsgenossinnen an der Seite ihrer Freunde oder Ehemänner ein recht einsames Dasein führen und besser daran täten, sich voll und ganz ihren beruflichen und privaten Interessen zu widmen, verdrängen viele. Lieber die Haussklavin oder die Dienerin eines mürrischen Chefs als allein sein – eine andere Lösung scheint es in den Köpfen von Frauen häufig nicht zu geben. Frauen haben Angst, »eigen-mächtig« zu handeln, das heißt, eigene Macht zu haben. Sie ziehen es vor, sich anzupassen: »Sag mir, welche Frau du haben willst, und ich werde sie sein.« Gleich einem Chamäleon verstehen sich manche Frauen auf die Kunst der Verwandlung und wechseln je nach Bedarf vom Vamp zum Hausmütterchen. Diesen Frauen wäre eher gedient, würden sie ihre Verwandlungskunst zum Beruf machen und Schauspielerinnen werden.

Christine und Peter kommen zu einer Beratungssitzung. Ihre Paarbeziehung ist ins Wanken geraten, seit Christine ein Angebot als stellvertretende Geschäftsführerin in einer großen Firma erhalten hat. »Unsere Kinder brauchen dich doch!« wirft Peter ein, um sein Unbehagen, seine Frau könnte einen besserbezahlten Job als er haben, zu tarnen. Damit trifft er Christine an einem wunden Punkt. Schließlich will sie ihre Kinder nicht vernachlässigen, will ihnen eine gute Mutter sein! Seit Wochen kämpft sie mit ihrem schlechten Gewissen, von Peter auf sexuellen Entzug gesetzt. Eigentlich brauchen sie das Geld gar nicht, und sie will ihre Ehe nicht mit ihren egoistischen Wünschen aufs Spiel setzen.

Doch unbewusst ist sie Peter böse, will seine Zustimmung für ihre berufliche Weiterentwicklung. Trotz glänzender Karriereaussichten hat sie nach der Geburt ihres ersten Kindes beruflich zurückgesteckt. Jetzt, da die Kinder langsam selbständig werden, wittert Christine ihre Chance. Doch sie drückt sich um eine eigene Entscheidung, um ein klares Nein zu Peters Vorstellung von Familienleben und schiebt ihm die Verantwortung zu. Er soll entscheiden, soll sein Einverständnis zu Christines Plänen geben. Im Laufe der Beratung werden die Ängste des Paares hinter dem oberflächlichen Hickhack klar, ihr Vater-Tochter-Bindungsmuster tritt ans Tageslicht, und Christine lernt, als gleichberechtigte Partnerin zu handeln und ihre eigenen Interessen ernst zu nehmen. Sie erkennt, dass sie ihrer Familie Veränderungen zumuten kann.

Frauen haben Angst, Verantwortung zu übernehmen, ohne dass »Papa« seine Zustimmung dazu gibt. Veränderungen ja – aber nur, wenn auch der Partner einverstanden ist. Missbilligt dieser den eingeschlagenen Weg, so machen Frauen gern einen Rückzieher. Während Männer selbstverständlich ihre Interessen verfolgen und bei ihren Frauen Verständnis einfach voraussetzen, sind Frauen eher darauf bedacht, es ihren Männern recht zu machen und den häuslichen Frieden nicht zu gefährden. »Bescheidenheit ist eine Zier«, pflegte meine Mutter immer zu sagen, oder: »Der Klügere gibt nach.« Wir wissen doch, wer eigentlich das stärkere Geschlecht ist, aber müssen wir das auch unbedingt zeigen?

»In unserer Beziehung habe sowieso ich die Hosen an!« erklärt Martina süffisant lächelnd ihrer Freundin Carmen. »Man muss es nur raffiniert anstellen und Männer in dem Glauben lassen, sie hätten die Zügel in der Hand.« So tarnt Martina geschickt ihre Machtgelüste, ohne das überkommene Klischee von der sanftmütigen Frau aufs Spiel zu setzen.

Die Angst der Frauen vor Verantwortung und Macht, vor allem in der Öffentlichkeit, sitzt tief. Wer bin ich schon, zu meinen, ich könnte oder wüsste etwas besser? Ich soll anderen ein Vorbild sein, ihnen sagen, wo's langgeht? Woher nehme ich die Kompetenz? Dabei sind Frauen die geborenen Führungskräfte. Was verlangt schließlich mehr Geschick als die Erziehung

von Kindern? Doch Kindererziehung wird noch heute von Männern eher als weibliches Hobby denn als eine der wichtigsten Aufgaben in der Gesellschaft betrachtet.
Warum scheuen Frauen »Eigen-Mächtigkeit«?
Verantwortung hat ihren Preis: Statt gefahrlos und dezent im Hintergund zu wirken, müssen wir zu uns und unseren Entscheidungen stehen, uns Auseinandersetzungen stellen. Wir sind nicht mehr die lieben, angepassten Mädchen, denen niemand ein Haar krümmen wird. Wir sind Anfeindungen, Neid und Konkurrenz ausgesetzt, müssen mit Widerstand rechnen. Leider sind viele Frauen nicht bereit, diesen Preis zu zahlen. Lieber reihen sie sich ein in die Masse der armen Opfer, die über die Willkür ihres Chefs klagen, die Launen des Ehemanns erdulden, über die unfähigen Politiker schimpfen und überhaupt sich selbst bejammern.

Die Angst vor Verlust und Einsamkeit

Johanna ist seit zwanzig Jahren ihrem Chef, einem stadtbekannten Zahnarzt, eine treue Helferin. Viele ihrer Freundinnen beneiden sie um diesen Vorgesetzten, denn er ist witzig, charmant und voll des Lobes über Johannas Engagement. Geschickt wickelt er sie um den Finger, wenn es darum geht, Überstunden zu machen und allerlei Arbeiten zu übernehmen, die nicht in ihren Arbeitsbereich gehören. So muss Johnanna Flüge und Hotels für seinen Urlaub buchen, auch mal nach Dienstschluss ein Geschenk für seine Frau oder einen Tisch für das Abendessen mit Freunden besorgen.

Sie ist in der Sympathiefalle gefangen, war in all den Jahren nur zweimal krank, doch für ihre Leistungen und ihre Erfahrung ist sie unterbezahlt. Stets rechnet ihr der Chef seine Ausgaben vor und meint, der Beruf des Zahnarztes sei seit der Gesundheitsreform sowieso eine brotlose Tätigkeit geworden.

Während eines Seminars bricht der jahrelang angestaute Ärger aus Johanna heraus. »Ich kann sein nichtssagendes Blabla nicht mehr hören, sein blödes Grinsen nicht mehr ertragen!« schreit sie und erschrickt über ihre eigenen Worte. Sofort nimmt sie sich zurück, sackt zusammen und sagt mit weinerlicher Stimme: »Aber was soll ich nur tun? In meinem Alter ist es fast unmöglich, einen anderen Arbeitsplatz zu finden!«

Natürlich geht Johanna davon aus, dass ihr der Chef sofort kündigt, wenn sie sich weigert, Überstunden zu machen oder wenn sie auf besserer Bezahlung besteht. Sie erkennt ihren eigenen Wert nicht an, hat Angst, ihren Arbeitsplatz zu verlieren. Sie kann sich nicht vorstellen, dass der Chef sehr wohl weiß, was er an ihr hat, oder dass sie auch mit vierzig Jahren noch eine andere, vielleicht erfüllendere und besserbezahlte Tätigkeit finden kann.

Existenzangst hält viele Frauen in unbefriedigenden Situationen gefangen. Vielleicht sitzt es uns ja noch in den Genen, dass wir bis vor wenigen Jahrzehnten ohne einen Mann nicht überleben konnten. Wir verhalten uns bei drohendem Verlust des Arbeitplatzes oder bei Trennungen häufig so, als ob es um Leben und Tod ginge. Um diese Panik nicht spüren zu müssen, reden wir uns ein, dass es uns doch gut geht, und nehmen lieber Ausbeutung und unbefriedigende Arbeitsverhältnisse oder Beziehungen, manchmal über viele Jahre hinweg, in Kauf.

Die Angst wird von Politikern, Kirchen und Medien kräftig geschürt. Die Tagesschau – ein Horrorkabinett: Mord, Totschlag, Kriege, Naturkatastrophen, Flugzeugabstürze, Arbeitslosenstatistiken, Rezession – und jeden von uns kann es plötzlich treffen, besonders die wehrlosen Frauen! Also gehen wir lieber auf Nummer sicher und geben klein bei, anstatt zuviel zu riskieren! Schließlich ist Vorsicht ein Verhalten, das allgemein positiv bewertet und für vernünftig gehalten wird. Warum also mein Eigenheim, die Rente oder gar den Ehemann aufs Spiel setzen?

Frauen haben Angst, ihre Sicherheit und den Partner zu verlieren. Vor allem in vorgerücktem Alter machen Frauen in Beruf und Partnerschaft häufig mehr Kompromisse, als ihnen gut tut. Ein Mann Ende vierzig findet problemlos eine jüngere Frau – doch welcher Mann will schon eine reife Frau in diesem Alter? Das Gespenst Einsamkeit lässt so manche Frau mehr erdulden und tolerieren, als sie eigentlich möchte. Doch meist zahlt sich diese Duldsamkeit nicht aus. Spätestens, wenn der Göttergatte mit einer Jüngeren das Weite sucht und frau feststellt, dass sie ihr ganzes Leben auf ihn ausgerichtet hatte und nun nichts mit sich anzufangen weiß, bricht das Kartenhaus zusammen.

Zugegebenermaßen genießen alleinstehende ältere Frauen in unserer Gesellschaft ein nicht gerade hohes Ansehen. Doch rechtfertigt das die übergroße Angst vor dem Alleinsein? Die Sehnsucht nach dem starken Vater, der alle Probleme für uns regelt, sitzt uns Frauen tief in den Knochen. Das Vertrauen in die eigene Stärke ist ein zartes Pflänzchen, das gehegt und gepflegt werden muss. Frauen unterschätzen häufig ihre eigene Kraft, ihr Durchhaltevermögen und ihren Willen. Anpassung und Stillhalten wird dem Mut zum Risiko vorgezogen.

»Welche Ehe ist schon perfekt? Es gibt doch überall Probleme!« rechtfertigt sich Sabine, als ich sie damit konfrontiere, sich zu überlegen, sich von ihrem Mann, einem langjährigen Alkoholiker, zu trennen. Sabine hat nichts unversucht gelassen, ihren Mann zu »retten«. Doch er ist in seiner Sucht gefangen, und solange Sabine die Krankenschwester spielt, seine Eskapaden und Wutanfälle entschuldigt, ist der Leidensdruck für ihn erträglich. Obwohl Sabine seit einigen Jahren den Lebensunterhalt für die Familie verdient, erscheint ihr eine Trennung unmöglich. Von Kindesbeinen an gewohnt, sich um andere zu kümmern, kann sie sich nicht vorstellen, ihren Mann im Stich zu lassen. Sie hat in ihm nicht einen Partner, sondern ein zusätzliches Kind. Trotzdem gibt sie vor, nicht allein mit den Kindern zurechtzukommen.

Ich habe den Eindruck, dass sich manche Frauen an das Selbstbild des schwachen, hilflosen Wesens klammern wie ein Ertrinkender an den Rettungsring. Gehe ich davon aus, dass ein Mensch einen Zustand oder eine Verhaltensweise nur dann beibehält, wenn sie für ihn auch positive Auswirkungen hat, so stellt sich die Frage: Was haben Frauen davon, ein Aschenputteldasein zu führen?

Das Gewohnte ist zumindest sicher, das Neue, Unbekannte bedrohlich und beängstigend. Gehe ich neue Wege, so bin ich herausgefordert, mich auf die Hinterbeine zu stellen, zu zeigen, was ich kann. Ich darf nicht mehr jammern über meine Situation. Und doch gibt es nichts Schöneres, als mit einer guten Freundin beim Kaffee zu sitzen und sich gegenseitig vorzujammern, wie schlecht die Welt ist, dass Frauen benachteiligt werden und auf Männer kein Verlass ist.

Andererseits gibt es Millionen von Menschen auf diesem Planeten, denen es noch schlechter geht als Ihnen! Seien Sie also nicht undankbar, halten Sie aus, passen Sie sich an, riskieren Sie nichts und vor allem – haben Sie kein Vertrauen in Ihre eigene Stärke und Kreativität! Sie könnten sonst womöglich erkennen, dass Sie durchaus mitverantwortlich sind an Ihrem Schicksal, und würden eventuell entsprechende Konsequenzen ziehen.

Harmoniestreben

»... und so lebten sie glücklich und zufrieden bis an ihr Lebensende.« Wie hoffnungsfroh enden doch unsere Märchen! In den alten Geschichten ist die Welt noch in Ordnung: Das Gute siegt, der Frosch verwandelt sich in einen Prinzen, Dornröschen erwacht im richtigen Moment usw. Wir träumen alle gern vom großen Glück, von Zufriedenheit und Harmonie, bis dass der Tod uns scheidet. Wir beschwören die guten alten Zeiten, als Männer noch wirkliche Männer waren und Frauen wussten, wo ihr Platz war. Ist es nicht die urweibliche Aufgabe, dafür zu sorgen, dass alles reibungslos läuft, dass Frieden im Haus herrscht, dass die Kinder, der Mann satt und glücklich sind und die Nachbarn neidische Blicke über den Zaun werfen? Alle Kinder haben studiert, keines ist drogensüchtig, der Mann kein Trinker, die Wohnung immer blitzblank – eine nette Familie. Wie aus dem Bilderbuch.

Es soll sie ja hin und wieder geben, die Xanthippen, die zänkischen Weiber, die nicht alles klaglos hinnehmen, die, wenn es sein muss, auch mal lauthals streiten – es ist kein Wunder, wenn solchen Frauen der Mann davonläuft!

Birgit ist zweiunddreißig Jahre alt und seit fünf Jahren verheiratet. Ihr Mann Achim ist ein fanatischer Radfahrer, der sich jede freie Minute auf sein Rad schwingt. An den Wochenenden hechelt Birgit stundenlang hinter ihm her. Natürlich hat sie nicht Achims Kondition, doch sie zwingt sich mitzuhalten, obwohl es ihr keinerlei Spass macht und sie so manche zynische Bermerkung von Achim über ihre Unsportlichkeit über sich ergehen lassen muss.

Birgit ist wütend auf ihren Mann, doch sie hält ihre Wut gut unter Verschluss, »schließlich will ich ihn nicht einengen und ihm seine einzige Freude nehmen«. Noch immer klingen Birgit die endlosen Streitereien ihrer Eltern im Ohr, bei denen schließlich der Vater die Oberhand gewann und die Mutter weinend in der Küche saß. Sie hat sich geschworen, es anders zu machen. Birgit will nicht wie ihre Mutter bei ihrem Mann als bösartiges Weib gelten. Schon früh hat sie versucht, die Vermittlerrolle einzunehmen. Sich zu ducken und unterzuordnen wurde zu ihrer Überlebensstrategie. Streiten hat ja doch keinen Zweck – das ist Birgits tiefste Überzeugung. Nicht im Traum würde ihr einfallen, Achim mit ihren Bedürfnissen zu konfrontieren oder gar Forderungen zu stellen. Doch ihre Kopfschmerzen sprechen Bände. Nur mit Hilfe schwerer Migräneanfälle kann sie sich den Freiraum und die Ruhe verschaffen, die sie manchmal so bitter nötig hat. Birgit hat ihr Ziel erreicht: Harmonie – zumindest nach außen hin –, doch auf Kosten ihres eigenen Körpers. Zur Nachahmung nicht empfohlen!

Viele Frauen pflegen das Image der guten, nachgiebigen Mutter oder Tochter, weil es ihnen schwer fällt, Kritik, Missstimmung und Spannungen auszuhalten. Sie sind pflegeleicht wie die Superfrauen aus der Werbung, stets bestrebt, immer alles richtig zu machen. Gefühlsbetont darf sie durchaus sein, die Frau an seiner Seite, solange es um Gefühle wie Liebe, Zärtlichkeit, Fürsorge und Hingabe geht. Hin und wieder ist sogar ein wenig Angst erlaubt, um den männlichen Beschützerinstinkt anzuregen.

Doch dass zur Skala menschlicher Gefühle auch Wut und Ärger gehören, ist für Frauen tabu. Wütende Frauen gelten als hysterische Weiber, die mann nicht ernst nehmen kann; deshalb gibt es auch nur für Frauen Schimpfwörter wie Beißzange, Zimtzicke, Schreckschraube, Bissgurke, Giftspritze und ähnliches. Männern hingegen steht es zu, zornig zu sein, sich durchzusetzen. Schließlich war schon der Gott des Alten Testaments ein zorniger Gott! Männer müssen sich durchboxen in der harten Geschäftswelt. Wohin kämen wir denn, wenn Frauen es ihnen gleichtun würden?

Es ist nicht mein Anliegen, für hemmungsloses Ausleben von Wut und Aggression zu plädieren. Es geht mir vielmehr darum, über Wut energetisch zu verfügen, so dass mein Gegenüber spürt: Mit dieser Frau ist im Ernstfall nicht zu spaßen! Wut und Zorn sind nicht die Endlösung, doch sie bringen Frauen aus der Opferrolle in die Aktivität. Und das ist ein immens wichtiger Schritt.

Wenn wir jedoch in der Wut stecken bleiben, vergeuden wir all unsere Lebensenergie, und wir werden hart. Und was hart ist, bietet eine gute Angriffsfläche: So müssen wir uns noch mehr schützen, wenn wir nicht weiterhin verletzt werden wollen. Deshalb sollten wir die Wut als nützliches Werkzeug sehen, das uns aus der Depression zu größerem Selbstbewusstsein führen kann, wenn wir auf seine Botschaft lauschen. Doch sie kann niemals das Ziel unserer Reise sein.

Harmonie ist ein schöner, erstrebenswerter Zustand. Aber um jeden Preis? Wo ist die Grenze? Wo ist es angesagt, Kompromisse zu machen, nachzugeben? Und wann muss ich an mich selbst denken, damit mein Körper und meine Seele keinen Schaden nehmen? Diese Fragen sind nicht einfach zu beantworten. Was für mich in einer bestimmten Situation richtig ist, mag für jemand anderen das Falsche sein. Deshalb sind Ratschläge – so gut sie auch gemeint sein mögen – meist fehl am Platz. Anstatt von einem Therapeuten zum anderen, vom Arzt zum Heilpraktiker, von der Astrologin zur Wahrsagerin oder Kartenlegerin zu rennen, sollten wir lernen, mehr und mehr unserer eigenen inneren Stimme zuzuhören.

Leider vertrauen Frauen häufig eher der Meinung anderer Menschen als sich selbst. Eine ihrer größten Stärken, ihr Einfühlungsvermögen, kann ihnen leicht zum Verhängnis werden. Frauen haben sehr feine Antennen für die Regungen ihrer Mitmenschen und erspüren, wofür Männer manchmal taub und blind zu sein scheinen. Wenn diese Antennen »Kritik« oder »Ablehnung« melden, so schlägt etwas in ihnen Alarm: »Sei nicht so egoistisch! Das kannst du doch nicht machen! Das hat er/sie nicht verdient. Er/sie kann doch gar nichts dafür.« Der innere Kritiker oder Patriarch schlägt zu. Frauen suchen für das Verhalten ihrer Mitmenschen gern Entschuldigungen, mit sich selbst gehen sie oft recht hart ins Gericht. Gnadenlos blicken sie auf die eigenen Schwächen und Fehler. Und so erdulden sie es, übersehen, ausgenutzt, beleidigt oder lächerlich gemacht zu werden. Leider ist die Harmonie, die sie sich dadurch erhoffen, eine Scheinharmonie. Und so manche Frau versteht die Welt nicht mehr, wenn ihr Mann sich »plötzlich« von ihr trennt: »Ich habe doch alles für ihn getan!«

Übertriebenes Harmoniestreben macht Frauen konfliktscheu. Anstatt die offene Auseinandersetzung zu suchen, laufen sie häufig lieber mit einem Kloß im Hals herum und schweigen. Sie neigen dazu, Konflikte unter den Teppich zu kehren, in der Hoffnung, dass sie sich mit der Zeit von selbst lösen. Doch die Vogel-Strauß-Taktik »Kopf in den Sand« zahlt sich langfristig nicht aus. Der Konflikt schwelt im Untergrund weiter und vergiftet das Beziehungsleben. Wie hilfreich könnten ihnen doch die Kriegerin und die wilde Frau zur Seite stehen!

Die Angst vor Entscheidungen

Elisabeth ist achtunddreißig Jahre alt und geht in ihrer eigenen Werbefirma völlig auf. In ihrem langersehnten, zweiwöchigen Urlaub in Spanien lernt sie Sven, einen vierunddreißigjährigen Architekten, kennen. Sven ist verheiratet, will sich aber von seiner Frau trennen und ist auf Wohnungssuche. Elisabeth verliebt sich bis über beide Ohren in Sven, obwohl sie sich geschworen hat, sich nie mehr auf einen gebundenen Mann einzulassen. In ihren Träumen sieht sie sich bereits alles aufgeben und zu Sven nach Hamburg, das 600 Kilometer von ihrem Wohnort entfernt liegt, ziehen, wünscht sich von ihm ein Kind und die glückliche Beziehung, die sie nie hatte.

Sven genießt das Zusammensein mit Elisabeth durchaus, besucht sie in ihrem idyllischen Häuschen, fährt mit ihr in den Ski-Urlaub, doch die Trennung von seiner Fau lässt auf sich warten. Die eigene Wohnung, wie er es anfangs versprochen hatte, sucht er nicht. Als Elisabeth Sven in Hamburg besucht, hat er wenig Zeit für sie. Über Nacht kann er in ihrem Hotel nicht bleiben, angeblich weil ein großer Auftrag termingerecht fertig werden muss. Elisabeths Euphorie legt sich immer mehr, sie kommt ins Grübeln. Verunsichert holt sie sich Rat bei ihren Freundinnen, befragt die Astrologin. Schließlich stellt sie Sven zur Rede. Dieser ist ganz verblüfft darüber, wie ernst Elisabeth die ganze Sache nimmt und will sich im Moment nicht neu binden. »Ich lasse gerade eine zwölfjährige Beziehung hinter mir. Jetzt will ich erst mal meine Freiheit genießen«, meint er. Natürlich will er deswegen auf eine »gute Freundschaft« mit Elisabeth nicht verzichten.

Elisabeths Traum zerplatzt wie eine Seifenblase. Eine Entscheidung steht an. Doch das fällt ihr schwer: Schließlich war es so schön mit Sven. Sollte sie sich so in ihm getäuscht haben? Hat sie diese »Ent-Täuschung« verdient? »Ich spüre doch, dass er mich mag«, gesteht sie ihrer Freundin Beate. »Vielleicht muss ich ihm einfach noch Zeit geben, damit er zu seinen Gefühlen stehen kann.« Sie will nicht wahrhaben, dass Sven ganz andere Lebenspläne hat als sie.

Elisabeth drückt sich vor der Entscheidung, die Beziehung zu beenden. Auf die Frage, wie sie sich in einer geschäftlichen Situation verhalten würde, in der ein Vertragspartner ihre Bedingungen nicht erfüllt oder sie das geforderte Geld nicht erhält, antwortet Elisabeth unverzüglich: »Ich würde die geschäftlichen Beziehungen zu diesem Mann abbrechen und mich anderweitig umsehen. Ich weiß doch, was meine Arbeit wert ist.«

Keiner klugen Geschäftsfrau käme es in den Sinn, sich mit einem Partner zusammenzutun, nur weil er zuvorkommend ist und so wunderbar küssen kann. Doch diese oder ähnlich banale Gründe sind häufig der Ausschlag dafür, dass Frauen ihr Schicksal in die Hand eines Mannes legen. Ohne ihn vorher auf Herz und Nieren geprüft zu haben, geben sie ihr bisheriges Leben auf und lassen sich mit Leib und Seele vereinnahmen. Liebe macht blind. Die Angst vor dem Alleinsein treibt so manche Frau in eine illusionäre und damit unbefriedigende Beziehung.

In Liebesdingen setzt der Verstand bei Frauen leicht aus. So sinkt Elisabeths Selbstbewusstsein auf Null, wenn Sven seiner eigenen Wege geht. Sie nimmt diese Entscheidung persönlich und glaubt, dass es etwas mit ihr zu tun hat, wenn Sven sich nicht auf sie einlassen will. Obwohl sie eine durchaus attraktive, warmherzige Frau ist, hat sie Angst, sich der magischen Grenze ihres vierzigsten Geburtstages zu nähern und keinen Mann mehr zu finden. So ergreift sie jeden Strohhalm, verschließt Augen und Ohren vor der Realität, macht zu viele Kompromisse – und landet schließlich wieder im Schmerz des Nichtgeliebtseins. Diesen Schmerz kennt sie nur zu gut aus ihrer Kindheit.

»Lieber den Spatz in der Hand als die Taube auf dem Dach!« Nach diesem Motto leben Frauen, deren Selbstachtung gering ist. Und so geben sie sich jahrelang mit der Rolle der heimlichen Geliebten, der frustrierten Ehefrau, der unterbezahlten Verkäuferin oder der ausgelaugten Sekretärin zufrieden.

Die Entscheidungsphobie geht um. Wer weiß, was kommt, wenn ich mein Lebensruder selbst in die Hand nehme und aus meiner unbefriedigenden Lebenssituation aussteige? Vielleicht kommt es ja noch schlimmer, und ich bereue am Ende meinen Entschluss? Und dann kann ich nicht mehr zurück, dann ist alles verloren!

Angst ist der ständige Begleiter von Entscheidungen. Das Alte ist bekannt, das Neue liegt im Dunkeln. Wer weiß, was passieren wird? Der Verstand sagt: »Sei vorsichtig! Lass lieber alles so, wie es ist!« Doch unser Innerstes möchte, dass Veränderungen geschehen. Jeder Mensch will sich weiterentwickeln und wachsen wie eine Blume. Wenn wir zu lange am Alten festhalten, wächst in uns eine Spannung, und diese Spannung macht Angst. Je perfektionistischer oder ängstlicher wir sind, desto schwerer fällt es uns, Entscheidungen zu treffen. Welchen Weg wir auch immer einschlagen mögen, alles erscheint uns unbefriedigend oder bedrohlich. Unsere Ideale sind zu hoch. Doch in dem Moment, wo wir uns entschieden haben – auch auf die Gefahr hin, nicht die Ideallösung gefunden zu haben und unsere Schritte noch mehrmals korrigieren zu müssen –, verschwindet die Angst. Wir haben den entscheidenden Sprung gemacht. Etwas in uns kann entspannen.

Manche Menschen haben sich so sehr an ihr zweit- oder drittklassiges Leben gewöhnt, an Lethargie und Langeweile, an Frustration und Anstrengung, dass sie sich gar nicht vorstellen können, wie es ist, glücklich zu sein und Spaß zu haben. Die Erinnerung an beglückende Momente aus Kinder- oder Jugendtagen ist verblasst. Freude ist ein Fremdwort geworden. Und so lassen sie andere ihre Träume leben und schluchzen kräftig mit, wenn sich Scarlett und Rhett Butler wiederfinden oder in der Lindenstraße Mutter Beimer ihren Erich heiratet.

Doch das Leben ist kurz. Wir sind Begrenzungen unterworfen und können nicht ewig warten. Wenn ich mich *gegen* etwas entscheide, entscheide ich mich gleichzeitig *für* etwas anderes, auch wenn dieses Andere zum Zeitpunkt meiner Entscheidung noch unklar sein mag. Ein Ja zu einer Sache beinhaltet immer auch ein Nein zu etwas anderem. Doch um dieses Nein drücken wir uns herum wie um den heißen Brei. Wir wollen das Beste für uns, ohne etwas verändern zu müssen.

»Verändere mich, ohne dass ich etwas verändern muss!« ist häufig die paradoxe Bitte, die hilfesuchende Menschen an einen Therapeuten oder Berater richten. Etwas soll anders werden, vielleicht gewinne ich die Million im Lotto, der Prinz kommt zufällig des Weges geritten und hebt mich auf sein weißes Pferd, plötzlich küsst mich die Muse, der Traumjob fliegt mir aus heiterem Himmel zu – bitte alles ohne eigene Anstrengung! Leicht soll es sein, komplikationslos zu konsumieren: die Pillen, die meine Depression vertreiben, der Wunderheiler, der mich durch Handauflegen kuriert, der Therapeut, der meine Gehirnwindungen zurechtrückt, die Sterne, die mir wohlgesonnen sind. So werden kurzfristige Lösungen oft zu langfristigen Problemen.

Doch das Leben fordert uns heraus, ver-antwort-lich zu sein, das heißt auf Situationen adäquat zu antworten. Dabei geht es nicht immer um große Entscheidungen. Im Gegenteil, meist sind es die kleinen, alltäglichen Handlungen, die entscheidend für unsere Lebensqualität sind.

Eine Frau, die ich sehr schätze, hat mir einmal gesagt: »Menschen stolpern nicht über die Zugspitze, sie stolpern über Maulwurfshügel.« Diesen Satz habe ich mir gemerkt. Es sind die kleinen Dinge, denen wir unser Augenmerk schenken müssen. Wenn wir unsere Augen und Ohren vor ihnen verschließen, werden sie mit der Zeit zu einem Berg, der uns unüberwindlich erscheint. Vielleicht geht es ja gar nicht darum, mich von meinem Partner zu trennen, sondern ich muss lediglich lernen, mich besser abzugrenzen. Vielleicht muss ich meinen Job ja gar nicht kündigen, sondern muss den Grenzüberschreitungen meines Chefs mutig ins Auge sehen und klar Position beziehen. Wenn ich das unversucht lasse und flüchte, nehme ich die Unfähigkeit, mich durchzusetzen, in die nächste Arbeitsstelle oder Beziehung mit und verfalle dort mit großer Wahrscheinlichkeit in alte Gewohnheiten. Ich werde wieder Menschen anziehen, die mich ausnutzen.

Große Veränderungen sind nicht immer die richtige Lösung. Meist geht es einfach darum, mir in kleinen, alltäglichen Dingen treu zu bleiben, mich zu fragen: »Was will ich?«, und entsprechend zu handeln. Also: Wenn Sie von Ihrem Chef ausgenutzt werden, wenn Ihr Mann Sie nicht beachtet, wenn Ihnen die Kinder auf der Nase herumtanzen, wenn Ihre Mutter Sie nach wie vor wie eine Fünfjährige behandelt, tun Sie alles, was in Ihrer Macht steht, damit das nicht länger passiert. Entscheiden Sie sich diesmal für sich und grenzen Sie sich ab. Wenn die Situation dann immer noch unbefriedigend ist, können Sie weiterreichende Entscheidungen treffen.

Alles, was im Leben geschieht, hat mit einer Entscheidung begonnen. Wenn wir Entscheidungen nicht aus der Hand geben, können wir unser Leben aktiv mitgestalten. Die Entschlüsse, die Sie hier und jetzt fassen, haben großen Einfluss auf Ihre Befindlichkeit. Unentschlossenheit ist ein immenser Krafträuber. Sie müssen sich immer neue Ausreden einfallen lassen, um weiterhin einer Entscheidung aus dem Weg zu gehen. Wenn Sie glauben, Sie könnten an äußeren Einflüssen nichts verändern und seien ihnen hilflos ausgeliefert, so irren Sie. Niemand zwingt Sie, eine bestimmte Arbeit zu verrichten. Niemand legt Ihnen Ketten an oder verriegelt Ihre Haustür. Es gibt so gut wie nichts, worüber Sie nicht selbst bestimmen könnten. Es sind Ihre Entscheidungen und nicht die Lebensumstände, die Ihr Schicksal bestimmen!

Pflichtgefühl contra Selbstwertgefühl

Wir Deutschen gelten als besonders pflichtbewusstes Völkchen. Wir sind ordentlich, pünktlich, sauber und arbeitsam. Dieses Pflichtbewusstsein wird uns schon früh eingebläut. Spätestens bei Schuleintritt geht der »Ernst des Lebens« los. »Erst die Arbeit, dann das Vergnügen!« pflegte meine Mutter, wie bereits erwähnt, zu sagen und rief mich zurück, wenn ich nach der Schule erst spielen wollte, anstatt Hausaufgaben zu machen. Es wäre undenkbar gewesen, mich am Abend an den Schreibtisch zu setzen, denn ich wollte nicht die Faule sein, die, laut Sprichwort, erst am Abend fleißig wird. Faulheit ist schließlich eine der sieben Todsünden!

Fleiß wird also erwartet und belohnt. Durch ihn ist am ehesten Anerkennung und Zuwendung zu erreichen. Häusliche Pflichten gibt es mehr als genug, und wir Mädchen wurden zu Hause kräftig dazu herangezogen. Während meine Brüder oft gemütlich auf dem Sofa lagen und hämisch grinsten, mussten wir abspülen, aufräumen, Schuhe putzen und vieles mehr. Wie gern wäre ich damals vor Wut geplatzt ob dieser Ungerechtigkeit! Doch Verweigerung hätte recht unangenehme Folgen gehabt, also schluckte ich den Ärger herunter. Manchmal ließen sich die Herren Brüder auch dazu herab, mit anzufassen, doch oft stellten sie sich absichtlich so dumm an, dass meine Mutter ungeduldig wurde, ihnen die Arbeit aus der Hand riss und sie an uns Mädchen delegierte.

Meine Mutter lebte bilderbuchhaft vor, was es hieß, eine tüchtige, pflichtbewusste Frau zu sein. Unermüdlich arbeitete sie, oft bis in die späte Nacht hinein. Während sich mein Vater nach der Arbeit zurückziehen konnte, las, spazierenging, schrieb oder einfach ein Nickerchen hielt, gönnte sich meine Mutter keine zehn Minuten Ruhe. Nie sah ich sie mit einem Buch oder einer Zeitschrift in der Hand, einfach mal die Beine hochlegen oder gar etwas ohne die Familie unternehmen. Ein eigenes Leben erlaubte sie sich erst, nachdem ihre fünf Kinder aus dem Haus waren und mein Vater tot war.

Seit Generationen wird besonders Frauen vorgebetet, dass die Pflicht ruft. Promptes und perfektes Erledigen von anstehenden Aufgaben gilt als vorbildlich. Selbst wenn beide Partner berufstätig sind, übernimmt doch die Frau oft die meisten häuslichen Pflichten. Sie ist schon froh, wenn der Gatte oder Freund hin und wieder den Mülleimer runterträgt. Dabei ist es durchaus nicht so, dass Männer ihre Frauen zur Arbeit drängen müssten. Im Gegenteil; großzügig räumen sie ein: »Lass doch einfach alles liegen, Schatz! Ich mach das schon! Das hat morgen auch noch Zeit!« – wohlwissend, dass es von ihr ja doch erledigt wird.

»Als wir noch getrennt wohnten, war Udos Wohnung immer aufgeräumt«, klagt Michaela. »Jetzt rührt er keinen Finger mehr.« Woran mag das wohl liegen? Ganz heimlich, still und leise hat sich Udo in ihrer Beziehung durch Michaelas überfürsorgliches und überverantwortliches Verhalten zum unselbständigen Kind entwickelt. Sie bemuttert ihn, spielt für ihn Gedächtnis und Kalender gleichzeitig, indem sie ihn an wichtige Termine und Verabredungen erinnert, räumt hinter ihm her, putzt die Zahnpasta aus dem Waschbecken und vieles mehr.

Anfangs brachte ihr das Bemuttern Lob und Anerkennung, allmählich ist es Udo nur noch lästig. Er fühlt sich – zu Recht – wie ein kleiner Junge, dem die Mutter im Nacken sitzt. Er reagiert auf Michaelas Bitte nach mehr Mitarbeit und Selbständigkeit mit Trotz und Rebellion. In der Zwischenzeit hat es Michaela aufgegeben, ihn um etwas zu bitten, und übernimmt den Haushalt komplett. Doch sie schwingt den Besen recht mürrisch. Dass ihr diese Position auch Macht und Kontrolle verleiht, will sie sich nicht eingestehen.

Frauen sind nicht unschuldig an diesem gängigen Beziehungsmuster. Nur allzu bereitwillig lassen sie es zur Gewohnheit werden, bestimmte Aufgaben zu übernehmen. »Ich kann's dir ja doch nicht recht machen!« rechtfertigt Udo seinen

Rückzug aus der Hausarbeit. Das stimmt. Michaelas Ansprüche sind hoch. Sie ist genervt, wenn nach Udos Putzaktion noch Krümel auf dem Boden liegen, wenn er beim Einkaufen etwas vergisst oder die Zwiebeln umständlich schält. Sie kann vieles einfach besser und schneller.

Nicht nur sauber, sondern rein muss es sein! So suggeriert die Werbung und zwingt Frauen in den Perfektionismus. Doch keine Panik: Schließlich gibt es ja unseren männlichen Freund und Helfer Meister Proper, der uns tatkräftig unterstützt. Er kann nicht nur die gräßlichen Putzstreifen entfernen, nein, er macht das Putzen zu einem wahren Vergnügen! Zweimal kurz den Schrubber geschwenkt, dazu ein Liedchen geträllert, und schon glänzt alles so sauber, dass man sich darin spiegeln kann.

Noch immer kursiert das Gerücht, Hausfrauen hätten ein schönes Leben. Während sie mit ihren Freundinnen bei Kaffee und Kuchen plauschen und hin und wieder dem Sprössling ein paar Löffelchen Brei einflößen, muss der Mann hinaus ins feindliche Leben, in Vorstandssitzungen kämpfen, wildgewordene Computer bezwingen und Aktenberge erklimmen. Selbstverständlich hat deshalb nur er ein Recht, die Hände in den Schoß zu legen und den wohlverdienten Feierabend zu genießen. »Ich habe keinen Beruf, ich bin Hausfrau und Mutter!« sagt Elvira und lächelt fast peinlich berührt, als ich sie nach ihrer beruflichen Tätigkeit frage.

Vielleicht werden Sie einwenden, dass Pflichterfüllung, Pünktlichkeit, Verantwortungsbewusstsein und Zuverlässigkeit durchaus gute und lobenswerte Eigenschaften sind. So ist es auch. Bis zu einem bestimmten Punkt: Ein Zuviel ist immer ungesund. Ich habe Frauen bis zum Umfallen schuften sehen, während sich ihre Partner oder Kollegen vor der Verantwortung drückten. Diese Frauen hatten einen starken inneren Antreiber entwickelt, der sie keine zwei Minuten verschnaufen ließ, dessen Liste von unerledigten Dingen nie endete und der sie körperlich bis an den Rand der Erschöpfung brachte.

Wie kommt es, dass der innere Antreiber so mächtig werden und unser Lebensruder völlig in die Hand nehmen kann? Wir leben in einer Leistungsgesellschaft. Bereits im Vorschulalter werden hohe Anforderungen an uns gestellt. Müßiggang ist aller Laster Anfang! So ist es nicht verwunderlich, wenn wir die äußeren Leistungsanforderungen irgendwann so verinnerlichen, dass wir Schuldgefühle bekommen, wenn wir uns eine kleine Pause gönnen und einfach mal die Beine hochlegen wollen. Es ist wichtig zu wissen, dass Sie einen starken inneren Antreiber nie zufriedenstellen werden. Kaum haben Sie das Geschirr gespült, die Kinder zur Klavierstunde gebracht, den längst fälligen Brief geschrieben und im Garten das Unkraut gejätet, schon schwingt der Antreiber erneut seine Peitsche und macht Ihnen die Hölle heiß. Es gibt ja noch so viel zu tun – und wenn nicht im Außen, dann im Innen! Vielleicht müssen Sie ja noch ein wichtiges Buch lesen, meditieren oder einen interessanten Vortrag besuchen, um eine Daseinsberechtigung zu haben. Der innere Antreiber fordert Sie auf, Ihre Pflichten zu erfüllen. Seine Lieblingsworte sind: »Du musst erst noch ...!« Wenn Sie nicht in der Lage sind, Ihren inneren Antreiber zu stoppen, kann es passieren, dass Sie völlig handlungsunfähig werden und resignieren, weil seine Liste so lang und unerfüllbar ist, dass Sie einfach aufgeben und depresssiv werden. Sie lassen alles stehen und liegen, ziehen die Bettdecke über den Kopf und plagen sich mit Schuldgefühlen herum, weil Sie den Ansprüchen Ihres eigenen inneren Antreibers nicht entsprechen.

Gisela ist eine solche Frau. Sie kam zu mir in die Beratung, weil sie unter ihrer Arbeitssucht litt und gesundheitliche Beschwerden hatte. Eine große, innere Unruhe überfiel sie immer dann, wenn sie während des Tages mal eine Pause einlegen wollte. Sofort flüsterte der Antreiber in ihrem Kopf: »Los, mach weiter! Du kannst jetzt nicht ausruhen. Es gibt noch so viel zu tun!« Und so sprang sie wieder auf und schuftete wie unter Zwang weiter. Giselas Antreiber hatte ein weites Feld: Da gab es die Pflichten als Hausfrau, Mutter und Ehefrau, die Pflichten der Geschäftsfrau, die verwandtschaftlichen und freundschaftlichen Verpflichtungen, die Pflichten der Elternbeiratsvorsitzenden und des Parteimitglieds. Gisela hatte sich so ziemlich alles aufgehalst, was man sich nur vorstellen kann. Sie war zur Sklavin ihres eigenen, perfektionistischen, inneren Antrei-

bers geworden. »Ich muss noch schnell ...«, war einer ihrer Lieblingssätze. Wie oft schon hatte sie sich vorgenommen, einfach mal bei einer Tasse Kaffee in einer Zeitschrift zu blättern, doch dazu kam es nie. Der innere Zwang, etwas tun, etwas leisten zu müssen, war stärker. Stets hatte sie ein offenes Ohr für die Sorgen und Nöte anderer, ihrer eigenen Not stand sie hilflos gegenüber. Es war unvorstellbar für Gisela, eine Bitte ihrer Mitmenschen abzuschlagen oder einer Verpflichtung nicht nachzukommen, auch wenn sie selbst fast nicht mehr konnte. Eines Tages wendete sich das Blatt, und sie brach zusammen. Als sie zu mir in die Beratung kam, hatte sie bereits seit mehreren Wochen völlig bewegungslos im Bett gelegen, was zur Folge hatte, dass ihr innerer Antreiber und Kritiker Amok lief.

Natürlich haben wir anderen Menschen gegenüber bestimmte Verpflichtungen. Unsere Kinder brauchen Liebe und Zuwendung, Freundschaften wollen gepflegt sein. Eine partnerschaftliche Verbindung bedarf unseres Engagements ebenso wie der Beruf. Aber sind wir nicht auch uns selbst verpflichtet? Gilt es nicht unsere eigenen körperlichen und seelischen Grenzen, unsere Bedürfnisse ebenso zu achten wie die unserer Mitmenschen? Für viele Frauen ist es selbstverständlich, ihrer besten Freundin nachts um zwölf am Telefon Mut zuzusprechen, doch sie würden den Spieß niemals umdrehen. »Ich kann dich doch nicht so spät noch belästigen!« meinen sie, wenn ihnen Hilfe angeboten wird. Und wie oft nehmen Frauen ein Nein von anderen hin, ohne es selbst jemals auszusprechen? Wie oft unterstützen sie die Hobbys ihrer Kinder und Partner, stellen ihre eigenen Interessen jedoch hintenan?

4. Die selbstlose Rolle hat auch ihre Vorteile

Wie wir in den vorangegangenen Kapiteln gesehen haben, neigen Frauen in ihren Beziehungen dazu, die Rolle der guten Mutter oder guten Tochter einzunehmen. Gute Mütter oder Töchter sind angepasst, fleißig, lieb, nett, hilfsbereit, einfühlsam, fürsorglich und stets im Dienste ihrer Nächsten engagiert. Ein »Ich will nicht!« oder ein »Nein, jetzt nicht!« hat in ihrem Wortschatz keinen Platz. Obwohl viele Frauen unter dieser Rolle im Privatleben oder im Beruf leiden, fällt es ihnen meist schwer, ihr Verhalten zu ändern.

Gründe dafür gibt es viele: Da werden zum einen kleine Mädchen darauf getrimmt, folgsam und aufopfernd zu sein. Sie werden von ihren Müttern dazu angehalten, rücksichtsvoll und nachgiebig zu sein und bei Konflikten lieber den Mund zu halten. »Reden ist Silber und Schweigen ist Gold!« war ein vielzitierter Satz meiner Mutter. Die christliche Religion, die unseren Kulturkreis stark geprägt hat, preist die Nächstenliebe und verdammt die Eigenliebe: »Geben ist seliger denn Nehmen!« Das Paradies steht nur den Selbstlosen offen, Egoisten werden in der Hölle schmoren, Armut und Selbstlosigkeit sind erstrebenswerte Tugenden, Reichtum wird verdammt. »Eher geht ein Kamel durch ein Nadelöhr, als dass ein Reicher ins Himmelreich eingeht!« So steht es in der Bibel. Warum also Karriere machen und Geld verdienen? Lieber eine zweite Mutter Theresa werden und den Nobelpreis bekommen! Doch dass wir unseren Nächsten *wie uns selbst* lieben sollen, gerät häufig in Vergessenheit. Sich für andere aufzuopfern ist eine weibliche Tugend, an sich selbst zu denken gilt als egoistisch, und Egoismus ist schlecht.

Es fehlt an alternativen Rollenvorbildern. Unsere Mütter haben uns meist vorgelebt, wie frau sich verleugnet und anpasst. Oft war es der innere Patriarch der Mütter, der den Töchtern riet, sich einen soliden, solventen Ehemann zu angeln, statt nach Selbstverwirklichung zu streben. Natürlich gab es auch in der Generation unserer Mütter eigenwillige Frauen, doch sie waren meist die schwarzen Schafe der Familie. Ihnen wurde die Schuld gegeben, wenn sie unverheiratet blieben oder ihre Ehen auseinandergingen. Diese mutigen, unangepassten Frauen mussten viel Spott und Hohn ertragen.

Der Ausstieg aus der Selbstlosigkeit wird uns also nicht gerade leicht gemacht. Doch deshalb sind Frauen nicht hilflose Opfer äußerer Umstände. Im Gegenteil: Hat die Rolle der guten Mutter oder Tochter nicht auch ihre Vorteile? Haben Frauen, so sehr sie über ihr Mißgeschick oder Unvermögen jammern mögen, nicht einen verborgenen Gewinn von ihrer übertriebenen Opferbereitschaft? Kein Mensch behält eine Verhaltensweise bei, von der er nicht auf irgendeine Art und Weise profitiert. Welchen Nutzen ziehen Frauen also aus ihrem Verzicht, aus dem ewigen Jasagen? Warum übersehen sie die Warnsignale ihres Körpers, schlucken ihren Ärger herunter, nehmen ihre Bedürfnisse nicht wichtig, beißen die Zähne zusammen und lächeln tapfer, um weiter zu funktionieren?

Zunächst einmal erhält die gute Mutter oder Tochter Lob und Anerkennung. Sie gilt bei Freunden, Nachbarn und Familienangehörigen als zuverlässig, stark, belastbar und anpassungsfähig. Häufig wird sie anderen Frauen als Vorbild hingestellt. Bescheidenheit gilt als Markenzeichen für perfekte Weiblichkeit. Darüber hinaus sind Anpassung und Unterwerfung ein phantastischer Schutz gegen Angriffe und Kritik von Kollegen oder dem Partner. Die unterwürfige Frau ist – zumindest bis zu einem bestimmten Punkt – eine begehrte Untergebene und angenehme Ehefrau, denn sie macht keine Schwierigkeiten und hat wenig Ansprüche. Am zutreffendsten beschreibt dies meiner Meinung nach der Kabarettist Gerhard Polt in seinem Stück »Mai Ling«: Ein Mann lässt sich eine Asiatin per Katalog ins Haus kommen und führt dem Zuschauer nun vor, wie genügsam, gelehrig, anschmiegsam und unproblematisch seine neue Errungenschaft ist. Sie schmutzt nicht, gehorcht wie ein Hund und passt sogar ins Kinderbett seiner Tante Anni.

Lob und Anerkennung geben der selbstlosen Frau das Gefühl, wichtig zu sein, gebraucht zu werden. Selbstlosigkeit und damit Anpassung entlässt uns auch aus der Eigenverantwortung, macht das Leben für uns und andere in gewisser Weise bequemer. Über eigene Wünsche brauchen wir uns nicht den Kopf zu zerbrechen. Auseinandersetzungen und Konflikte bleiben uns eher erspart. Für jede gute Mutter oder gute Tochter ist es eine Horrorvorstellung, Widerworte zu geben, egoistisch zu sein und zu kämpfen. Außerdem muss sie nie befürchten, dass es ihr langweilig wird, denn es gibt immer etwas zu tun. Was, wenn sich herausstellt, dass sich die Welt auch ohne sie weiterdreht? Da ist es schon besser, unentbehrlich zu sein. Wenn sie sich Zeit für sich nehmen würde, könnte sie unter Umständen feststellen, dass sie recht wenig mit sich selbst anzufangen weiß und die große innere Leere nicht aushält.

Gute Mütter und Töchter sind selbstlos und damit gut – die anderen, die Egoisten, die sie ausbeuten, sind die Bösen. So können sie reinen Herzens und mit weißer Weste durchs Leben wandeln. Sie sind die armen Opfer ausbeuterischer Chefs, rücksichtsloser Ehemänner, egoistischer Kinder und anderer liebloser Mitmenschen. Sie können sich bemitleiden, da sie »seltsamerweise« so wenig Verständnis finden und im Laufe der Zeit immer weniger Anerkennung, die sie doch eigentlich verdient hätten, erhalten.

Lieber Opfer sein als Täter! Der Mut zur Täterschaft fehlt vielen Frauen. »Es gibt doch schon genug Unfrieden auf der Welt«, seufzt Angela, als es darum geht, sich gegen das laute Klavierspiel ihrer Nachbarin zur Schlafenszeit zur Wehr zu setzen. »Können wir nicht wenigstens im Kleinen aufeinander Rücksicht nehmen und friedlich miteinander auskommen?« Leider sind unsere Mitmenschen nicht immer so rücksichts- und verständnisvoll, wie wir es gern hätten. Manchmal sind wir scheinbar alle wie kleine Kinder, die sich auf Kosten anderer so lange austoben, bis diese uns deutlich zeigen, wo unsere Grenzen sind. Rücksichtnahme ist gut – aber bitte auf beiden Seiten!

Selbstlos sein bedeutet »ohne Selbst« zu sein. Vielen Frauen fällt das Loslassen vom Gebrauchtwerden, von der Verfügbarkeit schwer, denn sie befürchten, danach in ein großes schwarzes Loch zu fallen. Und niemand kann versprechen, dass das nicht der Fall sein wird. Wenn sie die Rolle der guten, selbstlosen Mutter aufgeben, was bleibt dann noch übrig von ihnen? Doch die Konfrontation mit der eigenen inneren Leere ist manchmal sehr hilfreich, um den Kinderschuhen zu entwachsen. Wenn wir den Mut haben, die Wüste des Nichts zu durchqueren, können wir daran reifen und »er-wachsen« werden.

Der Wunsch nach größerer Unabhängigkeit und mehr Abgrenzung ist nicht mit Lippenbekenntnissen zu realisieren. Er kann nur gelingen, wenn Sie bereit sind, den Preis dafür zu bezahlen. Der Preis des Nein kann heißen: Ablehnung, Rückzug, Trennung, Einsamkeit, Eigenverantwortung, Spannungen und Konflikte, Streit und Auseinandersetzung, materielle Unsicherheit usw. Den Preis wiederum werden Sie nur zahlen können, wenn Sie einen gesunden Selbstwert besitzen. Sind Sie laut Ihres inneren Kritikers hässlich, dumm, faul, zu alt oder nicht liebenswert, so können Sie sich selbst keine Anerkennung geben, so sind Sie abhängig von äußeren Streicheleinheiten. Haben Sie die Sicherheit nicht *in sich*, so sind Sie auf *äußere* Sicherheiten angewiesen. Wenn Sie sich jedoch selbst achten, sich Mut zusprechen, sich lieben und schätzen, werden Sie anderen Menschen nicht erlauben, respektlos mit Ihnen umzugehen. Wenn Sie liebevoll und achtsam mit sich umgehen, werden Sie auch die Grenzen anderer Menschen achten und ihnen respektvoll begegnen.

Selbstliebe wird häufig mit Egoismus verwechselt, und zwar mit einer ungesunden Art von Egoismus, die ich hier Egozentrik nennen möchte. Deshalb ist es mir an dieser Stelle wichtig, den Unterschied zwischen Selbstliebe und Egozentrik zu klären, denn sie haben nichts miteinander zu tun.

Der Egozentriker ist selbstgefällig und hat immer recht. Er stellt sich nicht infrage. Um sein Denkgebäude aufrechtzuerhalten, muss er andere Menschen abwerten. Er darf allzu große Nähe nicht zulassen, könnte ihm doch jemand auf die Spur kommen und seine Selbstgefälligkeit ankratzen. Wie die Erde sich um die eigene Achse dreht, so kennt der Egozentriker nur die Eigendrehung. Sein Blick ist dabei nach außen gerichtet, jedoch nicht auf das Wohl anderer Menschen. Stattdessen muss er permanent darauf achten, dass er selbst nicht zu kurz kommt oder zuviel von sich preisgibt. Wenn er etwas gibt, dann nur aus kühler Berechnung heraus, dass etwas für ihn dabei herausspringt. Der Egozentriker sucht häufig nach Ersatzbefriedigungen, denn er kennt seine wirklichen Bedürfnisse nicht. Er will um jeden Preis imponieren und notfalls auf Kosten von anderen Menschen. Er weicht der Begegnung mit sich selbst aus. Tief im Egozentriker schlummert die Angst vor seinen Schattenseiten, auch wenn er auf den ersten Blick recht selbstsicher erscheint. Er muss sein labiles Selbstwertgefühl ständig durch Überlegenheit demonstrieren.

Der sich selbst liebende Mensch dagegen hat den Blick nach innen gerichtet. Er ist in Kontakt mit sich, fühlt sich in sich selbst ein und kann sich damit auch in andere Menschen einfühlen. Er weicht seinen Schattenseiten nicht aus und sieht seine Schwächen als Teil der menschlichen Natur. Er achtet darauf, dass andere Menschen seine Würde wahren und ihn respektvoll behandeln, wie auch er seinen Mitmenschen Wertschätzung entgegenbringt. So verfügt er über die gesunde Portion von Egoismus, die er braucht, um nicht unterzugehen und als Fußabstreifer für andere Menschen zu enden. Jedes Tier verteidigt sein Revier und seine Beute, und Egoismus gehört zu unserem Selbsterhaltungstrieb. Der Selbstliebende schlägt jedoch nicht blind um sich oder stößt jeden beiseite. Er hat die Freiheit zu wählen und fragt sich: Ist es angemessen, meine Bedürfnisse durchzusetzen oder muss ich zurückstecken? Er weiß, dass er weder auf der Seite des Ja noch auf der Seite des Nein stecken bleiben darf.

5. Die Folgen der Unfähigkeit, nein zu sagen

Im folgenden Kapitel möchte ich aufzeigen, was passiert, wenn Frauen nicht nein sagen können. Haben wir überwiegend nur die Ja-Energie zur Verfügung, so stehen wir bildlich gesprochen auf einem Bein und sind recht unbeweglich. Nur Ja und Nein zusammen ergeben gute Standfestigkeit im Leben. Kurzfristig mögen ungeschützte Grenzen unproblematisch sein, auf Dauer hat das ewige Jasagen jedoch weitreichende Folgen. Körper und Psyche beginnen darunter zu leiden. Der Zusammenhang zwischen mangelnder Abgrenzung und Krankheit, Depression und Erschöpfungszuständen wird dennoch häufig nicht erkannt. Wir verschließen nur allzu bereitwillig Augen und Ohren vor den Konsequenzen unserer einseitigen Lebensweise. Wir kehren unter den Teppich, was uns unangenehm ist, wir verharmlosen, rationalisieren und rechtfertigen unser Verhalten mit wohlüberlegten Gründen – und wundern uns, wenn irgendwann unsere körperliche oder psychische Stabilität ins Wanken gerät.

Missachtung und Respektlosigkeit

Angela ist Lehrerin in einer neunten Klasse der Hauptschule. Sie kommt zur Supervision, weil sie sich ausgebrannt fühlt und immer häufiger krank ist. Angela ist ein Kind der 68er-Generation. Sie hat sich geschworen, nicht den gleichen, autoritären Stil wie ihre eigenen Lehrer zu pflegen, sondern ihre Schüler zu Selbstverantwortung und Toleranz zu erziehen. Doch diese tanzen ihr auf der Nase herum, machen sich hinter ihrem Rücken über sie lustig, wohlwissend, dass ihnen nichts passiert, dass die Lehrerin ihnen niemals auch nur ein Haar krümmen würde. Angela leidet darunter und fühlt sich mit der Rasselbande überfordert. Eigentlich will sie sich bei ihren Schülern durch Großzügigkeit beliebt machen, doch sie wird nicht ernst genommen.

Als ich Angela in einem Rollenspiel darum bitte, mir vorzumachen, wie sie zu ihren Schülern »Schluss jetzt!« sagt, steht vor mir ein Häufchen Elend, den Tränen nahe, mit dünner Stimme. Ich halte ihr den Spiegel vor und spiele sie nach. Angela ist entsetzt, als sie sich von außen sieht. Die Wirkung, die ihr zögerliches Verhalten hat, war ihr nicht bewusst. »Das bin ich?« fragt sie ungläubig und meint, ich würde übertreiben. Als ich sie bitte, lauter zu werden, zu schreien, spürt sie einen Kloß im Hals und bricht zusammen. »Das kann ich nicht!« jammert sie. »Lieber schmeiße ich meinen Job hin!«

Angela hat die Wahl, sich zu wehren, ihre Autorität einzusetzen, notfalls unter Strafandrohung, oder sich unterbuttern zu lassen. Es geht nicht darum, dass sie permanent schreiend vor der Klasse steht und Strafarbeiten verteilt, sondern vielmehr darum, dass die Kinder ihre Grenzen deutlich *spüren.* Werden diese Grenzen überschritten, muss das Konsequenzen nach sich ziehen. Ist Angela mit einem toleranten, großzügigen Selbst identifiziert, so fehlt ihr das Nein in ihrem Energiesystem. Die Kinder »riechen« förmlich ihre Angst, sich durchzusetzen, und nutzen das aus.

Ich weiß nur zu gut aus meiner eigenen Zeit als Sonderschullehrerin, dass der Schulalltag manchmal einem Überlebenskampf im Dschungel gleicht. Angela muss lernen, sich zu behaupten, ihre eigenen Grenzen zu respektieren und zu schützen, statt ihr antiautoritäres Image zu pflegen. Wie sollen die Schüler Angela achten, wenn sie ihnen erlaubt, ihre Grenzen zu überschreiten? Wie wichtig wäre es doch für Angela, sich Zugang zu ihrer wilden Frau zu verschaffen – sie würde ihr erlauben, hin und wieder das Zepter in die Hand zu nehmen!

Wenn ich im Außen Missachtung und Respektlosigkeit begegne, muss ich mich immer fragen, ob ich mich selbst achte. »Mein Mann/Chef respektiert mich nicht. Er könnte mehr Rücksicht auf mich nehmen«, höre ich häufig von Frauen. Dann stelle ich die Gegenfrage: »Nehmen *Sie* auf sich Rücksicht? Nehmen Sie Ihre Bedürfnisse ernst und vertreten sie entsprechend?« Die Antwort lautet meist nein.

Rita, eine Bekannte von mir, beklagte sich, dass an ihrer Stelle Mitarbeiterinnen mit weit weniger Erfahrung und Kompetenz befördert wurden. Wenn ich ihren Worten Glauben schenkte, so war das eine große Ungerechtigkeit. Schließlich war Rita tüchtig und setzte sich voll für die Firma ein. Als ich sie jedoch eines Tages an ihrem Arbeitsplatz besuchte und sah, wie sie sich ihren Vorgesetzten und Mitarbeiterinnen gegenüber verhielt, wurde mir einiges klar. Rita hatte wohl geglaubt, sie könne sich nach oben dienen und verhielt sich so devot, dass es mir fast peinlich war. Sie war die perfekte Magd, die sich alle Arbeit aufbürdete. Warum sollte ihr Chef auf einen so dankbaren Packesel verzichten?

Engagement und Opferbereitschaft allein reichen nicht aus, um Respekt und Anerkennung zu erhalten. Meist versiegen die anfänglichen Lobeshymnen recht schnell, und die Arbeit wird zur Selbstverständlichkeit, bequem für andere. Geachtet werde ich nur dann, wenn ich mich selbst achte. Das bedeutet jedoch, dass ich nicht alles mit mir geschehen lasse und mich zur Wehr setzen kann, wenn es angebracht ist.

Respekt stammt von dem lateinischen Wort *respectare* ab, das heißt »zurückschauen«. Respekt hat also etwas mit »Rück-Sicht« zu tun. »Rück-Sicht« kann ich nur üben, wenn ich den anderen sehen kann. Wenn Sie also respektiert und gesehen werden wollen, müssen Sie sich anderen Menschen zeigen, und zwar in Ihrer Gesamtheit und nicht nur von Ihrer angepassten Schokoladenseite.

Ausbeutung

Frauen galten lange Zeit als das schwache Geschlecht; so konnten sie von Männern kräftig ausgebeutet werden. Daran hat sich bis heute nicht viel geändert. Obwohl Frauen laut einer Studie der UNO weltweit wesentlich mehr arbeiten als Männer, erhalten sie fünfundzwanzig Prozent weniger Lohn. Männer lenken die Geschicke der Welt, Frauen machen die Skavenarbeit. »Wer sich erniedrigt, der wird erhöht werden«, lehrt uns die Bibel. Für Frauen geht diese Rechnung anscheinend nicht auf, allenfalls ist ihnen ein Platz im Paradies sicher. Im Berufsleben macht niemand Karriere, wenn er/sie sich duckt und schluckt. Auch in persönlichen Beziehungen wird, wer sich klein und schwach macht, von anderen nicht für voll genommen, abgelehnt und ausgenutzt.

Doch wer an Märchen glaubt, schmückt sich am besten mit Bescheidenheit. Schließlich war es nicht die schöne Schwester, sondern Aschenputtel, die am Ende den Prinzen bekam. Gutgläubigkeit und Gutmütigkeit sind Eigenschaften, die viele Männer an Frauen schätzen. Und so bügeln Frauen die Fehler ihrer Vorgesetzten aus, schlichten Streitigkeiten, glauben an das Gute im anderen, nur nicht in sich selbst. Sie sehen das Potential in ihren Kindern, glauben, dass der Ehemann eines Tages schon noch ein Einsehen haben und sich bessern wird, dass der Chef irgendwann ihre Leistungen doch noch anerkennt … Und überhaupt: Das Gute wird siegen! So hofft und wartet manche Frau bis an ihr Lebensende.

Bescheidenheit ist der Frauen Zier. Nur ja nicht zu hoch hinaus! Während Männer lieber den Fahrstuhl nach oben nehmen, bereit, immer wieder neue Risiken einzugehen, bleiben Frauen lieber auf dem Teppich und gehen sichere Wege. Beim Besteigen der Karriereleiter überfällt so manche Frau die Höhenangst. Als Angestellte besetzen Frauen gerade mal zu fünf Prozent Führungspositionen.

Doch ohne Mut zum Risiko gibt es keine Selbstachtung. Wenn Frauen es nicht riskieren, den Mund aufzumachen, aus der Rolle zu fallen, dem gängigen Schönheitsideal zu widersprechen, die Launen des Chefs nicht geduldig wie ein Lamm zu ertragen, sondern unbequeme Fragen zu stellen, Auseinandersetzungen standzuhalten und Veränderungen in Kauf zu nehmen, machen sie sich zum Opfer.

Angeblich fielen Frauen früher, wenn es kritisch wurde, gern in Ohnmacht, so wissen wir es aus Romanen und Filmen. Auch heute fühlen sich Frauen schnell ohnmächtig, das heißt ohne Macht. Während Männer gern die Herausforderung suchen, gehen Frauen ihr lieber aus dem Weg. Sie fühlen sich den Mächten des Schicksals ausgeliefert und glauben, nichts tun zu können, wenn sich Hindernisse in den Weg stellen.

»Was bin ich nur für eine dumme Kuh!« schimpft Karin am Telefon. »Jetzt habe ich mir gegen meinen Willen von einem Vertreter an der Haustür einen Staubsauger aufschwatzen lassen, den es im Großmarkt viel billiger gibt. Er war so nett und ließ mich gar nicht zu Wort kommen. Und ehe ich mich's versah, hatte ich schon den Vertrag unterschrieben. Na ja, die müssen auch leben!«

Glück für den Vertreter, Pech für Karin! Ein ganzer Industriezweig lebt davon, gutmütigen Frauen, die Mitleid mit sogenannten Ex-Gefängnisinsassen oder Ex-Drogenabhängigen haben, allen möglichen Ramsch teuer anzudrehen. Da wird hemmungslos auf die Tränendrüse gedrückt, an Mitleid und Verständnis appelliert, um das Frauenherz zu erweichen und den Geldbeutel zu öffnen. Das Helfersyndrom ist unter Frauen eine weitverbreitete Krankheit. Besonders angesehen ist es, wenn Frauen für Gottes Lohn helfen. »Edel sei der Mensch, hilfreich und gut!« Dieser Spruch ziert so manches Poesiealbum aus Kindertagen. Doch kaum jemand ist wirklich so selbstlos, dass es ihn oder sie nicht wurmt, wenn keine Gegenleistung erbracht wird. Da bleibt nur noch das Jammern bei Dritten oder der heimliche Groll, wenn frau ausgenutzt wurde.

Sind Männer wirklich das starke Geschlecht, gegen das wir schwachen Frauen nun mal nicht ankommen? Resignation ist eine wunderbare Möglichkeit, nicht Eigenverantwortung übernehmen zu müssen. »Ich kann mich einfach nicht durchsetzen«, klagt Gudrun und lächelt dabei entschuldigend. Sie will nicht wahrhaben, dass »Ich kann nicht« in den allermeisten Fällen »Ich will nicht« bedeutet.

Gudrun glaubt, mit Freundlichkeit und Lächeln ans Ziel zu kommen. Diese Haltung signalisiert der Umwelt: Bitte finde mich nett! Sei mir nicht böse! Tu mir nicht weh! Doch seltsamerweise zieht das ewige nette Lächeln häufig Aggressionen an. Warum also gute Miene zum bösen Spiel machen? Warum nicht eine böse Miene, wenn das Spiel schlecht ist? Wenn Sie weiterhin ausgenutzt werden wollen, lächeln Sie lieb, auch wenn Ihnen zum Weinen oder Schreien zumute ist. Stellen Sie sich infrage, riskieren Sie nichts – andernfalls könnte es vorkommen, daß man Sie plötzlich ernst nimmt und Ihre Grenzen respektiert.

Eine Frau, die sich missbrauchen oder ausbeuten lässt, wird krank. Dass es zwischen Körper und Seele Zusammenhänge gibt, erkennen inzwischen sogar die eingefleischtesten Schulmediziner an. Gefühle und Gedanken sind mit dem Körper über das Immunsystem, das zentrale Nervensystem und das endokrine System verbunden. Unsere Gefühle haben immense Auswirkungen auf den Körper, auch wenn wir die Gefühle verdrängen und nicht wahrhaben wollen. Die Ärztin Christiane Northrup schreibt in ihrem Buch »Frauenkörper, Frauenweisheit«: »Unausgedrückte Gefühle bleiben wie kleine Zeitbomben im Körper ›stecken‹ – sie sind Krankheiten im Inkubationsstadium.«

Immer mehr Kranke wenden sich alternativen Heilmethoden zu, die den *ganzen* Menschen als leib-seelische Einheit nicht aus den Augen verlieren. Doch nach wie vor scheint es für viele Zeitgenossen die bequemste Lösung zu sein, Pillen gegen ihre Beschwerden zu schlucken. Nur selten werden die wahren Ursachen erkannt, würde dies doch zur Folge haben, dass wir neue Wege gehen und unsere Lebensgewohnheiten und Einstellungen ändern müssten. So könnten wir beispielsweise körperliche Symptome nicht mehr als Feind betrachten, den es möglichst schnell auszumerzen gilt, sondern wir müssten uns fragen, was uns das Symptom zeigen will, was uns in Wirklichkeit zum Heil- und Ganzwerden fehlt.

Die alten Chinesen waren weiser als wir. Sie ordneten den verschiedenen Organen bestimmte Emotionen zu, so zum Beispiel der Niere und Blase die Angst, der Lunge die Trauer, dem Magen Sorge und Kummer, dem Herzen die Freude, Leber und Gallenblase die Aggression. Im Volksmund sind Reste dieses Wissens noch vorhanden. So sprechen wir davon, dass uns etwas über die Leber gelaufen ist, wenn wir uns ärgern. Oder jemand spuckt Gift und Galle, wenn er wütend ist.

Welche Folgen hat es nun für unseren Körper, wenn wir unsere Gefühle unterdrücken, unsere Sehnsucht nicht leben, wenn wir uns zuviel aufbürden lassen, weil wir nicht nein sagen können? Zunächst einmal geraten wir in eine Stresssituation. Kann dieser Stress auf irgendeine Art und Weise nicht wieder abgebaut werden, staut er sich im Körper und sucht sich eine Schwachstelle: Der Magen antwortet mit Magengeschwüren, der Rücken schmerzt, der Kopf brummt, Sie geraten in Atemnot, eine Allergie bricht aus usw.

Besonders interessant ist der Zusammenhang von Hauterkrankungen und Abgrenzungsproblemen. Die Haut hat neben einigen anderen Funktionen die Aufgabe der Abgrenzung und des Schutzes. Sie ist unser Berührungs- und Kontaktorgan. Auf der Haut wird sichtbar, was wir nach außen hin nicht gern zeigen. Die Haut kann durch einen Ausschlag, ein Ekzem, durch Jucken und Beißen sagen: »Bleib mir vom Leib!« Sie funktioniert wie eine große Leinwand, auf der sowohl somatische als auch psychische Vorgänge sichtbar werden. Wenn uns etwas unter die Haut geht, so werden wir vielleicht rot vor Scham oder blass vor Schreck. Besonders Frauen sind bemüht, kosmetisch über einiges hinwegzutäuschen, eine Fassade aufzubauen, doch letztendlich kann niemand aus seiner Haut heraus. Wir können uns statt einer dünnen Haut eine dickes Fell zulegen, doch wie lang geht das gut?

Auch die Suchtproblematik hat viel mit mangelnder Abgrenzung zu tun. Da die patriarchal ausgerichtete Gesellschaftsstruktur von Frauen fordert, ihren Wunsch nach Selbstausdruck und Selbstverwirklichung zu verwerfen und in erster Linie für Mann und Familie da zu sein, entstehen Unzufriedenheit und Leiden, die viele Frauen durch Suchtmittel zu dämpfen versuchen. Dabei kann alles süchtig machen: Substanzen (Alkohol, Tabletten, Drogen und Essen) ebenso wie Arbeit, Fitnesstraining, Putzen ... Die Sucht unterbricht den Kontakt zu den eigenen Gefühlen und Empfindungen. Heilung kann in diesem Fall nur geschehen, wenn Frauen sich dem Schmerz ihrer unterdrückten Gefühle stellen.

Viele Frauen haben das Nein gegen sich selbst gerichtet und hassen ihren Körper. Sie achten nicht auf seine Grenzen und beuten ihn schamlos aus. Erst wenn er nicht mehr so funktioniert, wie sie es gern hätten, werden sie auf ihn aufmerksam.

Anita ist Redakteurin einer bekannten Frauenzeitschrift und – wie man so schön sagt – voll im Stress. Stets ist sie unter Termindruck. Manchmal gleicht die Redaktion einem Bienenhaus, und Anita weiß abends nicht mehr, wo ihr der Kopf steht. Doch sie will Karriere machen und nimmt deshalb zu viele Aufträge an. Als sie ihren Hausarzt aufsucht, weil sie unter Herzrasen leidet, sagt er ihr: »Ihr EKG und die Blutwerte sind völlig in Ordnung, Frau Hansen. Organisch ist da nichts. Das müssen vegetative Störungen sein.« Anita ist erleichtert. Doch die Information, Anitas Beschwerden seien »nur« vegetativ bedingt, sind mit Vorsicht zu genießen. Vegetative Beschwerden sind ernstzunehmende Alarmsignale. Um auf die Dauer nicht massive organische Schäden zu riskieren, muss Anita lernen, ihren Stress abzubauen und sich nicht jede Arbeit aufbürden zu lassen.

Es hilft Anita wenig, irgendwelche Mittelchen zu schlucken, um die Symptome zu beseitigen und möglichst rasch wieder zu funktionieren. Wenn die wahren Ursachen nicht erkannt werden und kein Umdenken stattfindet, wird sich ihr Körper ein anderes Ventil suchen. Über kurz oder lang erkrankt sie erneut.

Doch nicht nur der Körper leidet. Auch die Psyche ist anfällig, wenn unsere Lebensweise aus dem Gleichgewicht geraten ist.

Angelika ist zweiundvierzig Jahre alt und Lehrerin an einer Sonderschule. Sie ist seit fünf Jahren von ihrem Mann geschieden und hat seit einem Jahr wieder eine neue Beziehung. Obwohl sie mit ihrem Freund glücklich ist und ihn heiraten will, leidet sie – aus für sie unerfindlichen Gründen – zunehmend unter schweren Depressionen. Die Pillen, die ihr der Arzt verschrieben hat, lindern die Symptome zwar, so dass Angelika wieder zur Schule gehen kann, doch sobald sie die Tabletten reduziert oder gar absetzt, wird sie von schweren Ängsten heimgesucht und will nur noch die Decke über den Kopf ziehen.

Angelika entschließt sich zu einer Therapie. Dort wird ihr klar, dass sie sich von Kindesbeinen an als Älteste von sechs Kindern immer im Übermaß um andere kümmern musste. Auch als Erwachsene hilft sie, wo es nur geht, hat aber gleichzeitig das Gefühl, oft zu kurz zu kommen. So auch in ihrer neuen Beziehung. Angelika überhäuft ihren Freund mit kleinen, selbstgebastelten Aufmerksamkeiten, kocht sein Lieblingsessen, wäscht seine Kleider, kümmert sich um die kranke Schwiegermutter in spe, passt sich an, wenn es darum geht, die gemeinsamen Wochenenden zu planen. Sie ist Meisterin darin, ihrem Freund jeden Wunsch von den Lippen abzulesen, und wünscht sich natürlich, dass auch er »spürt«, was sie braucht, ohne dass sie es aussprechen muss. Doch das Gedankenlesen funktioniert nicht so, wie sie es gern möchte. Ihre eigenen Wünsche und Bedürfnisse bleiben auf der Strecke. Sie merkt, dass sie sich permanent verausgabt, und ist wütend, weil sie nicht das zurückbekommt, was sie von ihrem Freund erwartet.

Doch ihre Aggressionen hält Angelika gut unter Verschluss. Platzt ihr in einem unbedachten Moment doch einmal der Kragen, so macht sie sich hinterher heftige Vorwürfe. Sie entschuldigt sich sofort und strengt sich doppelt an, um wieder Harmonie herzustellen.

Aggressionen lassen sich nicht einfach niederkämpfen. Finden sie kein Ventil, so richten sie sich gegen uns, wenden sich nach innen und werden zur Depression. Warum leiden wesentlich mehr Frauen unter Depressionen als Männer? Die Antwort liegt auf der Hand: Weibliche Aggression unterliegt einem mächtigen Tabu, so dass es Frauen bereits schwer fällt, überhaupt zu merken, dass sie wütend sind. Wenn sie es trotzdem wagen, ihre Empörung offen zu zeigen, müssen sie mit Bestrafung rechnen. »Wut steht dir einfach nicht«, sagt Peter zu Irene und lässt sie einfach stehen. Und da Irene darauf konditioniert ist, zu gefallen, schluckt sie ihren Ärger hinunter und gibt klein bei.

Wütende Frauen sind für Männer bedrohlich. Sind wir schwach, angepasst und schuldbewusst, ist die patriarchale Welt in Ordnung. Wir halten still und klagen niemanden an, außer uns selbst. Zornige Frauen dagegen führen Veränderungen herbei und stellen Dinge infrage. Und da Veränderungen Angst machen, fürchten wir unsere Wut, nicht nur, weil sie Ablehnung hervorruft, sondern weil sie uns an die dringende Notwendigkeit von Veränderungen erinnert. Wut ist immer ein Signal, das wir nicht überhören sollten. Vielleicht hat jemand unsere Grenzen überschritten, wir haben mehr getan oder gegeben, als wir eigentlich sollten, und zuviel von unserer Persönlichkeit aufgegeben.

Aggressionen sind, entgegen aller gesellschaftlichen Wertung, nicht schlecht, sondern einfach eine bestimmte Form von Aktivität und Lebensenergie. Sie sind das Gegenteil von Passivität und Zurückhaltung und damit eine wichtige Kraft im Leben. Das lateinische Verb *aggredi* heißt übersetzt »herangehen, auf etwas zugehen«. Alles, was wir in Angriff nehmen, ist im weitesten Sinne ein aggressiver Akt. Aggression kann ein Motor in unserem Leben sein – wenn wir sie leugnen, fehlt uns Durchsetzungskraft, der Wille, Neues anzupacken, und die Kraft, uns, wenn nötig, zur Wehr zu setzen.

Doch wer bereits in früher Jugend eingebläut bekam: »Mädchen, die pfeifen, und Hühnern, die krähen, soll man beizeiten den Hals umdrehen!«, wird sich später schwer tun, den Mund aufzumachen. Bravsein, Unterordnung und Fleiß brachten einfach mehr ein. Wen wundert es da, dass sich viele Frauen mit der Rolle der guten Tochter identifiziert und die Gegenseite verdrängt haben? Das Abgelehnte, Ungelebte wurde in den Schattenbereich der Psyche, ins Unterbewusstsein verbannt und sucht nun neue Wege und Möglichkeiten, sich Gehör zu verschaffen. So ist beispielsweise bekannt, dass Allergie eine Autoaggressionskrankheit ist. Die Abwehr, die im Außen vielleicht vonnöten wäre, wurde in den Körper verdrängt. Deshalb ist es so wichtig, die Sprache des Körpers verstehen zu lernen, denn er ist Spiegel der ungelösten Lebensprobleme.

Viele Frauen flüchten in die Krankheit, wenn sie sich einem Konflikt nicht gewachsen fühlen. Um emotionalem Druck auszuweichen, machen sie sich klein und schwach und greifen auf Mittel aus der Kindheit zurück. Durch Krankheit schaffen sie sich eine angstfreie Zone, in der man sie nicht angreifen und nichts von ihnen fordern kann. Vielleicht bekomme ich jetzt ja die Zuwendung, die ich mir sehnlichst wünsche? Doch diese Rechnung geht auf die Dauer nicht auf. Leidende Frauen überzeugen nicht wirklich, wenn sie gequält auf der Couch liegen und darauf warten, dass der Schmerz endlich nachlässt. Und reicht es wirklich als Liebesbeweis aus, wenn sich der Partner mit sorgender Miene nach dem Wohlbefinden erkundigt und den Kamillentee kocht? Ist es wirklich genug, wenn er die Wärmflasche bringt und seiner Frau väterlich über den Kopf streicht? Sind die Schwierigkeiten beigelegt, wenn der Chef zwar »gute Besserung« wünscht, sich hinter ihrem Rücken jedoch maßlos über die Fehltage ärgert? Wenn Frauen bei Konflikten auf den Schonraum der Krankheit zurückgreifen, opfern sie ihre Stärke und den Respekt anderer Menschen.

Gesundheit fängt mit der Liebe zum eigenen Körper an. Liebe zum eigenen Körper bedeutet, dass wir ihm genügend Ruhe gönnen, ihn mit der richtigen Menge an gesunder Nahrung versorgen und ihm die Bewegung verschaffen, die er braucht. Liebe zum eigenen Körper bedeutet nicht, Tonnen von Kosmetika zu horten und uns auf ein gängiges Schönheitsideal zu trimmen. Die wilde Frau in Gestalt der Erdmutter hilft uns, weibliche Körperfunktionen wie Menstruation und Geburt nicht als krankhafte Zustände, die behandelt werden müssen, zu betrachten, sondern als normale Vorgänge. Die wilde Frau lässt auch nicht zu, dass wir oder andere Menschen unseren Körper entwerten. Sie will, dass wir seinen Botschaften vertrauen und achtsam mit ihm umgehen. Sie sagt uns: »Vertraue deinen Gefühlen und deiner inneren Stimme mehr als den Halbgöttern in Weiß!«

Ein umfassendes psychosomatisches Werk zu schreiben, sprengt den Rahmen dieses Buches und überschreitet meine Kompetenz. Ich möchte an dieser Stelle meinen interessierten Leserinnen neben dem oben erwähnten Buch von Dr. Northrup das Buch »Krankheit als Weg« von Thorwald Dethlefsen ans Herz legen.

Negative Bindungsmuster in Beziehungen: Opfer ziehen Täter an

»Warum gerate ich immer an die falschen Männer?« seufzt Petra mit Unschuldsmiene. »Andere Frauen angeln sich Millionäre. Ich dagegen lande immer bei den armen Schluckern, die mir das Geld aus der Tasche ziehen. Dabei dachte ich, bei Karl ist alles ganz anders. Er

ist ja so begabt, hatte mit seinen Bildern bei verschiedenen Ausstellungen bereits Erfolg, bevor wir uns kennenlernten. Ich habe selbstverständlich meine guten Beziehungen zu verschiedenen Galerien aufgefrischt und für ihn wichtige Kontakte geknüpft, und nun, da alles laufen könnte, will der Kerl eine künstlerische Pause einlegen. Seine Miete kann er nicht mehr bezahlen. Jetzt sitzt er mir auf der Pelle. Meine Wohnung ist nicht besonders groß und das Letzte, was ich wollte, war wieder so ein Brotloser in meinem Bett. Was mache ich nur falsch?«

Petra sieht sich als armes, unschuldiges Opfer und will nicht wahrhaben, dass sie sich die Suppe selbst eingebrockt hat. Immer wieder begeht sie den gleichen Fehler: Erst unterstützt sie die Männer, in die sie sich verliebt, wo sie nur kann, und macht sich damit wichtig. Unbewusst erhofft sie sich davon, begehrenswerter zu sein und mehr geliebt zu werden. Petras Partner nehmen ihre Hilfe zunächst freudig an, doch dabei geben sie die Eigenverantwortung zunehmend ab. Automatisch werden sie zu hilflosen, bequemen Kindern, die die Mama brauchen und gleichzeitig ihre guten Ratschläge sabotieren. Doch dann ist es meist zu spät. Die Rollen haben sich schon so polarisiert und verfestigt, dass eine Auflösung des Beziehungsmusters schwierig wird. Hätte Petra Karl rechtzeitig klargemacht, dass sie ihn zwar liebt, jedoch nicht bereit ist, ihn finanziell zu unterstützen, und zum momentanen Zeitpunkt nicht mit ihm zusammenleben will, so hätte sich Karl auf die Hinterbeine stellen müssen, oder die Beziehung, die Petra in dieser Art sowieso nicht wollte, wäre auseinandergegangen. Doch Petra scheint die selbstlose Retterrolle dem Alleinsein vorzuziehen.

Eine Partnerschaft, eine Familie ist ein in sich geschlossenes System, ein sensibles Gebilde, das ständig versucht, das Gleichgewicht zu wahren. Wie bei einem Mobile versuchen die einzelnen Personen, innere oder äußere Veränderungen auszubalancieren. Übernimmt beispielsweise eine Person zu viel Verantwortung, so gibt die andere automatisch Verantwortung ab, um das Gleichgewicht aufrechtzuerhalten. Ist einer ein eingefleischter Jasager, muss der andere zwangsläufig eher die Nein-Position einnehmen. Will die Frau zu viel Nähe, so tritt der Mann sofort den Rückzug an und umgekehrt. Sucht er Kontakt ausschließlich durch Sex, wird ihr wahrscheinlich im Laufe der Zeit die Lust vergehen.

Bindungsmuster, ob positiv oder negativ, lassen sich nicht vermeiden. Sie kommen nicht nur in Liebesbeziehungen vor, sondern auch in Familien, Freundschaften, im Beruf – kurz, überall dort, wo zwei oder mehr Menschen miteinander zu tun haben. Wenn die Rollen flexibel sind, wenn ich z. B. einmal stark, ein andermal aber auch schwach sein kann, ist die Beziehung wie ein Tanz, in dem die Partner immer wieder neu ihre Schritte einander anpassen. Polarisieren sich die Verhaltensweisen oder Bedürfnisse jedoch zu stark, so beginnen die gegenseitigen Vorwürfe. Jeder glaubt von sich: Ich bin der Gute, und du bist der Böse. So einfach ist es leider nicht, schließlich waren es die Gegensätze, die die anfängliche Anziehung ausmachten. Wir suchen im anderen immer unbewusst das, was uns zum Ganzwerden fehlt, unsere eher verdrängten Seiten. Der Initialfunke ist es, der uns später zur Weißglut bringt.

Warum, so könnte man sich fragen, tut sich ein ordnungsliebender Mann mit einer schlampigen Frau zusammen? Warum verliebt sich ein eher kühler, unpersönlicher Mann in eine warme, zugewandte Frau?

Ich möchte diese Frage am Beispiel von Inga und Alex erläutern. In der Verliebtheitsphase schätzte Inga an Alex seine Verspieltheit, Weichheit und Unbekümmertheit. Stundenlang saßen die beiden schmusend auf dem Sofa. Inga ließ, ganz gegen ihre Gewohnheit, alles liegen und stehen und genoss das entspannte Sein, das mit Alex möglich war. Alex hingegen schätzte anfangs Ingas zupackende, praktische Art. Endlich hatte er eine tiefsinnige Frau gefunden, die eigenständig ihrer Wege ging und, wie es schien, keine Vaterfigur suchte.

Doch all das änderte sich schlagartig, als Inga ein Kind erwartete. Während sie die neue Situation in altgewohnter Art und Weise möglichst schnell unter Kontrolle zu bringen versuchte, Struktur und Planung wollte, wurde Alex immer gleichgültiger. Je mehr Inga ihn drängte, desto mürrischer reagierte er. Alex warf ihr vor, alles müsse nach ihrer Nase gehen, sie beschimpfte ihn als Schlamper und unverantwortlichen Typen. Anstatt anzuerkennen, dass beide etwas voneinander lernen konnten, uferten ihre Streitereien immer mehr aus. Alex' Nein wurde schließlich so groß, dass er sich von Inga trennte.

Opfer ziehen Täter an und Täter ihre Opfer. Da nützt kein Jammern, der Partner, Mitarbeiter oder Vorgesetzte sei so faul, verantwortungslos, egoistisch, schweigsam oder gar trotzig. Es bringt auch nicht viel, sich gegenseitig die Schuld zuzuschieben. »Wenn du nicht ständig nörgeln würdest, müsste ich mich nicht so zurückziehen«, klagt Herbert seine Frau an. »Wenn du mir nicht permanent aus dem Weg gehen würdest, müsste ich nicht immer nörgeln«, erwidert darauf Klara. Beide sitzen mit ausgestrecktem Zeigefinger einander gegenüber und sagen: »Du bist schuld!« Damit stagniert die Beziehung. Werden diese starren Positionen beibehalten, ist eine Veränderung nicht möglich.

Auch wenn der Druck unmenschlich groß ist, neigen Frauen dazu, in unbefriedigenden Situationen auszuharren. Dabei werden sie Opfer ihrer großen Duldsamkeit und ihres enormen Durchhaltevermögens – zwei Eigenschaften, über die besonders Frauen verfügen. Was tun?

Zunnächst ist es einmal sinnvoll, wenn frau sich die folgenden Fragen stellt:

- Warum bin ich in dieser Situation?
- Weshalb bin ich beispielsweise mit einem egoistischen Mann zusammen?
- Was habe ich in dieser Beziehung zu lernen?
- Was hat mein Gegenüber, das mir eventuell fehlt?
- Welchen Beitrag leiste ich zu der bestehenden Situation?

Sandra stellte sich diese unangenehmen Fragen in einer Familientherapie. Als ehemals alleinerziehende Mutter ließ sie sich von ihrem zwischenzeitlich fünfundzwanzigjährigen Sohn regelrecht ausbeuten. Er lebte selbstverständlich immer noch in der gemeinsamen

Wohnung. Natürlich bezahlte er nichts, obwohl Sandra selbst nicht zu den Großverdienern gehörte und er eine gute Stelle als Bankkaufmann hatte. Sandra wusch seine Wäsche, spülte sein Geschirr, übernahm den Einkauf und ertrug geduldig seine laute Musik und den Zigarettenqualm. Hotel Mama war ja so bequem!

Doch da Sandra mit der Rolle der guten Mutter stark identifiziert war und unter großen Schuldgefühlen litt, weil ihr Sohn nie einen Vater gehabt hatte, war es für sie nicht leicht, ihn zu mehr Mitarbeit und finanzieller Beteiligung zu verpflichten oder ihn gar aus dem Nest zu werfen. Sie wollte auf keinen Fall eine Rabenmutter sein, wollte seine Zuneigung nicht verlieren und hielt ihren »Kleinen« wie einen Vierjährigen fest.

Da Schimpfen und Klagen sie offensichtlich nicht weiterbrachte, fasste sie nach mehrmaligem Üben in der Therapiestunde Mut und sagte ihrem Sohn schließlich unverblümt die Meinung. Sie erkannte, dass sie ihm zugestand, was sie selbst tunlichst vermeiden wollte: eine gehörige Portion Egoismus. Doch Sandra lernte ihre Lektion und stellte ihren Sohn vor die Alternative, sich entweder mehr im gemeinsamen Haushalt zu engagieren und rücksichtsvoller zu sein oder auszuziehen. Der Sohn wiederum reagierte auf die klaren Worte seiner Mutter verblüffend. Grinsend sagte er: »Ich habe mich sowieso schon gewundert, dass du dir das alles so lange von mir bieten ließt, Mama. Ich an deiner Stelle hätte mich schon längst gewehrt!«

Unsere Mitmenschen spüren sehr deutlich, wie weit sie gehen können. Wenn wir ihnen erlauben, uns auszunutzen, so werden nur wenige die Gelegenheit nicht wahrnehmen. Wäre jeder so rücksichtsvoll, wie wir es uns wünschen, sähe es auf diesem Planeten anders aus. Doch in jedem von uns schlummert ein kleines Monster, ein gieriges Kind, das sich nimmt, was es kriegen kann, solange ihm dadurch keine Nachteile entstehen – auch wenn wir das nicht wahrhaben wollen. Wenn wir immer nur nachgeben und gute Miene zum bösen Spiel machen, nehmen wir anderen die Chance, ihre Grenzen zu erkennen. Auf gewisse Weise stellen wir uns über sie und erlauben ihnen, sich wie kleine Kinder auf unsere Kosten auszutoben. Natürlich sind wir dabei die Edelmütigen, die Heldinnen, die guten Mütter! Der bekannte Familientherapeut Bert Hellinger sagt: »Wer sich zu gut ist, böse zu sein, zerstört die Beziehung. (...) Wenn mir jemand was antut, und ich verzeihe ihm einfach, dann bleibe ich in der überlegenen Position, und der andere kann nichts mehr machen, um die Ebenbürtigkeit wiederherzustellen, außer er wird mir noch böser. (...) Wenn ich dem anderen aber etwas zur Wiedergutmachung abverlange, kann die Beziehung wieder in Ordnung kommen. (...) Das ist eine Lektion, die viele nicht verstehen: daß es den Ausgleich im Guten wie im Bösen geben muss.«*

Viele Sekretärinnen gestatten beispielsweise ihren Chefs, sich wie Kleinkinder aufzuführen, ohne sich gegen das infantile Verhalten zur Wehr zu setzen. Da sitzt die Sekretärin konzentriert bei der Arbeit, schon reißt der Boss die Tür auf, stürmt herein wie ein Wirbelwind, unterbricht sie mitten in der Arbeit, drängt sich in den Vordergrund und verlangt sofortige Aufmerksamkeit und Befriedigung seiner Bedürfnisse. Er schaut weder rechts noch links, will auf der Stelle versorgt werden und hält seine Mitarbeiterin auf Trab, ganz wie ein Kleinkind es tut. Die Sekretärin wird zur Idealmutter umfunktioniert, die gefälligst immer gut gelaunt den großen Meister zu bewundern und zu bedienen hat. Er übersieht dabei, dass er permanent Grenzen verletzt – und sie lässt ihn gewähren.

Wir können unsere Mitmenschen nicht verändern, wir können nur selbst neue Wege gehen. Wir sind es, die egozentrischen Chefs, Partnern oder Freunden erlauben, sich auf unsere Kosten auszutoben. Nicht nur sie sind es, die unsere Grenzen missachten. Wir selbst gehen über unsere Wünsche und Bedürfnisse hinweg, indem wir ihnen gestatten, respektlos mit uns umzugehen.

Dennoch verwenden Frauen vor allem in intimen Beziehungen viel Mühe darauf, ihre Männer umzuerziehen, statt klipp und klar ihre Wünsche und Bedürfnisse zu äußern und sich anschließend einfach zurückzulehnen und zu warten, was freiwillig zurückkommt. Sie sehen das Potential der Männer und glauben, es sei ihre Aufgabe, es zum Blühen zu bringen.

---

* Bert Hellinger/Gabriele ten Hövel, Anerkennen, was ist, München: Kösel-Verlag ^{4}1997, S. 54.

Und natürlich finden sie tausend Ausreden, warum ihr Geliebter keinen Zugang zu seinen Gefühlen hat oder immer wieder in Depressionen verfällt, warum er zu viel trinkt oder arbeitsscheu ist. Wahrscheinlich war es seine verkorkste Kindheit oder seine herrschsüchtige Mutter, die ihn nie verstand! Vielleicht lag es auch am Vater, der zu schwach und nie zu Hause war, so dass der Junge niemanden zum Anlehnen geschweige denn ein Vorbild hatte. Gott sei Dank hat er jetzt mich! Und wenn ich ihn mit meiner ganzen Liebe und Kraft unterstütze, wäre es doch gelacht, wenn ihm nicht zu helfen wäre! Macht der Angebetete jedoch keine Fortschritte, so liegt es sicherlich daran, dass sie ihn nicht genug (oder zu sehr) liebt.

Frauen haben sich häufig durch Eigenstudium ein beachtliches psychologisches Wissen angeeignet. Sie stellen jeden Psychoanalytiker in den Schatten, wenn es darum geht, männliche Verhaltensweisen zu zerpflücken. Sie wissen um sämtliche frühkindlichen Traumata, um die verheerenden Folgen des mütterlichen Einflusses und des abwesenden Vaters. Eifrig studieren sie die Neuerscheinungen auf dem Büchermarkt, die vielversprechende Tricks verraten, wie frau aus einem Einsiedler einen romantischen Liebhaber zaubern kann. Sie gehen mit den Geburtsdaten ihres Mannes zum Astrologen, um sich einen Überblick zu verschaffen, ob nicht vielleicht doch die Sterne für seine chronischen Seitensprünge verantwortlich sind. Oder waren es – wie die Wahrsagerin behauptet – karmische Verstrickungen? Vielleicht ist diese unselige Geschichte aus dem vorletzten Leben schuld, die am Galgen endete und dem Göttergatten jetzt immer das Gefühl der Enge bereitet? Oder sind es ganz einfach körperliche Unausgewogenheiten, die mit ein paar Bach-Blüten, Aura-Soma-Tinkturen oder homöopathischen Tropfen wegzuzaubern sind? Wenn er doch nur dazu zu bewegen wäre, zum Arzt oder Heilpraktiker zu gehen!

Frauen schrecken vor nichts zurück, wenn es darum geht, dem maroden Liebesleben auf die Sprünge zu helfen. Sie scheuen keine Mühe und kein Geld, besuchen Pendel-, Numerologie- und Reiki-Seminare, um notfalls selbst Hand anlegen zu können. Sie beschäftigen sich mit der Heilkraft der Edelsteine, basteln Amulette und brauen Liebestränke, um gewappnet zu sein, wenn dem Ehemann die Lust schwindet. Was wäre das Treffen mit Freundinnen beim Italiener ohne das gemeinsame Aushecken von Nacherziehungsmaßnahmen und Resozialisierungsprogrammen! Vielleicht sollte man die Angetrauten alle zusammen ins Männerseminar schicken? Wäre das nicht das ideale Geschenk zum nächsten Geburtstag?

Es scheint bequemer zu sein, an den potentiellen Möglichkeiten eines anderen Menschen festzuhalten, zu hoffen, zu warten und ihn verändern zu wollen, statt sich selbst auf den Weg zu machen. Doch solange frau sich mit ihrem Gegenüber beschäftigt, die Verantwortung für seine Lebensgestaltung übernimmt, anstatt ihre Energie darauf zu verwenden, ihre eigenen Träume zu realisieren, weicht sie der Eigenverantwortung aus. Manche Frauen betreiben dieses Spiel bis zum Lebensende. Dann blicken sie auf ihr verpfuschtes Leben zurück und sind verbittert, weil sie es versäumt haben, »eigen-mächtig« zu handeln, eigene Interessen zu entwickeln, statt den Mann zu ihrem Lebenszentrum zu machen und enttäuscht zu werden.

Wenn Ihr Leben von einer schwierigen und unbefriedigenden zwischenmenschlichen Situation bestimmt ist, sei es in Beruf oder Partnerschaft, so sollten Sie unbedingt den Vorteil nutzen und daraus lernen. Sie – für sich. Männerveränderungstherapien sind immer zum Scheitern verurteilt! Indem Sie sich selbst verändern und entwickeln, tut sich vielleicht auch etwas beim anderen. Vielleicht auch nicht. Irgendwann werden Sie jedoch um eine Entscheidung nicht herumkommen. In einer kargen, öden Wüstenlandschaft wird auch eine geschickte Gärtnerin nicht viel ausrichten können.

6. Die Trotztochter: Gefangen im Nein

Vielleicht kommen Sie an dieser Stelle zu dem Schluss, Sie müssten in Zukunft der Männerwelt unbedingt die Stirn bieten, gegen alles Unrecht und jede Bevormundung kämpfen und Ihren Aggressionen freien Lauf lassen. Sie mögen beschlossen haben, ab jetzt andere Saiten aufzuziehen und sich nichts, aber auch gar nichts mehr gefallen zu lassen. Schluss jetzt mit Rücksichtnahme und falscher Bescheidenheit! Keine Kompromisse mehr!

Wenn Sie sich so oder ähnlich reden hören, sind Sie in die Falle getappt: Sie wollen einfach die Seiten wechseln, die Rolle der guten Tochter mit der Rolle der rebellischen Tochter oder Trotztochter austauschen. Sie sind vom Ja ins Nein gerutscht. Die Lösung kann auf keinen Fall darin liegen, Männer an die Wand zu spielen, ständig mit der Faust auf den Tisch zu hauen und kompromisslos Ihrer eigenen Wege zu gehen. Trotz und Widerstand sind nicht gleichbedeutend mit Freiheit. »Rebellion ist die Schwester der Fügsamkeit« (Zitat von Angelika Aliti). Gegen Männer zu kämpfen ist ebenso eine Fixierung, wie sich ihren Wünschen anzupassen.

Die Rolle der rebellischen Tochter ist anstrengend, denn sie erschöpft sich häufig im Kampf gegen Windmühlen. Die Trotztochter sieht Feinde und Kampfgenossen, wo gar keine sind. Sie kennt nur ein Entweder-oder. Zwischentöne fehlen ihr – sie werden als Identitätsverlust erlebt. Ihre Angst vor Manipulation und Vereinnahmung ist groß.

Kirsten hat sich geschworen, nie so zu werden wie ihre Mutter. Auf keinen Fall wollte sie sich in das enge Korsett einer Ehe schnüren lassen und von einem Mann abhängig sein. Schon als Kind provozierte sie ihre Lehrer und setzte auf Biegen oder Brechen ihren eigenen Kopf durch. Sie versuchte, die Aufmerksamkeit ihres Vaters, eines Patriarchen alten Schlages, nicht durch Artigkeit und gute Noten zu erringen, sondern indem sie ihn kritisierte, wo es nur ging. Wenn schon keine Liebe zu bekommen war, dann wollte sie wenigstens seinen Hass. Ihr scharfer Verstand glich einem Laserstrahl, mit dem sie seine wunden Punkte ans Licht brachte. Im Nahkampf mit ihm erhielt sie seine Aufmerksamkeit. Als schwierig zu gelten war für sie ein Kompliment. Auch Kirstens äußeres Erscheinungsbild war die reinste Provokation in den Augen ihrer bürgerlichen Eltern, denn von weiblichen Schönheitsidealen hielt sie nicht viel. Sie vernachlässigte ihre Kleidung, schnitt sich die Haare auf Streichholzlänge ab, färbte sie knallrot und protestierte, indem sie Pfeife rauchte und Motorrad fuhr. Alles, was in den Augen der Eltern als unweiblich galt, war ihr recht, um ihrem Protest Ausdruck zu verleihen.

In späteren Jahren schloss sich Kirsten der Frauenbewegung an. Im Kreis von Gleichgesinnten kämpfte sie an vorderster Front gegen patriarchale Strukturen und Benachteiligungen von Frauen. Männer hatten in ihrer Gegenwart nichts zu lachen, denn sie schonte niemanden oder hatte etwa Mitgefühl und Verständnis für ihn. Reibung und Auseinandersetzung war die Ebene, auf der sie sich wohl fühlte. In ihren Beziehungen zog sie weiche, fürsorgliche Männer an, deren Einfühlsamkeit sie jedoch als Schwäche auslegte und deshalb den Kontakt meist schnell wieder abbrach. »Lieber erobern als lieben« war ihre Parole. Ihre Partner lebten stellvertretend für sie die Verletzlichkeit aus, die sie hinter der Mauer von Trotz und Widerstand so gut zu verbergen wußte.

Es kann durchaus herzerfrischend sein, eine Trotztochter oder Rebellin in Aktion zu erleben, zum Beispiel bei einer Diskussion, wo sie irgendwelchen Hohlköpfen rotzfrech und unverblümt die Meinung sagt. Viele gute Mütter und Töchter bewundern die Trotztochter, hat sie doch all die Eigenschaften, die ihnen fehlen. Sie nimmt kein Blatt vor den Mund, schert sich nicht um die Anerkennung von Männern und erscheint zumindest auf den ersten Blick sehr stark und mutig. Überangepasste Frauen jubeln der rebellischen Tochter zu. Nicht zuletzt lässt sich so der Erfolg des Bestsellers »Gute Mädchen kommen in den Himmel – böse überall hin« erklären. Auch der Film »Der Club der Teufelinnen« ließ die Frauenherzen höher schlagen, weil in jeder guten Mutter und Tochter der Wunsch schlummert, einmal ohne Rücksicht auf Verluste »mit der Faust auf den Tisch zu hauen«.

Doch die Huldigung der Trotztochter ist ein zweischneidiges Schwert, denn sie erkennt nicht, dass sie dennoch in einem Bindungsmuster zu Männern und zu ihrem eigenen inneren Patriarchen lebt. Sie sieht nicht, dass sie nein sagen *muss,* ob sie es will oder nicht. Sie kann nicht frei entscheiden, ob sie sich einer Sache gegenüber zustimmend oder ablehnend verhalten soll, sondern ist die Gefangene ihres rebellischen Verhaltens. Die Trotztochter durchschaut die verdeckte Vaterbindung nicht. Während sie gegen das Partriarchat im Außen kämpft, bleibt der Patriarch in ihrem Inneren unbemerkt. Nur die Reaktion auf ihn, der Widerstand, wird bewusst gelebt.

Ihre Aufmerksamkeit ist stets nach außen gerichtet. Während die angepasste Tochter permanent auf die Bedürfnisse anderer sieht, liegt die Trotztochter wie ein Panther auf der Lauer, stets bereit, anderen an die Kehle zu springen, zu protestieren und anzuklagen. Ihre Wut schützt sie vor dem Schmerz der enttäuschten Liebe. Sie wird kaum in der Lage sein, zu spüren, dass in ihrem Inneren ein verletztes Kind sitzt, das eine große Sehnsucht hat, gehalten zu werden. Schließlich wäre das eine Schwäche, und Schwächen darf frau nicht zeigen. Sonst endet sie wie die eigene Mutter in der Abhängigkeit von einem Mann, und das ist das Letzte, was sie möchte.

Die Trotztochter wähnt sich emanzipiert und unabhängig. Damit ist sie in die Falle getappt, denn sie kann ihre Unfreiheit nicht erkennen. Sie verachtet Frauen, die aus ihrer Sicht angepasste Weibchen und Modepuppen sind und nur für einen Mann leben. Und wenn eine Freundin heiratet, Kinder bekommt und eine berufliche Pause einlegt, kann die Trotztochter nur müde lächeln. Wieder eine Überläuferin, die dem Feind auf den Leim gegangen ist!

Die rebellische Tochter ist energetisch an ihre Eltern gebunden, indem sie den Vater anklagt und die Mutter verachtet. Hass und Verachtung binden ebenso stark wie Liebe. Diese im elterlichen System gebundene Energie fehlt ihr zu ihrem eigenen Prozess der Selbstbefreiung. Sie muss sich damit abfinden, dass die Kindheit vorbei und das Tochterdasein beendet ist.

Ohne eine wirkliche Versöhnung mit den Eltern bleibt ihr der Weg zu ihrer eigenen Weiblichkeit versperrt. Die Sehnsucht nach Beachtung und wirklicher Nähe wird nie gestillt werden.

Beide – die rebellische Tochter und die gute, angepasste Tochter – können etwas voneinander lernen. Doch besonders für die rebellische Tochter ist es schwer, zu sehen, dass die gute Tochter Qualitäten besitzt, die ihr abgehen. Meist verachten Trotztöchter Frauen, die ihre eigenen verborgenen Seiten ausleben. In ihren Augen sind sie schwach, dumm und von Männern abhängig. Und das wollen sie selbst auf keinen Fall sein. Ihre zarten, weichen, verletzlichen Seiten werden darunter begraben.

Ich möchte an dieser Stelle noch einmal klarmachen, dass es weder erstrebenswert ist, eine angepasste, gute Tochter zu sein noch eine Trotztochter zu werden. Beide haben nicht wirklich ihre weibliche Stärke entwickelt, sondern beziehen sich stark auf Männer, auch wenn die Trotztochter einen anderen Anschein erweckt. Frei sind wir erst, wenn wir die Wahlmöglichkeit haben, ja oder nein zu sagen, uns anzupassen oder eigene Wege zu gehen, nachzugeben und Kompromisse zu schließen oder den eigenen Kopf durchzusetzen.

Nur ein Bewusstes Ich kann dafür sorgen, dass der kriegerische, wilde Aspekt in uns nicht ausufert, männliches Machtgebaren nachahmt und damit andere Aspekte unseres Frauseins begräbt. Verselbständigt sich die Kriegerin, wird unser Leben hart und einsam. Die Wunde der Trotztochter kann nur heilen, wenn sie ihre verdrängte Seite, die eigene Bedürftigkeit und den Wunsch nach Nähe, Zärtlichkeit und Wärme zuzulassen lernt.

7. Das versteckte oder pervertierte Nein

Werden Frauen auf die Rolle der hingebungsvollen Liebenden und fürsorglichen Mutter reduziert, so lassen sie sich ihre Würde nehmen und ihrer Kreativität berauben, so wird ihr wilder, kriegerischer Aspekt pervertieren. Wird das Nein unterdrückt, so sucht es sich versteckte Wege, um sein Ziel zu erreichen. Dass es dabei häufig nicht besonders effektiv ist, werden wir im folgenden Kapitel sehen.

Ausreden: »Ich kann nicht« statt »Ich will nicht«

Um wie viel angenehmer ist es doch, eine gute Ausrede parat zu haben, anstatt jemandem klipp und klar zu sagen, dass wir einfach keine Lust haben, etwas für ihn oder sie zu tun oder dass uns etwas anderes wichtiger ist.

Ute sucht für ihren bevorstehenden Umzug Helfer. Eigentlich ist sie fest davon überzeugt, dass einige ihrer Freunde und Freundinnen mit anpacken werden, denn sie selbst ist immer zur Stelle, wenn sie gebraucht wird. Und schließlich kann es auch Spaß machen, gemeinsam Kisten zu schleppen und anschließend zum Italiener essen zu gehen. Um so erstaunter ist sie, dass gerade am Tag ihres Umzugs alle schon etwas Wichtiges vorhaben. »Ich würde dir ja gern helfen«, bedauert Hans, »aber meine Mutter hat fünfundsiebzigsten Geburtstag. Da darf ich nicht fehlen.« Was kann Ute in einem solchen Fall dagegenhalten? »Oh, das tut mir jetzt echt leid«, meint Herbert. »Aber ich verkaufe am Wochenende mein Auto und habe eine Annonce in die Zeitung gesetzt. Da muss ich zu Hause sein.« – »Ich muss mal sehen«, sagt Veronika. »Ich glaube, bei mir ist eine Grippe im Anmarsch. Ich fühle mich total schlapp. Aber falls es mir bis Samstag besser geht, bin ich natürlich mit von der Partie.« Und so geht es weiter. Simon hat Rückenprobleme und darf nicht schwer tragen. Barbara hat Liebeskummer und fühlt sich ganz elend, und Utes

Bruder Klaus hat seiner Familie einen Ausflug ins Grüne versprochen.

Ute ist verwirrt und enttäuscht. Alle würden selbstverständlich gern helfen, aber ... Diese blöden Ausreden! Da fällt ihr Michael ein, dem sie letztes Jahr die Wohnung streichen half. Doch auch Michael hat andere Pläne. »Um ganz ehrlich zu sein, Ute«, sagt er, »Zeit hätte ich schon. Aber ich bin frisch verliebt. Meine neue Freundin ist nur am Wochenende in München, und ich will unbedingt die Zeit mit ihr verbringen. Das ist mir einfach wichtig. Warum holst du dir nicht ein paar Studenten, die dir für wenig Geld deinen ganzen Krempel schleppen? Wenn du mich nächste Woche zum Lampenmontieren oder ähnlichem brauchst, stehe ich selbstverständlich zur Verfügung.« Ute ist zwar auch von Michael ein wenig enttäuscht, doch sie ist fast erleichert, dass er so ehrlich ist und nicht wie die anderen auf billige Ausreden zurückgreift.

Für die meisten Menschen scheint es recht schwierig zu sein, zu ihren eigenen Wünschen und Bedürfnissen zu stehen und sie klar zu vertreten. Als Kinder mussten wir immer wieder erfahren, wie schmerzhaft es ist, wenn unsere Bitten kein Gehör fanden, wenn wir übersehen, nicht ernst genommen oder enttäuscht wurden. Schon früh haben wir begriffen, dass Ehrlichkeit in Familie und Schule zwar hohes Ansehen genoss, doch wenn wir die Wahrheit sagten, wurden wir meist bestraft. »Ehrlich währt am längsten!« und »Lügen haben kurze Beine!« Wie oft wurden diese Sprichwörter zitiert! Nur – keiner hielt sich daran. Es schien ganz in Ordnung zu sein, wenn der Vater der Tante Komplimente machte, ihr nach dem Mund redete, doch kaum war sie aus der Tür, sprach er abfällig über sie. Da schwindelten die Eltern, Nachbarn und Verwandten, die Kinder aber sollten alles offen und ehrlich beichten.

»Ich will nicht« gab es in meiner Familie einfach nicht. Dieser Satz wurde als Äußerung von Trotz betrachtet, den es zu brechen galt. Widerstand und Ungehorsam wurden hart bestraft. So wurden wir Kinder recht erfinderisch, wenn es darum ging, zu lügen und gute Ausreden zu erfinden. Mit Unehrlichkeit und kleinen Schwindeleien ging man einfach unbeschwerter durchs Leben.

Ich möchte die Frage der Notlüge nicht moralisch betrachten. Mit Sicherheit gibt es Situationen, in denen es gerechtfertigt ist, zu schwindeln. Doch Lügen aus Feigheit und Bequemlichkeit können zur Gewohnheit werden, und notorisches Lügen hat Folgen: Sie verstricken sich dabei immer mehr in ein Gewebe von Halbwahrheiten, die irgendwann von Ihnen Besitz ergreifen und Ihr Leben lauwarm machen.

Es besteht ein gewaltiger Unterschied, ob Sie sagen »Ich kann nicht« oder »Ich will nicht«. Probieren Sie es aus. Sagen Sie jetzt ein paar Mal laut und deutlich: »Ich kann dir nicht helfen.« Und dann: »Ich will dir nicht helfen.« Spüren Sie den Unterschied? »Ich kann nicht« bedeutet: Ich würde ja gern. Aber leider geht es aus irgendwelchen Gründen nicht. Damit bringen Sie sich in eine schwache Position. Sie machen sich klein und bitten den anderen um Verständnis für Ihr Unvermögen, ähnlich einem Tier, das in die Demutshaltung geht, damit ihm der Rivale nichts antut. Sie sind abhängig von der Meinung Ihres Gegenübers. Wahrscheinlich wird er sich seinen Teil nur denken, seine Zweifel, die Wut oder Enttäuschung für sich behalten. Ihr Nicht-Können macht Sie unangreifbar und Sie werden kaum offen kritisiert werden.

»Ich will nicht« bringt Sie in Ihre Kraft. Sie haben sich entschieden, etwas nicht zu tun, und übernehmen Verantwortung für Ihre Entscheidung, auch wenn dies negative Konsequenzen für Sie bedeutet. Doch damit werden Sie für andere Menschen eindeutig. Sie wissen, woran sie bei Ihnen sind und können sich auf Sie und Ihren klaren Standpunkt verlassen. Ihr Ja ist ein wirkliches Ja, Ihr Nein ein authentisches Nein.

»Ich kann nicht« heißt in den allermeisten Fällen »Ich will nicht«, auch wenn wir uns selbst etwas anderes glauben machen wollen. Natürlich könnten Sie, wenn Sie wirklich wollten. Doch etwas anderes ist Ihnen wichtiger. Wenn Sie Ihrem Partner, Chef oder Freunden Ihren Willen kundtun, riskieren Sie, ihn oder sie zu enttäuschen oder wütend zu machen, und wer will das schon? Vielleicht zieht er sich von Ihnen zurück, und Sie haben Angst, seine Gunst zu verlieren. Da ist es doch besser, sich aus der Affäre zu ziehen, sich als Opfer widriger Umstände hinzustellen und gleichzeitig seine guten Absichten kundzutun.

Ein offenes »Nein, ich will nicht« holt uns heraus aus dem Schonraum kindlichen Verhaltens und lässt uns erwachsen werden. Es erfordert Mut und die Fähigkeit zur Auseinandersetzung. Wir müssen uns entscheiden, ob wir weiterhin Papas brave Tochter sein wollen oder eine mündige Frau, die bereit ist, Eigenverantwortung zu übernehmen und die Konsequenzen für ihr Verhalten zu tragen. Diese sind nicht immer angenehm. Wir müssen mit Ablehnung rechnen. Als Kinder war Zurückweisung eine Katastrophe für uns. Doch heute, als erwachsene Menschen, können wir auch überleben, wenn uns nicht jedermann wohlgesonnen ist.

Manipulation

Wenn Frauen verwehrt wird, ihre Wünsche und Bedürfnisse offen auszusprechen und ihre Ziele auf direktem Weg anzusteuern, müssen sie auf indirekte Methoden und manipulative Strategien zurückgreifen. Meist haben sie von ihren Müttern gelernt, wie man Männer »um den Finger wickelt« und die wahren Gefühle verbirgt. Nicht selten tauschen Freundinnen schmunzelnd Tricks aus, wie frau sich aus der Affäre ziehen kann, ohne eine Angriffsfläche zu bieten.

Immer wieder begegnen mir in Frauenzeitschriften Artikel, in denen Frauen subtiles Taktieren schmackhaft gemacht wird, statt offene Auseinandersetzungen zu führen. Warum sich mit einem Mann herumschlagen, wenn es einfachere Möglichkeiten gibt, die viel mehr Spaß machen? Männer sind ja so leicht zu durchschauen und manchmal einfach dumm! Gib ihnen das Gefühl der Überlegenheit und Kontrolle, lass sie den großen Ritter spielen, und schon tanzen sie nach deiner Pfeife! So der häufige Tenor von Frauenmagazinen.

Offene, klare Worte können Widerstand kreieren. Dieser Widerstand ist Ihnen unangenehm. Sie ziehen es vor, manipulativ vorzugehen und dem anderen auf subtile Art und Weise Schuldgefühle zu vermitteln. Wichtig ist die richtige Dosierung. So eignen sich Schwächeanfälle, Krankheit, Rückzugsmanöver oder eine Leidensmiene bestens dazu, um den anderen dorthin zu bringen, wo frau ihn haben will. Auch mit der eigenen Opferbereitschaft kann frau ihr Gegenüber wunderbar unter Druck setzen. Schließlich ist der andere selbstsüchtig, wenn er nicht die gleichen Opfer bringt wie ich.

Helga passt es überhaupt nicht, dass Otto, ihr Mann, am bevorstehenden Wochenende mit seinen Freunden zum Skifahren gehen möchte, während sie mit zwei kleinen Kindern zu Hause sitzt und darüber hinaus noch die Schwiegermutter am Hals hat. Doch nie im Leben würde sie ihm offen und ehrlich sagen, dass sie mit seinem Ausflug nicht einverstanden ist. Schließlich ist sie eine tolerante und moderne Ehefrau, die ihren Mann nicht einsperren will. Und wie peinlich wäre es, würden seine Freunde denken, sie sei kleinlich und eifersüchtig. Helga greift auf eine andere Strategie zurück.

Schon Tage vor dem geplanten Wochenende stöhnt sie über die viele Arbeit, klagt über Nackenschmerzen, erzählt ihrem Mann, wie schwierig die Kinder im Moment sind, und demonstriert gleichzeitig, wieviel es im Haushalt zu tun gibt, indem sie unermüdlich bis in die späte Nacht hinein putzt, wäscht und bügelt, natürlich direkt vor seiner Nase. Als sie schließlich am Donnerstag todmüde ins gemeinsame Ehebett fällt, fühlt sich Otto schuldig. Wie kann er nur ruhigen Gewissens mit seinen Freunden Spaß haben, während sich seine Frau unermüdlich für die Familie abrackert, obwohl sie sich nicht wohl fühlt? Er fragt Helga: »Ist es dir lieber, wenn ich zu Hause bleibe?« Helga antwortet mit gequälter Stimme: »Aber nein, Otto. Geh nur. Irgendwie werde ich es schon schaffen.« Dann sieht er, wie seiner Frau Tränen in die Augen schießen. Sie wendet sich rasch ab, zieht die Decke über den Kopf und schnieft leise ins Taschentuch.

Helga hat ihr Ziel erreicht. Sie spielt die Märtyrerin, die sich für ihren Mann aufopfert. Otto verzichtet auf das Ski-Wochenende und bleibt zu Hause. Doch sie hat nun einen mürrischen Mann an ihrer Seite, der seine Frau spüren lässt, dass er ihr die manipulativen Tricks übel nimmt. Etwas in ihm wehrt sich gegen die subtilen Schuldzuweisungen, und Helga fühlt seine unterschwellige Wut. Otto zieht sich an den Computer zurück, so dass Helga letztendlich doch mit sich allein ist.

Schuldgefühle machen Menschen leicht zu Opfern von Manipulation. Dabei agieren wir oft gar nicht in böser Absicht, sondern unbewusst. Wir bedienen uns gängiger Sprachmittel, zum Beispiel der Warum-Frage, um ein klares Nein zu vermeiden.

Warum kommst du so spät?	Ich will nicht, dass du unpünktlich bist!
Warum willst du immer nur Sex?	Es ist mir zu viel, wenn du mich sexuell so bedrängst.
Warum wirfst du deine Socken einfach auf den Boden?	Ich möchte nicht, dass du so unordentlich bist!

Die Warum-Frage enthält häufig versteckte Beschuldigungen. Sie entziehen sich durch diese Frage der Verantwortung einer klaren Stellungnahme. Die Warum-Frage ist eine Pseudofrage, denn die Antwort ist bereits bekannt. Sie wollen Ihr Gegenüber lediglich in die Enge treiben und Ihr wirkliches Anliegen verschleiern. Sie stellen sich als Richterin über ihn und wollen, dass er sich eine Blöße gibt.

Gisela hat sich eine völlig andere Manipulationstechnik zugelegt. Horst, ihr Partner, hat gemeinsame Freunde zum Essen eingeladen. Da er gern und gut kocht, hat er alle Zutaten für ein französisches Menü besorgt und bittet nun Gisela um Mithilfe bei den Vorbereitungen. Doch Gisela will viel lieber ihre Lieblingsserie im Fernsehen sehen. In ihrer zuckersüßesten Kleinmädchenstimme sagt sie zu Horst: »Ach Schatz, du machst das doch immer so toll. Du weißt, dass ich beim Kochen zwei linke Hände habe. Wahrscheinlich würde ich dir nur im Weg herumstehen. Und außerdem: Viele Köche verderben den Brei!« Dabei haucht sie ihm einen Kuss auf die Wange und entschwebt ins Wohnzimmer.

Horst fühlt sich geschmeichelt. Giselas Komplimente sind Balsam für sein angeknackstes Selbstwertgefühl. Diese Tatsache nutzt Gisela schamlos aus. Normalerweise spart sie mit Liebesbekundungen. Doch zum richtigen Zeitpunkt das richtige Kompliment – warum nicht?

Mit Lob und Komplimenten kann man andere Menschen wunderbar manipulieren. Jemand sagt mir etwas Nettes, da kann ich doch nicht im gleichen Atemzug etwas fordern oder verweigern! Eine kleine Gefälligkeit bringt mich schließlich nicht um! Ich fühle mich verpflichtet, etwas zurückzugeben, schließlich ist der andere so nett zu mir.

Manipulation ist der bewusste oder unbewusste Einsatz von indirekten und unehrlichen Mitteln, um zu erreichen, was ich möchte. Manipulation ist irreführend, denn sie versucht eine andere Person zu etwas zu bewegen, was sie vielleicht gar nicht möchte, ohne dass ich mich dabei offenbaren muss. Fast alles eignet sich zur Manipulation, es muss nur geschickt genug getarnt werden. Am deutlichsten geschieht dies in der Werbung. Da verkauft die Zigarette das Gefühl, Teil der »großen, weiten Welt« zu sein. Das Waschmittel verkauft die Hoffnung, vom Ehemann mehr geliebt zu werden. Der Kaffee suggeriert, im Mittelpunkt zu stehen. Und der Haushaltsreiniger macht uns Schuldgefühle, wenn auf unserem Küchenboden nach dem Putzen immer noch Streifen sind. Bei der Manipulation werden nur die Bedürfnisse des Manipulierenden befriedigt. Die Bedürfnisse des Manipulierten sind uninteressant. Doch im Alltag fühlen sich die Opfer von Manipulation hinterher zu Recht betrogen und wollen sich auf irgendeine Art und Weise am Manipulator rächen. Jede Form von negativer Energie kommt zu uns zurück.

Es ist wichtig, dass wir uns die eigenen manipulativen Strategien bewusst machen, so dass unsere Kommunikation direkter und aufrichtiger wird.

Passiver Widerstand: Gleichgültigkeit

Wird die Kriegerin in uns verletzt, so greift sie häufig auf passiven Widerstand zurück. Brave Mädchen sind auch heute noch meist beliebter als böse, aufmüpfige, eigenwillige Gören, die laut ihren Unmut kundtun. Passiver Widerstand ist immer ein verstecktes Nein. Wie trotzige, kleine Kinder ziehen wir uns beleidigt zurück, wenn wir glauben, nicht offen rebellieren oder Wünsche äußern zu können. Soll der andere doch schmoren! Er wird schon sehen, wie es ihm ohne mich geht!

Eine der destruktivsten Formen passiven Widerstands ist die Gleichgültigkeit. Halten wir sie über einen längeren Zeitraum hinweg aufrecht, so vergiften wir damit jede Beziehung. Statt unsere Interesselosigkeit, unser Nein, offen darzulegen, ziehen wir uns mehr und mehr zurück und lassen den anderen an unserer Stelle agieren. Gleichgültigkeit kann verrückt machen. Natürlich spürt unser Gegenüber, dass irgendetwas nicht stimmt, aber er oder sie hat keinen konkreten Anhaltspunkt. Schließlich begehren wir nicht offen auf, verweigern uns nicht eindeutig oder äußern unseren Unmut laut.

Anja trägt sich seit einiger Zeit mit dem Gedanken, ihre Beziehung mit Günther zu beenden. Ihre anfänglichen Gefühle sind abgeflaut. Sie empfindet nicht mehr das für ihn, was ihrer Meinung nach für eine tragende Beziehung oder gar zukünftige Ehe wichtig wäre. Doch anstatt mit Günther offen darüber zu sprechen, was in ihr vorgeht, flüchtet sie in die Gleichgültigkeit. Wenn Günther am Abend von seinem Arbeitstag erzählt, antwortet sie einsilbig und sucht sich schnell eine andere Beschäftigung. Sie lässt ihn reden und reden, doch sie hört ihm nicht wirklich zu.

Anja empfindet den Beziehungsalltag als öde und langweilig. Doch während Günther immer nervöser wird und sich mehr und mehr ins Zeug legt, lehnt sich Anja zurück und verhält sich immer passiver. Missmutig geht sie auf seine Vorschläge zur gemeinsamen Freizeitgestaltung ein und lässt den Sex mit ihm über sich ergehen. Irgendwann muss er doch merken, was los ist!

Anja lässt Günther emotional am ausgestreckten Arm verhungern. Sie gibt ihm gerade so viel, dass er ihr keine Vorwürfe machen kann. Günther soll die Schritte tun, die Anja sich zu unternehmen weigert. Ihr »Jein« lässt ihn stets im unklaren über ihre Wünsche und Ziele. Alles ist okay: Wenn er da ist, prima, wenn nicht, auch in Ordnung. Will er im Urlaub in die Karibik, wunderbar, zieht es ihn eher nach Oberbayern, auch recht. Wenn er über ihrer Gleichgültigkeit nach einiger Zeit den Verstand verliert, drängelt und nörgelt, phantastisch. Denn spätestens jetzt hat sie die Bestätigung, dass man mit einem solchen Mann einfach nicht auskommen kann. Er braucht eben eine Mama, die ihn ständig bemuttert und bewundert! Die Beziehung schleppt sich dahin, schleichende Enttäuschung breitet sich immer mehr aus. Doch mit einer gleichgültigen Haltung lässt sich die Langeweile besser aushalten.

Wie Anja leisten viele Frauen passiven Widerstand. Sie delegieren die »not-wendigen« Schritte, das heißt die Schritte, die ihre Not wenden würden, an ihre Partner, Chefs und andere. Sie spielen die Dringlichkeit einer eigenen Entscheidung vor sich selbst und anderen herunter und schützen ihre Verletzlichkeit und Bedürftigkeit, indem sie die passive und gleichgültige Rolle einnehmen. »Das ist mir doch egal! Es gibt Schlimmeres!« sind typische Aussagen solcher Frauen. Mitunter verharren sie jahrzehntelang in unbefriedigenden Situationen, nur weil sie sich vor Abgrenzung drücken und eine weiße Weste bewahren wollen.

Gleichgültigkeit ist Gift für jede Beziehung. Alles, was uns gelingen und zufriedenstellen soll, braucht unser Engagement. Gibt es Konflikte, so nützt es nichts, die Augen zu schließen, sich tot zu stellen und darauf zu warten, dass der andere die Initiative ergreift. Je schneller die Probleme auf den Tisch gebracht werden, desto schneller lassen sie sich auch lösen.

Rückzug und Flucht

Rückzug und Flucht sind eher männliche Formen passiven Widerstands. Es ist ein gängiges Beziehungsmuster zwischen Mann und Frau, dass sie ihn »verfolgt«, sei es mit Fürsorge oder Vorwürfen, und er in den Rückzug geht, weil er nicht Manns genug ist, sich *im* Kontakt abzugrenzen. In vielen Frauenbüchern finden sich Hinweise, wie Frauen mit zurückgezogenen Männern umgehen und sie aus der Reserve locken können. Doch plumpe Tricks wie sich einzuschmeicheln bis hin zu eine Riesenszene zu machen sind sinnlos. Das große Zauberwort heißt Loslassen und eigene Interessen Entwickeln.

Doch es gibt auch Frauen, die Rückzug und Flucht als die Form gewählt haben, ihren Abgrenzungswünschen Ausdruck zu verleihen. Wenn ich nicht in der Lage bin, gesunde Grenzen zu setzen, muss ich ständig auf der Hut sein, dass mir niemand zu nahe kommt. Ich habe Angst, mich zu öffnen, weil ich weiß, dass ich mich im nahen Kontakt verliere. So muss ich andere Menschen auf Distanz halten und eine dicke Mauer um mich bauen.

Nun gehört zur traditionellen Rolle der Frau jedoch Offenheit, Empfänglichkeit und Hingabefähigkeit. Frauen fühlen sich hin und her gerissen zwischen Anspruch und Wirklichkeit. Sie glauben häufig, sie hätten kein Recht auf Grenzen, und meinen, dass Liebe und Hingabe mit Grenzenlosigkeit gleichzusetzen seien. Halte ich die Türen meines Hauses jedoch ständig offen, so darf ich mich nicht wundern, wenn jedermann hereinstürmt, ohne vorher anzuklopfen. Nicht selten habe ich in meiner Praxis Frauen, die sich zunächst sehr offen und zugewandt geben, dadurch schnell mit Männern in Kontakt kommen, sich jedoch auch rasch wieder verschließen und die Flucht ergreifen. Sie erlauben anderen Menschen allzu schnell, die Schwelle ihres Hauses zu überschreiten. Als einzige Schutzmöglichkeit bleibt in einer solchen Situation nur der Rückzug.

Kordula lebt stark ihre Aphrodite, den Aspekt der Liebenden. Sie ist sehr attraktiv, und die Männer laufen ihr scharenweise hinterher. Betritt sie ein Lokal, so zieht sie alle Blicke auf sich. Kordula behauptet von sich, sie verliebe sich schnell. Es sei wie ein Rausch, der jedoch ganz plötzlich wieder vorüber sei. Meist landet sie bereits am ersten Abend mit den Männern, die sie neu kennenlernt, im Bett. Doch der Morgen danach ist in der Regel ein Alptraum. Der Traumprinz der Liebesnacht entpuppt sich als hässlicher Frosch, den sie nicht mehr küssen will. Während die Männer Feuer und Flamme sind und Kordula den Hof machen, zieht sie sich abrupt wieder zurück, läßt sich am Telefon verleugnen, meidet jeglichen Kontakt und geht erneut auf Männerfang, nach dem Motto: Beim nächsten Mann wird hoffentlich alles anders!

Kordula versteht nicht, warum ihre Gefühle so schnell wieder abkühlen. Dachte sie am Vorabend noch, sie hätte endlich den

Mann ihres Lebens getroffen, so hat sie am nächsten Morgen nur noch eines im Kopf: Wie werde ich ihn wieder los? Offensichtlich kennt sie ihre eigenen körperlichen und emotionalen Grenzen nicht. Bei genauerem Nachfragen stellt sich heraus, dass sie eigentlich keine One-night-stands, sondern eine feste Beziehung möchte. Doch um den Mann an sich zu binden und sich die Bestätigung zu holen, sie sei eine begehrenswerte Frau, zeigt sie sich von ihrer »besten« Seite. Sie ist völlig offen, erzählt nach wenigen Stunden die intimsten Dinge und hat Sex mit ihm, bevor sie überhaupt geprüft hat, ob dieser Mann für eine Partnerschaft infrage kommt. Sie schwankt hin und her zwischen Phasen extremer Nähe und Phasen des Rückzugs, was ihr Leben sehr anstrengend macht.

Constanze hat eher ihre mütterliche Seite entwickelt. Als sie eine neue Stelle als Sekretärin antritt, kann sie ihre mütterlichen Qualitäten wie Zuverlässigkeit und Belastbarkeit unter Beweis stellen. Natürlich will sie in der Probezeit bei ihrem Chef einen guten Eindruck hinterlassen. Deshalb übernimmt sie bereitwillig alle Arbeiten, die er ihr auf den Schreibtisch legt, auch wenn dies bedeutet, dass sie Überstunden machen muss. Innerhalb kurzer Zeit fühlt sie sich völlig überlastet, doch nun fällt es ihr schwer, ihren mühsam erworbenen Ruf als zuverlässige und belastbare Arbeitskraft zu gefährden. Keiner merkt, was in ihr vorgeht, denn nach außen hin macht sie einen durchaus zufriedenen Eindruck. Um so überraschter ist ihr Chef, als sie nach drei Monaten ihre Kündigung einreicht.

Constanze hat nie gelernt, ihre Grenzen wahrzunehmen und zu verteidigen. Stattdessen richtet sie ihre gesamte Aufmerksamkeit auf die Wünsche und Bedürfnisse anderer Menschen. Bereits in frühester Kindheit hat sie die Rolle der guten Mutter übernommen, um Zuwendung und Anerkennung zu erhalten. Doch das ist ihr nicht bewusst. Sie projiziert ihre Schwierigkeiten nach außen, schimpft über den rücksichtslosen Chef, anstatt zu erkennen, dass sie lernen muss, sich besser zu behaupten. Wenn sie schließlich völlig erschöpft und ausgebrannt ist und keinen Ausweg mehr weiß, kündigt sie, in der Hoffnung, bei der nächsten Arbeitsstelle auf rücksichtsvollere Mitarbeiter zu stoßen. Doch diese Hoffnung ist trügerisch.

Wenn wir uns im Kontakt mit anderen Menschen immer mehr zurückziehen, müssen wir uns fragen, was wir auszusprechen versäumt haben. Ich plädiere nicht für Offenheit zu jeder Tages- und Nachtzeit. Selbstverständlich braucht jeder Mensch Zeit für sich allein. Es ist auch wichtig, den richtigen Zeitpunkt abzuwarten, um einem anderen Menschen mitzuteilen, was uns auf dem Herzen liegt. Doch nur allzu gern verpassen wir den richtigen Moment für konstruktive Auseinandersetzung, verschieben auf später, was jetzt zu sagen wäre, und wundern uns, warum wir einander immer fremder werden. So hat der andere keine Chance, etwas zu verändern. Wenn der Maulwurfshügel erst einmal zur Zugspitze geworden ist, sehen wir keinen anderen Ausweg mehr als den Rückzug.

Wir alle brauchen Phasen des Rückzugs, um aufzutanken und Dinge zu verarbeiten. Die Auseinandersetzung mit uns selbst, ohne äußere Einflüsse, ist wichtig, damit wir uns darüber klar werden, was wir wollen und brauchen. Doch häufig dient Rückzug der Flucht vor Konflikten. Wir wollen uns dem, was im Außen auf Lösung wartet, nicht stellen.

Die Rückzugstaktik kann zweierlei bedeuten: Entweder brauche ich mehr Raum, oder ich will mehr Nähe. Rückzug ist nicht selten eine Bestrafungsaktion, eine stille Methode, Macht und Kontrolle auszuüben. Wir verunsichern einen anderen Menschen, indem wir den Kontakt unterbrechen, uns hinter der Zeitung, der Arbeit, hinter dem Fernseher oder den Kindern verkriechen. Plausible Gründe für unseren Rückzug gibt es zur Genüge. Doch dabei machen wir dem anderen heimlich, still und leise Schuldgefühle und lassen ihn auflaufen, wenn er nachfragt, was mit uns los ist. Die Erfüllung des Wunsches nach Nähe, der vielleicht der Auslöser unseres Rückzugs war, wird an die andere Person delegiert, denn je mehr wir zurückweichen, desto heftiger werden die Anstrengungen des anderen werden, uns aus der Reserve zu locken. Unbewusst kann die Botschaft also lauten: »Ich lasse dich allein, damit du mich nicht allein lassen kannst!«

Heimliche Sabotage

Unser Unterbewusstsein kann äußerst erfinderisch sein, wenn es darum geht, Wege der Abgrenzung zu finden. Sind wir aufgrund von gesellschaftlichen oder familiären Konditionierungen der Meinung, wir müssten uns anpassen und zu allem Ja und Amen sagen, so wird sich das Unterbewusstsein versteckte Kanäle suchen, um dem Nein Ausdruck zu verleihen. Dieser Prozess ist so subtil, dass er der betreffenden Person meist nicht bewusst ist.

So wundert sich Viola, dass es ihr nie gelingt, pünktlich ihre Rechnungen zu bezahlen oder ihre Steuerangelegenheiten zu erledigen. Während persönliche Post sofort geöffnet wird, liegen geschäftliche Briefe manchmal wochenlang ungeöffnet auf dem Schreibtisch. Arztrechnungen, Strafzettel und Briefe vom Finanzamt sind Viola ein Greuel. Sie will damit nichts zu tun haben, obwohl ihre Nachlässigkeit immer wieder Schwierigkeiten zur Folge hat.

Alexandra ist eigentlich ein recht zuverlässiger Mensch. Doch wenn sie mit ihrer Mutter verabredet ist, kommt sie grundsätzlich bis zu einer Stunde zu spät, was ihr bei anderen Menschen nie passiert. Obwohl sie meist eine gute Ausrede parat hat, reagiert die Mutter verständlicherweise unwirsch, denn sie fühlt sich von Alexandra nicht respektiert. »Für alles andere hast du Zeit, nur nicht für mich!« wirft sie ihrer Tochter vor. Für Alexandra ist dies ein Anlass mehr, sich noch mehr zurückzuziehen.

Alexandra wird in einer Beratungssitzung klar, was hinter ihrer Unpünktlichkeit steckt. Alte Konflikte schwelen zwischen Mutter und Tochter, die der Klärung bedürfen. Doch Alexandra weicht aus. »Meine Mutter ist eine alte Frau. Die ändert sich nicht mehr. Warum soll ich ihr denn jetzt noch Vorwürfe machen? Sie versteht mich doch gar nicht«, meint sie. Sie schwankt zwischen Schuldgefühlen und Verweigerung hin und her. Von Kindesbeinen an fühlt sie sich von der psychisch labilen Mutter vereinnahmt und sieht es als ihre Pflicht an, sich im Übermaß um sie zu kümmern. Mutter und Tochter haben die Rollen getauscht. Eigentlich ist Alexandra die Mutter und die Mutter ist das Kind. Als Alexandra in der Therapie mehr und mehr lernt, sich ohne Schuldgefühle von der Mutter abzugrenzen und ihr eigenes Leben zu leben, kann sie auf einmal pünktlich zu den Verabredungen erscheinen.

Hinter Unpünktlichkeit versteckt sich oft ein Nein. Jemanden warten zu lassen, ihn zappeln zu sehen, kann ein heimlicher Sabotageakt sein. Ich zahle ihm oder ihr in versteckter Form etwas zurück. Dabei ist es auch möglich, dass die Verweigerung, die eigentlich jemand anderem, zum Beispiel dem Vater oder anderen Autoritätspersonen gilt, auf den Partner übertragen wird. Er muss stellvertretend büßen, was mir mein Vater oder andere Männer angetan haben!

Auch Hilde hat unbewusst ein probates Mittel gefunden, sich ihrem Mann zu verweigern. Bertram ist ein sehr korrekter Mann, der perfektionistische Ansprüche an seine Frau stellt. Doch Hilde sieht sich nicht in der Lage, mit ihrem Mann offen darüber zu reden, dass sie nicht bereit ist, sich seinem Perfektionismus zu beugen. So vergisst sie einfach Dinge, die er ihr aufträgt, sei es, dass sie sein Hemd zur Reinigung bringen oder einen Termin beim Zahnarzt für ihn ausmachen soll. »Tut mir leid, Schatz, ich hab's einfach vergessen!« entschuldigt sie sich händeringend. Obwohl Bertram immer wütender wird, häufen sich die Vergesslichkeitsanfälle von Hilde. Sie beginnt an ihrem Gedächtnis zu zweifeln. Sind diese Ausfälle vielleicht ein Zeichen einer beginnenden Alzheimerkrankheit?

Hilde ist sich nicht bewusst, dass ihre Vergesslichkeit und Zerstreutheit Ausdruck eines Widerstands gegen die Ansprüche ihres Mannes sind. Sie ist stets bemüht, ihm alles recht zu machen, doch innerlich hegt sie Groll gegen ihn. Er nimmt sich einfach, was er braucht, ohne mich zu fragen, dieser Egoist! Doch als gute Tochter dürfen solche Gedanken einfach nicht sein. Sie werden schnellstens verbannt und suchen sich den Umweg über die Vergesslichkeit, um Ausdruck zu finden.

Heimliche Sabotageakte sind auf die Dauer unbefriedigend. Das wirkliche Problem bleibt verschleiert. Erst wenn wir erkennen, was hinter Unpünktlichkeit, Vergesslichkeit oder anderen subtilen Methoden steckt, erst wenn uns bewusst wird, wogegen wir rebellieren, kann eine echte Lösung herbeigeführt werden.

Nörgeln

Was gibt es an Männern nicht alles auszusetzen! Sie geben uns immer neuen Stoff für unsere Kritiksucht! Mal ehrlich, ist es nicht manchmal zum Verzweifeln, wenn sie den Geburtstag vergessen, sich die Zähne morgens nicht putzen wollen, denken, ein richtiger Mann sollte nach Schweiß riechen und nicht nach Deodorant oder Parfum, wenn sie ihre Klamotten dort fallen lassen, wo sie gerade stehen oder gehen oder mitten im Lokal nach einem guten Essen laut rülpsen? Könnte frau nicht aus der Haut fahren, wenn Männer selbst am Hochzeitstag nicht auf ihren altvertrauten Freizeitdress, die ausgebeulten Hosen und den Schlabberpulli verzichten wollen?

Was tun, wenn sich Männer in Schweigen hüllen und einfach nicht zuhören, wenn wir sie eines Besseren belehren wollen? Anstatt dankbar zu sein, dass wir sie auf ihre Fehler hinweisen, gehen sie in Abwehrstellung und ziehen sich zurück. Das männliche Ohr scheint anders gebaut zu sein als das weibliche. Wenn Männer sich hinter der Zeitung verkriechen oder Zuflucht vor dem Fernseher suchen, sind sie unansprechbar. Sie hören und sehen nichts mehr. Wen wundert es da, dass manche Frauen zu Dauernörglerinnen werden!

Nörgeln ist eine der größten weiblichen Schwächen. Auch ich litt und leide manchmal heute noch unter dieser Krankheit. Meine Adleraugen erspähen sofort, wenn die Socken nicht zur Hose passen, wenn das Tischtuch Flecken hat und die Frisur zerknautscht ist. »Immer« und »nie« sind meine Lieblingsworte im Kampf für mehr Anerkennung und Nähe. »Immer hat deine Arbeit Vorrang! Nie fällt es dir auf, dass ich ein neues Kleid oder eine andere Frisur habe! Nie kümmerst du dich um meine Belange!«

Wenn ich nicht höllisch aufpasse, habe ich immer etwas auszusetzen. Die Liste der Kritikpunkte kann ins Unendliche fortgesetzt werden. Und natürlich habe ich recht mit dem, was ich dem anderen vorzuwerfen habe! Warum ist er nur so verstockt? Sieht er denn nicht, dass ich es gut mit ihm meine? Recht haben tut ja so gut! Da ich von meinem Partner immer wieder hören musste: »Ich kann es dir einfach nicht recht machen«, und ich mich selbst in dieser Rolle nicht wohl fühlte, habe ich mir über mein altes Nörgelmuster viele Gedanken gemacht.

Quengeln und Nörgeln ist Gift für jede Beziehung. Geht es wirklich um all die kleinen Unzulänglichkeiten, oder passt Ihnen etwas anderes, Wesentlicheres nicht? Und wenn ja, gibt es nicht bessere Möglichkeiten, damit dieses andere Bedürfnis befriedigt wird? Nörgeln schafft Distanz, der andere geht, verständlicherweise, in die Defensive, denn er fühlt sich nicht akzeptiert oder zu Dingen gedrängt, die ihm eventuell unwichtig sind. Ist es das, was Frauen durch ihr Nörgeln erreichen wollen? Möchten Sie vielleicht insgeheim mehr Abstand, brauchen Sie größeren Raum für sich, auch wenn Sie nach dem Gegenteil, nach mehr Nähe schreien? Bei mir zumindest stimmt diese Theorie.

Ich habe mich beobachtet und herausgefunden, wann mein Bedürfnis, an anderen herumzumäkeln, besonders stark ist. Das ist immer dann der Fall, wenn ich gerade sehr verletzlich bin, sei es, weil ich übermüdet bin, mich nicht geachtet fühle oder innerlich unter Spannung stehe. Es gibt Tage, da stören mich all die kleinen Nachlässigkeiten meines Partners überhaupt nicht. Ich fühle mich wohl, sorge gut für mich und kann großzügig über Dinge hinwegsehen. Doch wenn das Kind in mir nicht genährt ist, wenn das Gleichgewicht von Nähe und Distanz, von Ruhe und Aktivität nicht stimmt, bricht das alte Nörgelmuster, das mir meine Mutter perfekt vorgelebt hat, immer wieder durch.

Es ist einfach bequemer, auf das vertraute Nörgeln zurückzugreifen, anstatt konstruktiv Kritik zu üben oder um etwas zu bitten. »Räum gefälligst deine Sachen auf!« kommt einfacher über die Lippen als »Ich fühle mich schrecklich unwohl, wenn Unordnung herrscht. Ich möchte, dass du mehr Verantwortung übernimmst!« Häufig ist es nur der Unterton in der

Stimme, der die Musik macht. Kurz ein wenig Gift versprühen – und schon ist mir etwas wohler, vor allem wenn der andere anfällig für Schuldgefühle ist. Es ist auch leichter, ihm einen Vorwurf zu machen, wie »Nie nimmst du mich in den Arm!«, als die eigene Bedürftigkeit preiszugeben und um etwas zu bitten: »Nimm mich doch bitte mal in den Arm! Ich brauche dich gerade!« – obwohl die zweite Formulierung mit Sicherheit mehr Erfolg hat.

Wenn die eigenen Bedürfnisse durch nörgelnde Kritik am anderen bewältigt werden, so ist auch das manipulativ. Wenn Sie beim nächsten Mal auf der Nörgelschiene landen, halten Sie für einen Moment inne und fragen Sie sich, was Ihr wirkliches Anliegen ist. Wenn Sie das herausfinden und dem in angemessener Form Ausdruck verleihen können, wird Ihr Bedürfnis eher befriedigt werden als mit Nörgeln.

Zynismus: Die spitze Zunge

»Ach, der Herr Gemahl, haben wir mal wieder die Zeit vergessen!« empfängt Marie ihren Mann Hubert mit giftig-süßlichem Lächeln, als er verspätet von der Arbeit nach Hause kommt und zu einer Entschuldigung ansetzen will. Dieser Satz triff Hubert wie ein Peitschenschlag, und er zieht sich wie ein geprügelter Hund ins Badezimmer zurück. Marie triumphiert: Dem habe ich es aber gezeigt!

Eigentlich ist Marie wütend und verletzt. Sie hatte mit Hubert einen genauen Zeitpunkt verabredet, ihm sein Lieblingsessen gekocht, und nun taucht er eine Stunde später auf, ohne Marie telefonisch über seine Verspätung unterrichtet zu haben. Doch Marie würde sich nie im Leben eine Blöße geben! Ihre Wut oder gar ihre Verletzlichkeit zu zeigen, würde ihrer Meinung nach Hubert nur eine Angriffsfläche bieten. Büßen soll er! Noch deutlich hat sie die Hilflosigkeit ihrer Mutter vor Augen, die immer zu weinen anfing, um sich vor den Übergriffen des Vaters zu schützen. Marie schlug sich auf die Seite des Vaters. Es schien sich einfach mehr auszuzahlen, wenn sie sich die Kämpfernatur des Vaters aneignete. Doch da sie eine Frau ist, muss sie natürlich mit anderen, versteckteren Waffen kämpfen.

Maries spitze Zunge ist im ganzen Freundeskreis gefürchtet. Nur selten vertraut ihr jemand seine Ängste und Schwächen an, muss er doch damit rechnen, von Marie attackiert zu werden. Wirkliche Nähe kommt nicht auf. Marie bewegt sich auf sicherem Boden. Sie hält ihre Mitmenschen mit ihrem Zynismus auf Abstand. Selbst ihre beste Freundin hat sich zurückgezogen, seit sie gnadenlos Maries Verachtung zu spüren bekam. Doch Marie leidet zunehmend selbst unter ihrem eigenen Schutzpanzer und kann nicht verstehen, warum ihr die Freundin immer mehr aus dem Weg geht. Sie kennt ihre eigene Verletzlichkeit nicht und wundert sich, warum eine »harmlose Bemerkung« jemand anderen so treffen kann. »Mein Gott, ist die empfindlich! Sie kann die Wahrheit einfach nicht ertragen«, rechtfertigt sie ihren Sarkasmus. Sicher, die Wahrheit ist nicht immer leicht zu verkraften, am allerwenigsten, wenn sie den Beigeschmack von Zynismus hat.

Obwohl Marie ein recht forsches Auftreten hat, fällt es ihr in ihrem Innersten schwer, sich offen und ehrlich abzugrenzen. Wenn die Liebende in ihr verletzt wird, packt sie ihr Nein in giftige Bemerkungen. Statt Hubert zu sagen: »Ich möchte, dass du mich achtest und mir Bescheid sagst, wenn du später nach Hause kommst«, schwingt sie ihre sarkastische Peitsche und macht sich unangreifbar. Doch der Preis, den sie für ihre »starke« Position bezahlt, ist hoch.

Ich liebe schwarzen Humor, auf der Bühne, im Fernsehen und in Witzen. Doch im zwischenmenschlichen Bereich hat er wenig zu suchen: Dort geht er schnell auf Kosten anderer. Viele Menschen können sich gegen Zynismus nicht wehren. Diese Art von »Humor« ist ihnen fremd. Der Giftpfeil sitzt und hat sie tief verletzt. Sie distanzieren sich, auch wenn ihnen vielleicht gar nicht bewusst ist, warum sie dies tun. Zurück bleibt die Zynikerin, allein. Ihre Verbitterung wächst und damit wiederum der Zynismus. Sie ist in einem Teufelskreis gefangen.

Fühlen Frauen sich ohnmächtig, so stirbt die Königin in ihnen. Glauben sie, sich gegen Übergriffe nicht wehren zu können, so bleibt neben den kleinen Sabotageakten letzlich nur noch eine Möglichkeit des gerechten Ausgleichs: die Rache. Je stärker die Ohnmachtsgefühle, desto größer sind auch die Rachegelüste.

Rache kann vielerlei Gesichter haben, und Frauen sind dabei besonders erfinderisch, schließlich mussten sie jahrtausendelang aufgrund ihrer existenziellen Abhängigkeit vom Mann ihre ohnmächtige Wut hinunterschlucken, wenn ihnen Unrecht widerfuhr. So lässt sich auch der Erfolg des amerikanischen Films »Der Club der Teufelinnen« erklären. Frauen klatschen auch heutzutage noch begeistert, wenn ihre Geschlechtsgenossinnen im Film den Spieß umdrehen, das Zepter selbst in die Hand nehmen und sich an ihren Ex-Ehemännern rächen. »Ich habe ihm die besten Jahre meines Lebens geopfert!« schluchzt die von ihrem Mann wegen einer Jüngeren verlassene Goldie Hawn im Film. »Das soll er mir büßen!« Sie droht, ihm die Steuerfahndung auf den Hals zu hetzen.

Frauen sind äußerst kreativ im Aushecken von Racheplänen. Sie schikanieren den Partner, der sie verlassen hat, mit Überraschungsbesuchen zu jeder Tages- und Nachtzeit und verwandeln das Telefon seiner neuen Freundin in ein unaufhörlich klingelndes Folterinstrument. Sie verbreiten üble Halbwahrheiten und hässliche Gerüchte über den Eheflüchtigen, wobei sie keine Scheu haben, unter die Gürtellinie zu gehen. Sie sägen am Stuhl eines Vorgesetzten oder sabotieren die Karriere einer Kollegin mit einem Lächeln auf den Lippen.

Besonders übel ist es, bei einer Scheidung die Rachegelüste über die Kinder auszuleben. So hetzen »verlassene« Frauen (natürlich sind sie völlig unschuldig!) ihre Kinder gegen den Vater auf, stellen ihn als Versager oder gefühlloses Monster hin, das rücksichtslos seiner Wege geht und die Familie ins Unglück stürzt. Die Kinder, hin- und hergerissen zwischen der Liebe zum Vater und zur Mutter, erklären sich schließlich mit der Mutter solidarisch und wenden sich vom Vater ab. Sie werden zu Schachfiguren im rachsüchtigen Spiel.

Wenn selbst das nicht die gewünschte Wirkung zeigt, so muss frau eben zu härteren Mitteln greifen. Eine Selbstmorddrohung ist die Lösung, am besten kombiniert mit dem entsprechenden Abschiedsbrief, in dem der Hinterbliebene kräftig mit Schuldgefühlen beladen wird! Stellen Sie sich vor, wie er gramgebeugt und schuldgebeutelt an Ihrem Grab steht, unter den vorwurfsvollen Blicken der Freunde und Verwandten geduckt zum Auto schleicht und rasch nach Hause fährt, um dort, hinter verschlossenen Türen, alles bitter bereuend, sich seinem Kummer hinzugeben! Allein der Gedanke daran erfüllt Sie mit Ruhe und Heiterkeit.

Doch nicht jede Frau greift gleich zum Giftbecher oder Voodoo-Zauber. Rachegelüste sind nicht nur bei zerstochenen Autoreifen, Mord und Totschlag im Spiel. Auch kleine, alltägliche Begebenheiten können uns zu finsteren Gedanken animieren. Rache ist meist mit Drohungen verbunden. Sehr wirkungsvoll ist es, die Drohung erst gar nicht offen auszusprechen, sondern die Augen zu schmalen Schlitzen zu verengen, die Lippen aufeinander zu pressen und dabei im stillen Kämmerchen zu schwören: »Das werde ich mir merken! Das zahle ich dir heim!« Es ist wirklich genial, wenn der Partner keine Ahnung hat, warum er bestraft wird. Das verunsichert! Eine Warnung an dieser Stelle: Gehen Sie um Himmels willen nicht zu plump vor, etwa so: »Wenn du nicht damit aufhörst, deine gesamte Freizeit mit deinen Freunden zu verbringen, wasche ich deine Wäsche nicht mehr!« Das wird im Normalfall wenig Wirkung zeigen.

Taktisch klüger scheint es, Männer an ihrer empfindlichsten Stelle zu treffen: Liebesentzug heißt das Zauberwort. Während Sie ihm früher jeden Wunsch von den Lippen abgelesen haben, müssen Sie sich nun Schritt für Schritt zurückziehen und Ihrer eigenen Wege gehen. Winden Sie sich aus seinen Umarmungen, drehen Sie sich im Bett schleunigst auf die andere Seite, bevor er auf dumme Ideen kommt, behalten Sie Ihre Gedanken für sich, lassen Sie ihn auf keinen Fall mehr teilhaben an Ihrem Innenleben! Wenn er Sie fragen sollte, was denn mit Ihnen los ist, trösten Sie ihn mit einem kleinen Kuss und verwirren Sie ihn noch mehr, indem Sie ihm sagen, das würde er sich nur einbilden, alles sei in Ordnung. Lassen Sie sich auf keinen Fall mehr von ihm verführen! Sexuelle Verweigerung ist Ihre stärkste Waffe im Kampf gegen ihn.

Tatsächlich empfehlen manche Frauenzeitschriften ihren Leserinnen dieses »Rühr-mich-nicht-an-Spiel«, um einen ambivalenten Mann einzufangen und zur Besinnung zu bringen. Welch anstrengende Komödie! Rachephantasien können zwar positive Auswirkungen haben: Sie beflügeln, machen lebendig, wach und geben Ihnen neue Energie, sie können zu Höchstleistungen anspornen und so eine Frau in seltenen Fällen aus der Ohnmacht- auf die Machtseite katapultieren, indem sie beispielsweise versucht, die gehasste Person zu übertrumpfen.

Doch in den meisten Fällen funktionieren solche Spiele nicht, denn wieder einmal kommunizieren wir von Schutzpanzer zu Schutzpanzer, von Machtseite zu Machtseite. Zwar können wir einen Mann durch subtile oder offensive Racheakte verletzen, doch er wird uns dies kaum zeigen, wenn wir wie ein Racheengel vor ihm stehen. Beziehungen funktionieren nur, wenn beide Parnter mit ihrer verletzlichen Seite in Kontakt sind, diese auch zeigen und angemessen schützen können. Rache, Nörgeln, Flucht oder andere manipulative Reaktionsweisen sind kein wirklicher Schutz, sondern eher Verzweiflungstaten, weil wir nicht wissen, wie wir sonst unsere Würde wahren sollen.

Dringende Gründe gibt es immer

Gute Mütter und brave Töchter finden immer gute Gründe, um ein Nein nicht auszusprechen, um sich dort, wo es wichtig wäre, nicht abzugrenzen. Sie verstecken sich hinter den Sorgen und Nöten anderer und nehmen diese als Rechtfertigung, um keine Eigenverantwortung übernehmen zu müssen. Folgende Ausreden habe ich in meiner therapeutischen Tätigkeit immer wieder gehört:

- Ich kann einfach nicht nein sagen.
- Mein Mann würde das nicht verstehen.
- Mein Sohn ist noch zu klein.
- Meine Mutter ist schon zu alt.
- Mein Partner würde eine Trennung nicht verkraften. Er ist so labil.
- Man kann nicht nur an sich denken! Wo kämen wir hin, wenn jeder nur tun würde, was ihm Spaß macht?
- Ich bin schon zu alt, um noch mal neu anzufangen.
- Ich will ihm / ihr die Freude nicht nehmen.
- Er / sie hat doch nur mich.
- Er / sie kann das nicht.
- Ich will ihn nicht verletzen.
- Was denken nur die Nachbarn?
- Mein Chef würde das nie akzeptieren.
- Meine Freundin würde das nie verstehen.
- Sie ist doch krank.
- Er würde mich verlassen.
- Ich mache mich doch nicht lächerlich.
- Es gibt schon genug Unfrieden auf der Welt.
- Ich würde meine Arbeit verlieren.
- Ich würde kein Auge mehr zutun vor lauter Schuldgefühlen!

Wir alle haben die Tendenz, im Außen Rechtfertigungen für unser Verhalten zu suchen. Es ist einfacher und bequemer, die Verantwortung abzugeben, anstatt Veränderungen selbst anzugehen. Über die Vorteile der Opferrolle habe ich bereits geschrieben. Wie würde die ehrliche Antwort auf ein unterlassenes Nein aussehen, wenn wir die Gründe dafür nicht im Außen suchten, sondern in die Eigenverantwortung gehen würden? Die oben aufgeführten Sätze würden folgendermaßen lauten:

Ich kann einfach nicht nein sagen.	Ich will einfach nicht nein sagen.
Mein Mann würde das nicht verstehen.	Ich glaube, dazu das Einverständnis meines Mannes zu brauchen.

Mein Sohn ist noch zu klein.	Ich habe kein Vertrauen in die Stärke meines Sohnes.
Meine Mutter ist schon zu alt.	Ich spreche meiner Mutter ab, ihr Leben selbst zu meistern.
Mein Partner würde eine Trennung nicht verkraften. Er ist zu labil.	Ich spreche meinem Partner die Kraft ab, sein Leben ohne mich in den Griff zu bekommen.
Man kann nicht nur an sich denken! Wo kämen wir hin, wenn jeder nur tun würde, was ihm Spaß macht?	Ich bin der Überzeugung, Egoismus ist schlecht.
Ich bin schon zu alt, um noch mal neu anzufangen.	Ich mache mich klein und schwach.
Ich will ihm / ihr die Freude nicht nehmen.	Ich stelle die Freude eines anderen Menschen über meine eigene Freude.
Er / sie hat doch nur mich.	Ich bin anmaßend, indem ich dem anderen nicht zutraue, sich anderweitig Hilfe zu holen.
Er / sie kann das nicht.	Er / sie will das nicht.
Ich will ihn nicht verletzen.	Ich will nicht verletzt werden.
Was denken nur die Nachbarn?	Ich bin abhängig von der Meinung meiner Nachbarn.
Mein Chef würde das nie akzeptieren.	Ich spreche meinem Chef Flexibilität ab.
Meine Freundin würde das nie verstehen.	Das Verständnis meiner Freundin ist mir wichtiger als mein eigener Weg.
Sie ist doch krank.	Ich spreche kranken Menschen eine gewisse Eigenverantwortung ab.
Er würde mich verlassen.	Ich entscheide mich für Abhängigkeit.
Ich mache mich doch nicht lächerlich.	Ich will meine Schwächen und Ängste nicht preisgeben.

Es gibt schon genug Unfrieden auf der Welt.	Ich bin harmoniesüchtig.
Ich würde meine Arbeit verlieren.	Ich traue mir nicht zu, einen befriedigenderen Job zu finden.
Ich würde kein Auge mehr zutun vor lauter Schuldgefühlen!	Meine Schuldgefühle sind eine wunderbare Entschuldigung, nicht zu handeln.

Ich würde ja gern Klarheit schaffen, aber … Ich würde ja gern meine Meinung sagen, aber … Ich würde ja gerne mehr meinen Hobbys nachgehen, aber … Was bedeutet dieses »Aber«? In der Definition der guten Mutter oder braven Tochter heißt der Satz zu Ende geführt: »…aber ich kann nicht.« In Wirklichkeit sagt sie damit: Ich will alle Vorteile für mich, doch die negativen Konsequenzen bin ich nicht zu tragen bereit. Ich glaube, es nicht aushalten zu können, wenn ich abgelehnt werde, weil ich aus meiner bisherigen Rolle aussteige. Leider muss der Leidensdruck oft erst unerträglich groß werden, bevor Frauen neue Wege gehen. Geht es um die eigenen Ängste, so landen sie im Nu in der Steinzeit, als eine Frau ohne den Schutz eines Mannes, eines Clans nicht überleben konnte, und sie handeln dementsprechend kompromissbereit. Doch die Zeiten haben sich geändert.

Wir sind am Ende des zwanzigsten Jahrhunderts angelangt und leben in einem Land, das Frauen ermöglicht, ein eigenständiges Leben zu führen. Die alten Kinderängste sind heutzutage nicht mehr berechtigt. Wir sind erwachsen und brauchen nicht mehr die Zustimmung anderer Menschen, um zu überleben.

Gründe, ob sie nun gut oder schlecht sind, dürfen nicht mit wahren Ursachen verwechselt werden. Gründe sind Entschuldigungen. Sie geben Ihnen fälschlicherweise das Gefühl der Sicherheit, schließlich klingen sie ja so einleuchtend und vernünftig. Sie glauben im Recht zu sein. Doch gute Gründe leisten keinen wirklichen Beitrag, Ihr Leben glücklicher und zufriedener zu machen, denn sie hindern Sie daran, das zu tun, was zu tun ist.

Stellen Sie sich am Ende dieses Kapitels nun die Frage, welche der oben aufgeführten Strategien Sie anstelle eines offenen Neins anwenden. Machen Sie sich bewusst, dass diese Strategien zwar menschlich verständlich, doch auf die Dauer nicht geeignet sind, um gut für Ihren Schutz zu sorgen. Nur ein Bewusstes Ich kann unsere verletzlichen Seiten adäquat schützen.

8. Das ungelebte Nein verfolgt uns in unseren Träumen

Träume sind die Sprache des Unbewussten. Wenn wir das Nein über einen längeren Zeitraum aus unserem Bewusstsein verdrängen, wird es sich Wege suchen, aus dem Reich des Unbewussten ans Tageslicht zu gelangen. Häufig melden sich verdrängte Stimmen in unseren Träumen, um auf sich aufmerksam zu machen. Sie rufen uns meist in verschiedensten, teilweise dämonischen und bizarren Gestalten, damit wir sie in unser Leben integrieren.

Ich möchte im folgenden den Traum einer Freundin und deren Tochter beschreiben, der sehr typisch für ein verdrängtes Nein ist.

Lydia hat eine Tochter, Anna, im Alter von dreizehn Jahren, die sehr darunter leidet, dass sie schielt. Zum Zeitpunkt des Traumes wird sie von ihren Klassenkameraden bei jeder Gelegenheit gehänselt und traut sich nicht, sich zur Wehr zu setzen.

Anna kriecht eines Nachts völlig aufgelöst ins Bett ihrer Mutter und erzählt ihr folgenden Traum, der aus drei Teilen besteht:

Im ersten Teil schleichen Rocker ums Haus, mit langen Ketten in den Händen. Sie sind auf der Terrasse und wollen ins Haus einbrechen. Die ganze Szene ist sehr bedrohlich, und Anna hat große Angst.

Im zweiten Teil des Traumes liegt Anna in ihrem Zimmer in der Hängematte. In der Ecke des Zimmers steht eine lebensgroße Puppe. Anna erschrickt zu Tode als sie plötzlich sieht, dass die Puppe lebendig ist. Sie schielt und grinst hinterhältig und gemein. Anna, der alles unheimlich ist, rennt zu ihrer Mutter in die Küche, doch die Puppe läuft hinterher. Dort wird sie richtig bösartig und fordert von den beiden etwas zu essen und zu trinken. Auf die Frage, warum sie denn so gemein sei und warum sie überhaupt lebendig sein könne, antwortet die Puppe lachend: »Ich habe mir die Blutkonserven deines Vaters gestohlen und getrunken.« Der Vater steht unterdessen unter der Dusche. Mutter und Tochter fangen an, voller Panik auf die

Puppe einzuschlagen, doch sie ist nicht totzukriegen. Da wissen die beiden, dass sie die Puppe mit einem großen Messer in Einzelteile zerhacken und diese einzeln in Plastiksäcke verpacken müssen. Nur so schaffen sie es, sich von der Puppe zu befreien. Sie schlachten die Puppe regelrecht ab.

Im dritten Teil des Traumes sind Männer im Keller des Hauses und durchwühlen alles. Auch Touristen sind da, die alles neugierig betrachten.

Danach wacht Anna auf und flüchtet ins Bett ihrer Mutter, wo sie ihr völlig verschreckt den Traum erzählt. Lydia tröstet ihre Tochter und versucht, ihr die Bedeutung des Traumes klarzumachen. Sie meint, dass der Traum Anna sagen will, sie solle ihre Aggressionen mehr leben und sich von den Klassenkameraden nichts gefallen lassen. Die beiden schlafen ganz beruhigt in Lydias Bett wieder ein. Doch Lydia träumt den Traum ihrer Tochter weiter:

Sie träumt, dass ihr Mann, Anna und sie im dritten Stock ihres Hauses im Bett liegen, als plötzlich ein Nazi in Uniform auf einer Leiter vor dem Fenster erscheint und ins Haus will. Lydia ist im Traum völlig entsetzt, weil sie dachte, ihre Tochter hätte alles geträumt, und nun feststellen muss, dass tatsächlich jemand ins Haus eindringen will. Durch Lydias erstickte Schreie aufgeschreckt, rütteln ihr Mann und ihre Tochter sie wach. Lydia erzählt Anna nun von dem Nazi, worauf Anna völlig verblüfft der Mutter berichtet, auch in ihrem Traum seien die Männer im Keller Nazis gewesen.

Mutter und Tochter haben das gleiche Thema: Abgrenzungsschwierigkeiten. Während Anna lernen muss, sich gegen die Hänseleien ihrer Schulkameraden zu wehren, muss Lydia ihre eigenen Wünsche und Bedürfnisse mehr wahrnehmen und eigene Interessen entwickeln. Nur allzu schnell lässt sie sich von ihrem Mann um den Finger wickeln und von eigenen Plänen abbringen.

Egoismus ist eine instinkthafte Energie, die unser Überleben sichern will und unserer Verteidigung bei Angriffen dient. Werden egoistische Energien über längere Zeit hinweg verdrängt, so neigen sie dazu, dämonisch zu werden. Ab diesem Zeitpunkt ist mit ihnen nicht mehr zu spaßen. Wenn ein Tier über viele Jahre hinweg in einen Käfig gesperrt ist, wird es wild. Öffnet der Wärter dann die Käfigtür, so wird das Tier tobend herausschießen. Es wäre jedoch falsch, daraus den Schluss zu ziehen, dass das Tier von Natur aus gefährlich ist. Die Angriffslust des Tieres ist zumindest zu einem großen Teil bedingt durch die lange Gefangenschaft.

Das Gleiche geschieht mit unseren instinkthaften Energien. Die Teile von uns (die Hauptstimmen), die Angst vor diesen instinkthaften Energien haben oder sie ablehnen, werden dafür sorgen, dass diese in einen Käfig gesperrt werden, wo sie möglicherweise dämonisch werden. Doch von Zeit zu Zeit brechen die dämonischen Energien, ähnlich einem Vulkan oder einem Dampfkochtopf, aus, wenn der innere Druck zu groß wird.

Ich erinnere mich an eine Klientin, die zu mir in Therapie kam, weil sie einen Mann, der sie am Bahnsteig angerempelt hatte, im Affekt fast erschlagen hatte. Sie, die sich als äußerst friedliebend und sanftmütig kannte, war über den plötzlichen Ausbruch ihrer jahrzehntelang unterdrückten Aggressionen völlig entsetzt und hatte Angst, ähnliches könnte ihr wieder passieren. Sie bat mich, ihr zu helfen, ihre Wut in den Griff zu bekommen, und war völlig verblüfft, als sie von mir erfuhr, sie müsse ihre Aggressionen mehr in ihr Leben integrieren, die Kriegerin und wilde Frau zu Verbündeten machen, die ihr in bestimmten Situationen zur Seite standen, anstatt sie loswerden zu wollen.

Es kostet uns ungeheure Kraft, dämonische Energien zurückzuhalten. Nichts verbraucht unsere Lebensbatterien so sehr wie Verdrängungsmechanismen. Erschöpfung, Müdigkeit, Depression bis hin zu völligem körperlichem oder geistigem Zusammenbruch sind häufig die Folge von abgespaltenen, verdrängten oder dämonischen Energien.

Diese Energien tauchen dann in unseren Träumen auf. Sie zeigen sich als wilde Tiere, die uns verfolgen. Sie jagen uns als Mafiosi und Rocker und lehren uns als Mörder oder Nazis das Fürchten. Sie wollen in unser Haus einbrechen oder tauchen als Zombies, Vampire oder andere obskure Figuren, wie zum Beispiel als die Puppe, auf. Sie wollen uns ausrauben, verhexen oder töten, auf jeden Fall haben sie nichts Gutes mit uns im Sinn.

Träume sind phantastische Verbündete in der Entwicklung unseres Bewusstseins. Das Unbewusste hat die Fähigkeit, Bilder zu erzeugen und diese Bilder symbolhaft einzusetzen. Wenn wir diese Bilder verstehen wollen, so dürfen wir sie nicht wörtlich nehmen. Wenn wir ihre symbolhafte Sprache begreifen lernen, können wir ihre verschlüsselten Botschaften entziffern. Jeder Traum ist mit einem Bildschirm vergleichbar, auf den das Unbewusste seine Inhalte projiziert. Wir sehen auf diesem Bildschirm die verschiedenen Teilpersönlichkeiten unseres Inneren und können das Spiel der Kräfte, die im Unbewussten hausen, beobachten.

Werden im Laufe eines Therapie- oder Bewusstseinsprozesses dämonische Energien mehr und mehr integriert, so verändern sich auch unsere Träume. Während wir anfangs in Angst und Panik vor wilden Tieren flüchten, so können wir es zu einem späteren Zeitpunkt mit ihnen aufnehmen. Vielleicht verwandelt sich ein brüllender Löwe auch in eine schnurrende Katze, wenn wir ihm mutig entgegentreten und ihm in die Augen sehen. Sind wir zu Anfang des Integrationsprozesses Gangstern, Hexen oder Nazis hilflos ausgeliefert, so stehen uns später Werkzeuge oder Waffen zur Verfügung, mit denen wir sie vertreiben oder gar töten können.

Es erfordert ungeheuren Mut, die verdrängten oder gar dämonischen Seiten unseres Selbst anzunehmen und uns mit dem Gedanken anzufreunden, dass sie durchaus eine positive Rolle in unserem Leben spielen könnten, würden wir sie nur nicht so sehr bekämpfen. Nur ein Bewusstes Ich ist dieser Aufgabe gewachsen und kann die verdrängten, abgelehnten Seiten unserer Psyche so in unser Leben intergrieren, dass sie nicht außer Kontrolle geraten.

9. Hüten Sie sich vor den Jasage-Fallen

Es gibt Situationen, in denen wir – ob wir es wollen oder nicht – fast automatisch ja sagen. Ich nenne sie die Jasage-Fallen. In diesen Situationen fällt es besonders schwer, sich abzugrenzen. Wir reagieren wie auf Knopfdruck und geben unsere Zustimmung, bevor wir überhaupt nachgedacht haben, ob wir das auch wirklich möchten. Damit Sie in Zukunft diese Fallen besser erkennen und damit umgehen können, möchte ich an dieser Stelle genauer auf sie eingehen.

Die Schmeichelfalle: »Du bist doch meine Beste!«

Ich kann mich noch genau an diesen häufig zitierten Satz meines Vaters erinnern! *Mich* hatte er zu seiner Lieblingstochter auserkoren! *Ich* war seine kleine Prinzessin, sein Augenstern! Und wenn er diesen Satz zu mir sagte, war ich bereit, alles für ihn zu tun, für ihn durchs Feuer zu gehen. Ich verehrte meinen Vater. Er setzte mich auf einen Thron, und ich genoss meine Position. Einen Nachteil hatte das Prinzessinnendasein natürlich: Ich wollte nicht, dass mir jemand den Thron streitig machte. Und da es vier »Konkurrenten« gab, musste ich mich höllisch anstrengen, damit ich im Rennen blieb. Ich schrieb meinem Vater Briefe, malte ihm Bilder, holte ihn nach der Arbeit von der Straßenbahn ab, lernte Klavier spielen, um mit ihm Hausmusik zu machen, und wurde Klassenbeste. Eifersüchtig wachte ich über die Liebesbezeugungen, die er meinen Geschwistern oder meiner Mutter zukommen ließ.

Auch im späteren Leben dürstete mich sehr nach Komplimenten aus dem männlichen Lager. Fand ein Mann mich attraktiv und intelligent, so war die Welt in Ordnung. Interessierte er sich nicht in besonderem Maße für mich, so nagte der Selbstzweifel. Es reichte nicht aus, so anziehend und begehrenswert wie andere Frauen zu sein. Ich wollte mich nicht einreihen in die große Masse der Durchschnittlichen. Etwas Besonderes, eben die Beste, musste ich sein, darunter ging gar nichts. »Noch nie war es mit einer Frau so schön wie mit dir«: Komplimente dieser Art salbten meine vatergebundene Seele. Und ich tat alles, was in meiner Macht stand, um meinem perfektionistischen Image gerecht zu werden. Über die Jahre hinweg hatte ich gelernt, mich wie ein Chamäleon an die jeweiligen Wünsche und Bedürfnisse meines Partners anzupassen, um mir so Streicheleinheiten zu holen. Wenn ich heute auf diese Zeit zurückblicke, wird mir klar, wie anstrengend mein Leben damals war.

Ich war darauf getrimmt, in die Schmeichelfalle zu tappen. Es sollte noch einige Jahre dauern, bis ich merkte, wie schweißtreibend es ist, immer die Beste sein zu müssen. Wie viele meiner Geschlechtsgenossinnen habe ich mein Frausein lange Zeit über Männer definiert. Doch: »Was wirklich weiblich ist, wird man erst wissen, wenn die Frauen angefangen haben, sie selbst zu sein« – das hat Prentice Mulford einmal gesagt. Ein wahres Wort, das jedoch leichter gesagt als getan ist.

Rollen sind nun einmal festgeschrieben. Aus ihnen auszubrechen erfordert ungeheuren Mut. Ist Weiblichkeit nicht vielleicht doch das, worauf Männer ihr Glas erheben und die guten, alten Zeiten beschwören, als Frauen noch echte Frauen waren und keine zickigen Emanzen? So nagt der Zweifel. Noch heute wird Frauen durch die Medien vermittelt, dass sie zuerst schön sein müssen, dass ihr Äußeres mehr zählt als ihre Intelligenz. Diese Tatsache macht es ihnen schwer, nicht in die Schmeichelfalle zu tappen. »Spieglein, Spieglein an der Wand, wer ist die Schönste im ganzen Land?« Frauen verwenden viel Zeit, Geld und Energie darauf, Männern zu gefallen. Sie vergleichen sich mit anderen Frauen und schneiden natürlich, selbst wenn sie wie ein Model aussehen, immer schlechter ab. So dürsten sie nach Komplimenten aus dem Männerlager, fallen auf die plumpesten Charmeure herein und lassen sich von ihnen für ihre Zwecke einspannen. Und während Männer sorglos älter werden, sich keine Gedanken um Bauch, Falten und Glatze machen, legen sich Frauen kräftig ins Zeug, um spätestens ab dreißig für fünf Jahre jünger gehalten zu werden.

Tanja weiß, dass es um ihr Selbstbewusstsein nicht besonders gut bestellt ist. Ihr innerer Kritiker ist stets zur Stelle, wenn sie in den Spiegel schaut oder die Waage wieder ein Kilo mehr anzeigt. Er vergleicht sie permanent mit anderen Frauen und redet ihr ein, diese seien attraktiver, wortgewandter und tüchtiger. Tanja hat große Angst, ihr Mann Norbert könne sie jeden Moment wegen einer anderen Frau verlassen. Schließlich sieht er blendend aus und könnte eine wesentlich attraktivere Frau an seiner Seite haben. Sie kann gar nicht verstehen, was er an ihr findet. So saugt sie seine Komplimente wie ein trockener Schwamm auf.

Norbert macht sich diese Tatsache zunutze. Er weiß, dass ihm Tanja manche Freiheit lässt, solange er sie umschmeichelt und ihr das Gefühl vermittelt, sie sei seine Auserwählte. Er flirtet gern mit anderen Frauen, auch Tanjas Anwesenheit kann ihn davon nicht abhalten. Seine spärliche Freizeit verbringt Norbert bevorzugt in Männergesellschaft, und Tanja weiß oft nicht, wo er sich nächtelang herumtreibt.

Sie leidet unter seiner Flatterhaftigkeit, doch immer wieder fällt sie auf seinen Charme herein. »Das ist doch alles ganz harmlos!« tröstet er sie und flüstert ihr ins Ohr: »Ich weiß doch, was ich an dir habe! Du bist mein Ein und Alles!« Tanja ist für einen kurzen Moment erleichtert. Dass Norbert für sein Ein und Alles nur wenig Zeit aufbringt, will sie nicht sehen. Sie gibt sich mit gelegentlichen Schmeicheleien zufrieden und wagt es nicht, ihren Don Juan zur Rede zu stellen und ihm Grenzen zu setzen.

Je nachhaltiger der Selbstwert eines Menschen zerstört wurde, desto abhängiger ist er oder sie von äußerer Zuwendung und Anerkennung. Ohne sie ist er ein Nichts, denn die eigene Wertschätzung fehlt. Doch selbst wenn diese Person Bestätigung von außen erhält, so bleibt sie meist etwas misstrauisch, ob das Lob oder Kompliment auch wirklich ehrlich gemeint war. »Er will mir nur schöntun! Eigentlich meint er gar nicht mich«, so die Überzeugung von Erika, als ihr Chef sie in der Mitarbeiterversammlung lobend erwähnt. »Er hat nur Angst, dass ich kündige!« Erika kann es gar nicht fassen, dass jemand ihre Leistung anerkennt und würdigt, denn zu Hause fanden nur Fehler und Schwächen Beachtung.

Komplimente können durchaus ehrlich gemeint sein, und wir sollten sie auch annehmen können. Nicht selten beobachte ich Frauen, die Komplimente zurückweisen, indem sie beispielsweise sagen: »Ach, das Kleid war ganz billig. Ich habe es schon ewig!« oder »Na ja, das Essen ist wirklich nichts Besonderes. Es ist mir schon mal besser gelungen!« Sie entwerten das ehrlich gemeinte Kompliment und machen sich klein. Insgeheim hoffen sie natürlich auf heftigen Widerspruch, um so noch mehr Lob einheimsen zu können.

Komplimente und Schmeicheleien können jedoch auch ein subtiles Manipulations- und Machtinstrument sein. So bringen manche Männer ihren Frauen immer dann Blumen mit, wenn sie ein schlechtes Gewissen haben, der Chef lobt seine Mitarbeiterin, wenn er etwas von ihr will, und die Kneipenbekanntschaft schmeichelt einer Frau in den höchsten Tönen, um sie ins Bett zu kriegen. Frauen lassen sich nur allzu leicht mit abgedroschenen Floskeln betören oder besänftigen und glauben, willig einem Mann folgen zu müssen, wenn er etwas Nettes zu ihnen sagt. Dankbar nicken sie den Rettern ihres angeknacksten Selbstwertgefühls zu und halten den Mund, erfüllen deren Bitten und Forderungen, oft ohne den Schwindel zu durchschauen.

Manchmal bin ich bass erstaunt ob so viel weiblicher Naivität. Da verhalten sich gestandene Frauen wie kleine Mädchen: Arglos und unbefangen schenken sie Männern Glauben und achten nicht auf ihre innere Stimme, die ihnen signalisiert, wenn sie hinters Licht geführt und ausgebeutet werden. Ich werde fast zornig, wenn Frauen sich in Talkshows als arme Opfer eines Heiratsschwindlers oder Hochstaplers outen. »Er hat mich immer auf Händen getragen. Ich habe nichts gemerkt von seinen bösen Absichten«, erzählen sie mit großen, naiven Kinderaugen. Sie wollten auch dann die Realität noch nicht sehen, als die Neueroberung das gesamte Ersparte als »kurzfristigen« Kredit einsteckte.

Frauen müssen lernen, zwischen ehrlich gemeinten Komplimenten und manipulativer Schmeichelei zu unterscheiden. Sie müssen aufhören, auch dann noch zu lächeln, wenn ihnen der Mann zu aufdringlich ist und ihn sein Verhalten Lügen straft.

Spätestens wenn der Charmeur im Grunde ein Widerling ist und sie auf seine Gunst nicht angewiesen sind, sollten sie dem Spiel ein Ende setzen und sich nicht einreden lassen, sie wären zu hart. Wenn Frauen lernen, sich selbst mehr zu achten, liebevoll mit sich umzugehen und sich selbst Komplimente zu machen, werden sie nicht mehr so leicht in die Schmeichelfalle tappen.

Die Unentbehrlichkeitsfalle: »Was würde ich nur ohne dich tun?«

Die Helferrolle lässt so manches Frauenherz höher schlagen. Wie schön ist es doch, gebraucht zu werden oder gar unentbehrlich zu sein! Ist es nicht die wahre Bestimmung einer Frau, anderen Menschen tatkräftig zur Seite zu stehen und ihr liebendes Herz zu verschenken?

Frau Köstner ist eine alleinstehende Frau in mittleren Jahren, die von sich stets behauptet, Helfen mache ihr Freude. Dazu hat sie in ihrem Beruf genug Gelegenheit. »Ach, Frau Köstner, was würde ich nur ohne Sie tun?« jammert der zerstreute Dr. Huber, als ihm seine getreue Arzthelferin wortlos die unauffindbare Krankenakte reicht. Ja, was wohl? Er müßte selbst die Initiative ergreifen und seine Schlamperei aufgeben. Doch Gott sei Dank gibt es Frau Köstner! Sie fühlt sich großartig, ihrem Chef mal wieder zeigen zu können, wer hier den Überblick hat! Sie genießt seine Abhängigkeit und spielt gerne die gute Mutter, die in die Bresche springt, wenn ihrem Jungen die Arbeit über den Kopf zu wachsen droht. Das Gefühl, wichtig zu sein, macht die leisen Anflüge von Verärgerung schnell wieder wett. Helfen ist zu Frau Köstners Lebensinhalt geworden. So unterstützt sie die Nachlässigkeit und Verantwortungslosigkeit ihres Chefs.

Es kann sehr beglückend sein, eigene Wünsche und Interessen loszulassen und sich ganz auf einen anderen Menschen einzulassen, für ihn da zu sein. Jeder Mensch braucht eine Aufgabe im Leben und will gebraucht werden. Dagegen ist nichts einzuwenden. Doch bei Frauen steigert sich dieses Bedürfnis oft ins Unermessliche, denn gebraucht zu werden, unentbehrlich zu sein ist häufig die einzige Möglichkeit, ihnen das Gefühl der Macht zu verleihen.

Lisa arbeitet als Hausangestellte in der Villa reicher Leute. Sie liebt es, von all den schönen Dingen umgeben zu sein, und sonnt sich im Schatten der stadtbekannten Familie. Immer wieder beteuert die Chefin, sie wäre ohne Lisa völlig hilflos. Lisa fühlt sich geehrt und strengt sich an, dem Lob und der – wie ihr scheint – ungerechtfertigten Ehre gerecht zu werden. Perfekt organisiert sie den Haushalt, kocht fünfgängige Menüs, macht mit den Kindern Hausaufgaben und pflegt darüber hinaus den Garten. Schließlich ist es für sie selbstverständlich, »zu tun, was man kann«. Wenn sie den Gästen als Perle des Hauses vorgestellt wird, winkt sie bescheiden lächelnd ab.

Doch ihre Unentbehrlichkeit hat einen hohen Preis. Bescheidenheit und Aufopferungsbereitschaft gehören dazu. Lisa muss häufig an ihren freien Wochenenden für das leibliche Wohl der Partygäste sorgen. Und wenn ihre Vorgesetzten abends ins Theater und auf Vernissagen gehen oder anderweitigen Einladungen folgen, hütet Lisa den jüngsten Spross der Familie. Die Pralinen, die sie nach solchen Aktionen erhält, sind kein wirklicher Lohn für ihre zusätzlichen Dienste. Eigentlich möchte sie mehr Geld für ihre Überstunden, doch da ihre anfängliche Hilfsbereitschaft in der Zwischenzeit für selbstverständlich genommen wird, wagt Lisa nicht, eine Gehaltserhöhung zu fordern.

Manche Frauen leben von Anerkennung wie andere von Luft und Nahrung. Sie mischen überall mit, fühlen sich für alles zuständig, genießen die Macht, unentbehrlich zu sein. Jeder von uns kennt diese einmaligen Exemplare der weiblichen Gattung, die einfach alles können. Sie haben eine glückliche Hand bei Blumen, Kindern und Hunden, können Marmeladen kochen wie keine andere, haben Durchblick bei der Steuererklärung und in Rechtsfragen. Sie können nähen, dass Yves Saint-Laurent beim Anblick ihrer selbstgeschneiderten Kostüme erblassen würde, sie sind nie krank oder einer helfenden Hand müde. Schätzen Sie sich glücklich, wenn in Ihrem Bekanntenkreis eine solche Frau ist! Stellen Sie sich einfach dumm, seien

Sie schwach, beichten Sie all Ihre Probleme, appellieren Sie an ihr Mitgefühl oder bewundern Sie dieses Allroundgenie, und schon ist die Unentbehrliche zur Stelle.

Die Unentbehrlichkeitsfalle ist verlockend. Sie fühlen sich geehrt und wichtig. Sie sind besser, schneller, klüger als die anderen, Ihre Vorgängerinnen, Ihre Nachbarinnen, Bekannten oder Mitarbeiterinnen. Doch wenn Sie sich immer nur für andere abrackern, finden Sie nie zu Ihrer eigenen Kraft, weil Sie sie gleichmäßig auf die Interessen und Bedürfnisse anderer Menschen verteilen. Sie finden nie heraus, was Ihre eigenen Bedürfnisse sind, da Sie ja ständig mit Argusaugen beobachten müssen, was andere von Ihnen wollen. Wenn Sie Ihre Mütterlichkeit nur an andere Menschen verschenken und sich selbst stiefmütterlich behandeln, so werden Sie unglaubwürdig.

Würden Sie sich nicht alle Verantwortung aufbürden, so müssten Sie vielleicht feststellen, dass sich die Welt auch ohne Sie weiterdreht, dass es für Sie sehr wohl Ersatz gibt, dass sich Probleme auch ohne Ihre Hilfe lösen lassen und Wissen auch aus anderen Quellen fließt. Wäre es nicht schrecklich, wenn Sie erkennen müssten, dass Sie sehr wohl entbehrlich sind? Ein gähnender Abgrund würde sich vor Ihnen auftun. Sie wüssten nicht, was Sie mit Ihrer ganzen Zeit anfangen sollten und dass Sie Freude und Spaß auch ohne äußere Bestätigung, sondern nur aus Ihnen selbst heraus finden können.

Die Hilflosigkeitsfalle: »Ich schaffe das ohne dich nicht!«

Ist Ihnen schon aufgefallen, um wie vieles einfacher es ist, sich abzugrenzen, wenn jemand kompetent, stark und selbstsicher ist? Einer solchen Person trauen Sie eher zu, ein Nein zu verkraften, denn letztendlich weiß sie sich auch anderweitig zu helfen. Sie ist sich ihres Könnens bewusst, ist selbst durchaus in der Lage, sich abzugrenzen, und fühlt sich nicht in ihrem Selbstwert erschüttert, wenn andere Menschen eigene Pläne haben, die von den ihrigen abweichen. Ein Nein ist für einen solchen Menschen ein Zeichen von gesundem Egoismus, auch wenn ihm dieses Nein nicht unbedingt in den Kram passt.

Wesentlich schwerer fällt das Neinsagen, wenn jemand in einer hilflosen Position ist, sei es, weil er oder sie krank, schwach, unwissend oder psychisch labil ist. Wenn wir diesem Menschen gegenüber eigene Bedürfnisse in den Vordergrund stellen, fühlen wir uns schnell schuldig, schließlich geht es uns gut und dem anderen schlecht. Und darf ich mich gut fühlen, wenn ein anderer leidet? Darf ich ihm eine Bitte abschlagen? Er braucht doch meine Hilfe, und ich wäre in seiner Situation auch froh, wenn mir jemand zur Seite stehen würde.

Wie weit unsere Hilfsbereitschaft gehen sollte, ist manchmal nicht leicht zu entscheiden. Ist ein Mensch, der uns ans Herz gewachsen ist oder dem wir uns aus irgendwelchen Gründen verpflichtet fühlen, in einer Krisensituation, so ist es sicherlich richtig, eigene Bedürfnisse zurückzustellen und für ihn da zu sein. Wir alle sind zu Anfang unseres Lebens aufgrund unserer Hilflosigkeit völlig auf andere Menschen angewiesen. Ein Baby braucht rund um die Uhr die Zuwendung der Mutter und des Vaters. Die Bedürfnisse des Kindes haben zunächst einfach Vorrang. Da heißt es alle persönlichen Interessen hintanzustellen und für das Kind da zu sein. Erst im Laufe der Zeit können sich die Eltern wieder eigene Freiräume schaffen.

Doch leider verhält sich auch mancher Erwachsene wie ein Baby und setzt Hilflosigkeit nicht selten manipulativ ein. Wir machen uns manchmal schwächer, als wir in Wirklichkeit sind, um Aufmerksamkeit und Unterstützung zu erhalten. Es ist einfach bequemer, sich dumm oder hilflos zu stellen. Und meist findet sich schnell jemand, der in die Bresche springt und tatkräftig seine Unterstützung anbietet, damit er sich wichtig fühlen kann. Besonders Frauen veranstalten manchmal regelrechte Wettbewerbe in Sachen Hilfsbereitschaft.

So auch Agnes. Sie hatte von ihrer Mutter die »Freude« am Helfen geerbt. Unermüdlich opferte sich die Mutter im Dienst der Familie und Kirchengemeinde auf. Agnes übernahm bereits als kleines Mädchen das Helfersyndrom der Mutter und versuchte, sie in ihrer Hilfsbereitschaft zu übertreffen, indem sie Außenseiter um sich scharte, die sie auf die eine oder andere Art unterstützen konnte. So half sie Mitschülerinnen, die in der Schule schlecht waren, bei den Hausaufgaben, und kümmerte sich rührend um die halb verwahrlosten Kinder aus der Nachbarschaft.

Später heiratete sie einen gestrauchelten jungen Mann, in der Hoffnung, ihn aus seinem Elend retten zu können. Sie verschaffte ihm Arbeit und stärkte ihm den Rücken, als ihm gekündigt wurde, da er Alkoholiker war. Jahrelang leugnete sie vor den Kindern, Verwandten und Freunden das Ausmaß seiner Sucht und spielte selbst vor dem Hausarzt die Schwere seines Falls herunter.

Doch Agnes' Mann war zunehmend selbstmordgefährdet. Immer wieder gab er ihr zu verstehen: »Ohne dich bekomme ich mein Leben nicht in den Griff!« So bemühte sich Agnes um einen Klinikaufenthalt, doch ihr Mann brach die Entziehungskur nach zwei Wochen ab. Agnes akzeptierte seine fadenscheinigen Entschuldigungen und glaubte seinen Versprechungen, er werde ein neuer Mensch sein, wenn er nur wieder Arbeit fände. Als er sich schließlich das Leben nahm, war Agnes am Ende. »Was habe ich nur falsch gemacht?« warf sie sich vor. »Ich habe doch alles getan, was in meiner Macht stand!«

Agnes war in ihrer Ehe zur hilflosen Helferin geworden. Sie weigerte sich, zu erkennen, dass sie durch ihre Hilfsbereitschaft die Sucht unterstützte, indem sie das schädigende Verhalten ihres Mannes tolerierte. Sie war in der Hilflosigkeitsfalle gefangen und fühlte sich machtlos ihrem trinkenden Mann ausgeliefert. Obwohl sie in bester Absicht handelte und ihren Mann auf den »rechten Weg« zurückbringen wollte, wollte sie selbst den heimlichen Gewinn an der Schwäche ihres Partners nicht wahrhaben. Durch seine Abhängigkeit konnte sie sich überlegen fühlen. Seine Schwäche wertete sie auf: Sie war die Starke, die Gute, er der Böse, Schwache. Außerdem war er ihr sicher. Vielleicht hätte Agnes ihrem Mann mehr geholfen, wenn sie sein Spiel nicht mitgespielt hätte und konsequent die Trennung durchgesetzt hätte.

Hilfestellung bedeutet nicht immer liebevolle Unterstützung und Rücksichtnahme. Im Gegenteil: Häufig halten wir einen anderen Menschen gerade dann in einer schwachen Position, wenn wir ihn bemitleiden, ihm tatkräftig unter die Arme greifen und ihm die eigenen Entscheidungen abnehmen. Mitgefühl bedeutet nicht nur ein blutendes Herz, das bereit ist, alle Bedürfnisse des Hilflosen zu erfüllen. Manchmal brauchen Menschen einen kräftigen Schubs oder Anstoß, um aus der Lethargie aufzuwachen.

Deshalb ist es wichtig, dass Frauen lernen, zwischen Mitgefühl und Mitleid zu unterscheiden. Was nützt es, wenn jemand leidet und ich *leide mit* ihm? Damit stelle ich mich auf eine Stufe mit ihm, und wir sind beide »ohn-mächtig«. Trösten kann auch gefährlich sein, weil es den anderen, statt ihm aus seiner Not zu helfen, dazu verleitet, darin zu verharren. Kranke, Schwache oder ausgestoßene Menschen brauchen also nicht unser Mit*leid,* sondern unser Mit*gefühl.* Mitgefühl kann sich zwar, wie das Wort schon sagt, in einen anderen Menschen einfühlen, ihm Trost spenden und Hoffnung machen, doch es schont ihn nicht unnötig, weil es an seine Stärke und Kraft glaubt und ihm mit allen Mitteln dabei hilft, sein Potential zu entwickeln.

Deshalb haben freundschaftliche Gespräche und »Rat-Schläge« immer ihre Grenzen. Natürlich tut es gut, wenn wir uns von der Freundin verstanden wissen, wenn sie mit uns zusammen über den bösen Chef oder den rücksichtslosen Ehemann schimpft. Doch wirkliche Hilfe bedarf des Abstands zum Hilfsbedürftigen. Therapie oder Beratung sind da oft effektiver als ein wohlgemeintes Gespräch unter Freunden. Aber Therapie ist auch nur dann sinnvoll, wenn sie dem Hilflosen auf den Zahn fühlt, ihm sowohl den heimlichen Gewinn seiner Hilflosigkeit als auch sein Stärkepotential bewusst macht.

Die Krankheitsfalle: »Ich kann leider nicht!«

Krankheiten, seien sie körperlicher oder psychischer Art, bringen uns in eine äußerst verletzliche Situation. Wir fühlen uns unwohl und schwach, haben Schmerzen und sind mehr als sonst auf andere Menschen angewiesen. Kein Mensch ist gern krank. Leider übernehmen wir nur äußerst ungern die Verantwortung für unsere Krankheiten. Wir fühlen uns schnell als Opfer widriger Umstände – ein Virus hat uns erwischt, wir hatten einen Unfall, das Essen vom Vortag war verdorben, unsere Disposition zu Magenleiden ist vererbt, eine Organschwäche, und so weiter und so fort. Das Schicksal hat wieder einmal zugeschlagen.

Natürlich haben äußere Faktoren Einfluss auf unser Leben. Wir können uns Lärm, Hektik und Umweltverschmutzung kaum entziehen. Doch die Tatsache, dass jeder Mensch beim Auslösen oder Beenden einer Krankheit eine bedeutende Rolle spielt, findet im öffentlichen Bewusstsein nur wenig Zustimmung. Etwas wird *mir angetan* und nicht *durch mich getan.* Diese Einstellung ist einfach bequemer. Nur selten übernehmen Menschen wenigstens zum Teil die Verantwortung für ihre Krankheit. Stattdessen setzen sie Unwohlsein und Krankheit geschickt ein, um ihre Mitmenschen zu beherrschen und zu manipulieren. Dass dies oft unbewusst geschieht, macht die Sache nicht leichter.

In zwischenmenschlichen Beziehungen kann Krankheit immense Vorteile haben. Die Macht der Ohnmächtigen darf nicht unterschätzt werden. Durch Krankheit können wir über den anderen Kontrolle ausüben. Schließlich muss er oder sie sich jetzt mehr um mich kümmern. Wir wollen umhegt und gepflegt werden, ganz wie wenn eine Mutter sich um ihr Kleinkind kümmert. Das kann so weit gehen, dass eine Frau nicht mehr das Haus verlassen kann, ohne befürchten zu müssen, dass sich ihr kranker Mann in der Zwischenzeit umbringt oder sonst etwas antut. Wir können uns durch Krankheit also einerseits die schmerzlich vermisste Zuwendung holen, andererseits können wir uns lästigen Erwartungen von außen entziehen und guten Gewissens Verantwortung abgeben. Krankheit gibt uns die Legitimation, Anforderungen auszuweichen und uns Ruhe zu gönnen.

Cornelia hat die Neigung, sich immer wieder zu verausgaben und über ihre Kräfte zu gehen. Sie ist Bibliothekarin, das Personal ist knapp, und die Arbeit türmt sich auf ihrem Schreibtisch. Da sie sehr kompetent ist und viel Erfahrung hat, wendet sich ihr Chef bei schwierigen Aufgaben zunächst immer an sie. Das schmeichelt ihr zwar, doch eigentlich müsste sie Arbeit an ihre Mitarbeiterinnen delegieren, was ihr jedoch sehr schwer fällt.

Von Zeit zu Zeit wächst ihr alles über den Kopf, und Cornelia sucht unbewusst den Ausweg der Krankheit. Damit kann sie den anderen beweisen, dass sie überarbeitet ist und der Schonung bedarf. Die Methode hat Erfolg. Wenn Cornelia wieder einmal einen Migräneanfall hat, wissen die Kollegen mittlerweile, dass sie unansprechbar ist, im abgedunkelten Zimmer liegen muss und absolute Ruhe braucht. Sie wagen es nicht, bei ihr zu Hause anzurufen und um Rat zu fragen, wie sie es normalerweise wegen jeder Kleinigkeit tun würden. So erledigt der Körper das, was Cornelia selbst in die Hand nehmen müsste: Abgrenzung.

Cornelias Kolleginnen sind sauer. Sie fühlen sich manipuliert, und hinter ihrem Rücken wird getuschelt, dass sie wieder einmal krank feiert. Leider hätten sie niemals den Mut, Cornelia offen ihre Empfindungen mitzuteilen. Cornelia holt sich auf indirektem Weg über die Krankheit, was sie direkt nie zu fordern wagen würde: Ruhe, Entlastung und Rückzug.

So mancher Mensch wird zu einem kleinen Tyrannen, wenn er krank ist. Endlich kann er andere herumschikanieren, ohne ein schlechtes Gewissen zu haben. Krankenschwestern können ein Lied davon singen. Die stärksten Männer können zu wehleidigen Kindern regredieren, die sich rund um die Uhr bemuttern lassen, wenn ihnen etwas fehlt. Natürlich tut es gut, sich auch einmal fallen und gehen lassen zu können, zu jammern und zu klagen. Doch manche Menschen überspannen den Bogen und setzen bewusst oder unbewusst Krankheit als Machtmittel ein, mit dem sie andere geschickt manipulieren. Sie müssen ihre Wünsche erfüllen, schließlich gibt ihnen die Krankheit ein Recht dazu! Haben Sie schon einmal bemerkt, wie schwer es Ihnen fällt, einem Kranken eine Bitte abzuschlagen, ohne ein schlechtes Gewissen zu kriegen?

Doch wie ich bereits im letzten Kapitel erwähnt habe, ist es nicht unbedingt hilfreich, einem Kranken jeden Wunsch von den Lippen abzulesen. Wie ein Kind nur dann das Laufen lernt, wenn es irgendwann die Hand der Mutter loslässt, so muss auch der Kranke irgendwann den Rockzipfel der Krankenschwester loslassen und seine eigenen Kräfte mobilisieren. Überprüfen Sie also genau, wie weit Sie mit Ihrer Hilfsbereitschaft gehen wollen, ob Sie sich ausgenutzt oder ausgelaugt fühlen. Wenn Sie für einen alten oder kranken Menschen die Betreuung übernommen haben, achten Sie darauf, dass Ihre eigenen Batterien immer wieder aufgeladen werden. In vielen Fällen kann die für einen Kranken notwendige Unterstützung und Pflege auch anders organisiert werden, so dass auch Zeit und Raum für Sie übrigbleiben.

Ihre Hilfsbereitschaft erfährt vor allem bei Selbstmordgefährdeten eine Grenze. Sie werden einen anderen Menschen nicht von seinem Selbstmord abhalten können, wenn es ihm wirklich ernst ist. Suizidgefährdete Menschen brauchen dringend kompetente therapeutische Begleitung. Glauben Sie nicht, Sie seien schuld, wenn ein Ihnen nahestehender Mensch tatsächlich von der Brücke springt! Selbstmorddrohungen sind immer ein Hilfeschrei, der ernst genommen werden sollte. Doch meist sind Angehörige völlig überfordert, wenn sie glauben, sie allein könnten das Unheil abwenden.

Die Kritik- oder Aggressionsfalle

Frauen, die keinen Zugang zum wilden, kämpferischen Aspekt ihrer Weiblichkeit haben, lassen sich leicht durch Aggressionen von außen völlig aus der Bahn werfen. Vielleicht können sie sich unter normalen Umständen recht gut abgrenzen, doch wenn jemand überraschend Kritik an ihnen übt, sei sie gerechtfertigt oder nicht, so sacken sie in sich zusammen wie ein Häufchen Elend und wissen sich nicht zu wehren. Sie nehmen sich um des lieben Friedens willen zurück und schlüpfen in die Rolle der guten Mutter oder braven Tochter.

So auch Ella, eine kompetente Verwaltungsangestellte, die immer zur allgemeinen Zufriedenheit ihre Arbeit erledigt hatte. Als ihr unmittelbarer Vorgesetzter in Rente ging, brachen harte Zeiten für Ella an. Ihr neuer Chef hatte an allem und jedem etwas auszusetzen und be-

krittelte Arbeitsabläufe, die sich jahrelang bewährt hatten. Als Ella zum Abbau ihrer Überstunden eines Tages den wohlverdienten Urlaub einreichte, eskalierte die Situation.

Ella arbeitete gerade mit zwei Kolleginnen im Büro, als der Chef hereinplatzte und sie anschrie: »Sie denken wohl, Sie werden hier fürs Nichtstun bezahlt? Was bilden Sie sich überhaupt ein, zum jetzigen Zeitpunkt Urlaub zu machen?« Darauf folgte eine Standpauke über Arbeitsmoral. Bevor Ella antworten konnte, hatte er schon die Tür hinter sich zugeknallt, und Ella stand da wie ein begossener Pudel.

Doch damit nicht genug. Ella stand aus unerfindlichen Gründen weiterhin im Kreuzfeuer der Kritik ihres Chefs. Als er einige Tage später ihr Vorgehen in einer anderen Angelegenheit als »vollidiotisch« bezeichnete, brach sie in Tränen aus, worauf der Chef noch ärgerlicher wurde und ihr die Kompetenz für ihre Position absprach. Selbstverständlich verzichtete sie auf ihren Urlaub, um ihren Vorgesetzten milder zu stimmen.

Doch damit hatte sie keinen Erfolg. Er hatte Ella nun mal auf dem Kieker und ließ an ihr ungehindert seine schlechte Laune aus. Ella wusste sich nicht anders zu helfen und kündigte die Stelle, in der sie mehr als acht Jahre erfolgreich gearbeitet hatte, nachdem der Chef ihren Umgang mit einem Firmenkunden kritisiert und sie eine »blöde Kuh« genannt hatte.

Ellas Chef hatte ein williges Opfer für seine Frauenverachtung gefunden. Mit Männern in der Firma ging er äußerst respektvoll um, und die Kolleginnen waren einer Meinung, dass er mit Männern nie in dieser Art und Weise umspringen würde. Doch Ella war es unmöglich, sich abzugrenzen und gegen die aggressiven Übergriffe zu wehren, da sie in der Rolle der »guten Tochter« gefangen war. Sie wollte stets nett sein und von anderen gemocht werden, und so blieb ihr der Zugang zu ihrem eigenen Aggressionspotential versperrt.

Wie Ella geht es vielen Frauen. Sie tun alles, was in ihrer Macht steht, um Wohlwollen von ihrer Umgebung zu ernten. So dringt der Stachel der Kritik tiefer in ihre Seele ein und erschüttert die Grundfesten ihres Selbstwertgefühls mehr als bei Menschen, die ihre Grenzen achten und notfalls zu schützen wissen. Werden sie angegriffen, so geben sie klein bei, ducken sich und strengen sich noch mehr an, um ihre verärgerten Mitmenschen wieder friedlich zu stimmen. Meist fühlen sie sich überrumpelt, wissen nicht spontan zu reagieren und versäumen es, wenigstens später die Situation zu klären.

Die Angst vor Kritik zieht fatalerweise Kritik von außen an. Wenn ein anderer Mensch weiß oder spürt, dass ich mich nicht wehren werde, kann er bedenkenlos auf mir herumtrampeln. Es liegt an mir, ob ich ihm erlaube, so mit mir umzugehen oder nicht. Wenn ich jedoch der anerzogenen Sucht nach Wohlwollen erliege und stets bestrebt bin, es allen recht zu machen, bin ich in Schuld- und Schamgefühlen gefangen und traue mich nicht, einem anderen Menschen die Stirn zu bieten.

Was also ist zu tun? Es geht nicht darum, genauso unverschämt, verletzend oder aggressiv zu reagieren wie mein Gegenüber. Sich nach dem Motto »Angriff ist die beste Verteidigung« aggressiv zur Wehr zu setzen, ist genauso schlecht, wie den Kopf in den Sand zu stecken und nichts zu sagen. Statt den anderen bei ungerechtfertigter Kritik auch abzukanzeln, ist es besser, sachlich zu bleiben und ruhig zu sagen: »Sie wissen, dass Ihr Vorwurf so nicht stimmt. Ich möchte nicht, dass Sie in diesem Ton mit mir reden. Ich werde es nicht dulden, dass Sie mich weiter beleidigen!« Verletzende Kritik und demütigende Aggressionen sollten Frauen niemals unwidersprochen stehen lassen. Um unsere Würde zu wahren ist es äußerst wichtig, anderen ohne Umschweife zu verstehen zu geben, dass wir für berechtigte Kritik zwar offen sind, dass wir uns Beleidigungen jedoch nicht gefallen lassen.

Helga hat ihrem Mann nach reiflicher Überlegung zu verstehen gegeben, dass sie nicht mehr gewillt ist, ihm zuliebe nur gedeckte Farben zu tragen. Beim Einkaufsbummel rät ihr die Freundin zu einem knallroten Kleid, das Helgas Haarfarbe bestens unterstreicht. Als sie ihrem Mann stolz das neue Kleid präsentiert, meint dieser nur zynisch: »Du siehst darin aus wie eine zermatschte Tomate. Meinst du, das kannst du dir in deinem Alter noch erlauben?« Helga bleibt die Luft weg. Sie wagt nicht zu widersprechen, zumal ihr innerer Kritiker schon ähnliche Zweifel geäußert hat. Vielleicht trägt sie wirklich zu dick auf? Obwohl sie nach dem Einkauf äußerst beschwingt nach Hause kam, zieht sie das Kleid nie mehr an. Ihr Mann hat gesiegt.

Helga kann sich gegen die aggressive Antwort ihres Mannes nicht zur Wehr setzen. Statt ihn und sein unsensibles Verhalten infrage zu stellen, zweifelt sie an ihrem eigenen Geschmack. Der innere Kritiker spielt eine bedeutende Rolle, wenn Frauen zu einem Nein oder zu eigenen Wünschen und Bedürfnissen nicht stehen können, weil ihnen Kritik von außen begegnet. Wenn uns die Kritik eines anderen Menschen so trifft, dass wir verstummen, dass wir wie ein Kartenhaus zusammenfallen, so können wir davon ausgehen, dass jemand *in uns* der gleichen Meinung ist wie der Aggressor im Außen. Nur das, was wir selbst von uns glauben, und sei es auch noch so verborgen, kann uns treffen. Der innere Kritiker bedient sich praktisch der Kritik, die von außen kommt, und lässt uns glauben, dass sie berechtigt ist. Er macht uns wehrlos, bringt uns in die Ohnmachtsposition und damit weg vom eingeschlagenen Kurs.

Frauen tappen nur allzu leicht in die Kritik- oder Aggressionsfalle, da sie häufig nur wenig Zugang zu ihrem eigenen Aggressionspotential haben. Sie ziehen es vor, die Rolle des netten Mädchens oder der guten Mutter einzunehmen, die Auseinandersetzung und Streit meidet. Wenn ihnen ein Nein doch einmal über die Lippen kommen sollte und diesem Nein mit Vorwürfen und Kritik begegnet wird, so nehmen sie dieses Nein schnell zurück, um wieder Harmonie herzustellen. Doch zurück bleiben frustrierte Frauen, deren Bedürfnisse auf der Strecke bleiben.

Machen Sie sich also klar, wie Sie reagieren wollen, wenn Sie wieder attackiert werden. Richten Sie ihr Augenmerk dabei nicht nur auf den Inhalt des Angriffs, sondern vor allem auf die Art und Weise, wie an Ihnen Kritik geübt wird. Verwahren Sie sich gegen ungerechtfertigte und unsachliche Kritik.

Die spirituelle Wachstumsfalle

Zu Anfang dieses Jahrhunderts war die spirituelle Suche nur für einige wenige Menschen, vor allem für Männer, interessant und relevant. Die breite Masse strebte vorwiegend nach materiellen Werten und äußeren Zielen. Diese Situation änderte sich in den sechziger Jahren. Das Interesse an Bewusstseinsveränderung und Spiritualität wuchs in dieser Zeit gewaltig und schwappte wie eine Welle über die gesamte westliche Welt. Da wurde mit bewusstseinserweiternden Drogen experimentiert, und das Interesse an östlicher Philosophie, an Yoga und Meditation wuchs. Waren bis dahin die traditionellen Religionen Hauptträger der geistigen Wahrheit, war der einzelne Mensch auf den Priester angewiesen, der zwischen ihm und Gott vermittelte, so suchten Menschen nun auf verschiedenen Wegen die direkte mystische Erfahrung. Statt der Bibel lagen das Totenbuch der Tibeter, die Bhagavadgita oder die Upanishaden neben dem Bett, statt Urlaub am Strand von Italien oder Griechenland zu machen, fuhr man zu Gurus nach Indien, zu tibetischen Rinpoches, Zen-Meistern, zu den Sufis in die Türkei oder zumindest zu Exerzitien ins Kloster. Politisches und soziales Engagement waren zwar nicht unwichtig, doch der Ich-Findung wurde – zumindest in einigen Kreisen – noch mehr Bedeutung beigemessen.

Viele Suchende konnten ihre leistungsorientierte Konditionierung jedoch nicht am Tor eines Ashrams oder an der Klosterpforte zurücklassen. Es konnte ihnen mit der Erleuchtung gar nicht schnell genug gehen. Sie wollten es unbedingt in diesem Leben schaffen, jetzt, sofort! Und so machten sie die spirituelle Reise zu einem Leistungskurs, verloren den Weg weitgehend aus den Augen und sahen nur noch das Ziel. So mancher Suchende betrieb regelrechtes »Guru-Hopping«, das heißt, er hakte sämtliche spirituelle Meister und Meisterinnen in kürzester Zeit ab. Das New Age war eindeutig angebrochen.

Inzwischen treiben die Blüten des spirituellen Materialismus auf Esoterik-Messen ebenso wie in den Medien. Kein Radiosender ohne seine Kartenlegerin, kein Fernsehsender ohne den Wunderheiler und Astrologen. In einer Zeit, die von äußeren Unsicherheiten geprägt ist, suchen Menschen vermehrt Halt in der Religion und Spiritualität, im Übersinnlichen und Außerirdischen. Daran ist nichts falsch. Im Gegenteil: Auch ich bin der Ansicht, dass unsere Lebensweise zu einseitig auf Äußerlichkeiten ausgerichtet ist und das Innere vernachlässigt wird. Die Umweltverschmutzung ist in aller Munde – von der Innenweltverschmutzung redet niemand. Es ist mir jedoch ein Anliegen, auf einige Irrungen und Wirrungen hinzuweisen, die meiner Meinung nach auf dem Weg nach innen passieren können.

Die spirituelle Wachstumsfalle habe ich bereits zu Anfang des Buches erwähnt. Ja, Hingabe, Toleranz, Egolosigkeit, Mitgefühl und Erwartungslosigkeit sind die Eintrittskarten in die Welt des geistigen Pfades. Und so verkünden spirituelle Lehrer und Meister: »Lass alle Erwartungen fallen! Gib dich hin! Frage nicht! Fragen sind nur Futter für den Verstand! Lass alle Widerstände und Zweifel beiseite und sage einfach ja. Verwandle deine negativen Gefühle in Liebe!«

Ich maße mir nicht an, diese Aussagen infrage zu stellen. In ihnen steckt eine tiefe Wahrheit. Als Ausrichtung sind mir die oben genannten Dinge selbst äußerst wichtig. Doch an allererster Stelle bin ich ein normalsterblicher Mensch, mit Schwächen und Fehlern behaftet. Und das ist in Ordnung. Kein Mensch kann eine Entwicklungsstufe überspringen. Ich möchte nicht das Opfer eines inneren spirituellen Perfektionisten oder Antreibers werden, der mich sofort niedermacht, wenn ich meine Stimme erhebe, wenn ich nicht sanft, brav, mitfühlend und in meinem Herzen bin.

Ich sehe es als große Gefahr des New Age an, wenn Menschen aufhören, Dinge zu hinterfragen, wenn sie unmenschliche Anforderungen an sich stellen, sich mit irgendwelchen heiligen oder erleuchteten Wesen vergleichen und dabei zu blassen, impotenten Gestalten verkümmern, die einfach nachplappern, was der Lehrer sagt. Manche Menschen reden mit einer Selbstverständlichkeit über Dinge, welche nicht ihrer eigenen Erfahrung entstammen, die mir dumm und überheblich erscheint. Sie sagen Ja und Amen zu einer Sache, ohne sich zu fragen, ob es für sie die richtige ist.

Ich traf auf meinem eigenen Weg viele ernsthafte Sucher und Sucherinnen, die zwar ihre Lehrer hatten, sich letztendlich jedoch auf ihren eigenen gesunden Menschenverstand verließen, auch wenn dieser den Fingerzeigen des Lehrers widersprach. Unter den spirituellen Suchern befanden sich auch jede Menge unmündiger Mitläufer, die nur schwer unterscheiden konnten zwischen echten Meistern und falschen Propheten. Nicht selten konnte ich beobachten, wie Menschen Meditation als Flucht vor Auseinandersetzungen benutzten und ihre Angst, ihre Wut oder Abneigung gegen einen Mitmenschen einfach »wegmeditierten«. Sie gebrauchten ihre spirituelle Ausrichtung, um ihre Schattenseiten nicht zeigen zu müssen.

Für mich ist die spirituelle Wachstumsfalle eine der hinterhältigsten Jasagefallen. Im Namen Gottes, der allumfassenden Liebe oder sonstigem wird nur allzu leicht ein Pol aus unserem Leben verbannt: die Nein-Seite. Ich sehe keinen Unterschied zwischen einer bigotten Nonne und einer »schein-heiligen« New-Age-Anhängerin. Beiden fehlt der Biss, der wilde, ekstatische Aspekt der Priesterin. Das spirituelle Mäntelchen kann ein phantastischer Schutz sein. Ich stelle mich über meine Mitmenschen, indem ich ihnen ihre Fehler gnädig verzeihe, ihnen gar noch Licht und Liebe schicke, wenn sie mich angegriffen oder beleidigt haben. So verweigere ich anderen Menschen die Ebenbürtigkeit.

10. Das Nein in Liebe, Beziehung und Partnerschaft

Am Anfang einer Liebesbeziehung steht das bedingungslose Ja. Wir öffnen uns dem geliebten Menschen und überschreiten unsere Ich-Grenzen. Das Ja scheint die Eintrittskarte in die Welt der Liebe zu sein. Unsere Ursehnsucht nach Einheit ist durch das gegenseitige Ja, durch die Symbiose zunächst gestillt; doch dieser paradiesische Zustand dauert nur wenige Wochen oder Monate an.

Was in der ersten Verliebtheitsphase eher ein Gefühl war, wird bei der Heirat schließlich zum Versprechen. Wir geben uns das Ja-Wort, »bis dass der Tod uns scheidet«. Doch immer seltener wird dieses Versprechen eingelöst. Die Zahl der Scheidungen steigt stetig. Nur allzu leicht wird aus dem anfänglich bedingungslosen Ja ein totales Nein. Meist verläuft eine Trennung nicht ohne Schwierigkeiten. Die Ehepartner streiten sich bis aufs Messer um die Kinder, um Geld und gemeinsamen Besitz. Wie kommt es dazu, dass zwei Menschen, die sich einmal wirklich geliebt haben, am Ende so verfeindet sind, dass sie sich gegenseitig schaden wollen?

Unzählige Liebesbeziehungen scheitern an der Tatsache, dass die Partner nie gelernt haben, *rechtzeitig* nein zu sagen. In vielen Köpfen geistert die irrige Vorstellung herum, Liebe sei gleichbedeutend mit einem bedingungslosen Ja, wahre Liebe meine unumschränkte Hingabe, totale Verschmelzung mit dem Du! Ein Nein hat in dieser Philosophie keinen Platz. Abgrenzungstendenzen werden als Verrat an der Liebe betrachtet. »Du liebst mich nicht mehr!« schmollt Ina, als Michael sich nach einigen Wochen trauter Zweisamkeit auch mal wieder mit seinen alten Freunden treffen möchte und diesen Wunsch Ina gegenüber vorsichtig äußert. Michael will Ina nicht verletzen. Schuldbewusst gibt er nach und bleibt zu Hause.

Dieses symbiotische Muster macht die Beziehung zu einem goldenen Käfig, dem Michael irgendwann zu entrinnen versuchen wird. Hat das Nein, haben Distanz und Raum in der Beziehung keinen Platz, so wird sich das Nein versteckte Wege suchen, um zu seinem Recht zu kommen. Viele Paare erkennen nicht, dass der »harmlose Seitensprung« in Wirklichkeit ein Nein zur bestehenden Partnerschaft bedeutet. Auch Impotenz und Frigidität können Widerstand gegen zu viel Symbiose bedeuten. Werden Aggression, Kritik und Streit aus der Beziehung verbannt, so erstickt das Ja zur Liebe schließlich in Scheinharmonie. Findet das Nein seinen Platz nicht *in* der Beziehung, so bleibt als letzter Ausweg häufig nur noch das Nein *zu* der Beziehung, das heißt die Trennung oder Scheidung.

Verschmelzung und Abgrenzung treten niemals getrennt auf. Sie sind die beiden Seiten ein und derselben Münze. Nähe und Distanz, Intimität und Autonomie, Bindung und Freiheit sind elementare Bedürfnisse im Menschen. *Beide* wollen in einer Liebesbeziehung ihr Recht haben. Fehlt eine Seite, so ist das Beziehungsschiff zum Kentern verurteilt.

Ich möchte im folgenden näher ausführen, was geschieht, wenn das Nein in der Liebe keinen Platz hat. Ich habe den Prozess der Entfremdung in vier Phasen nachgezeichnet:

1. Phase:

Zunächst einmal geht jedes Paar durch die Phase der Verliebtheit, der Symbiose und Verschmelzung. Man möchte möglichst viel gemeinsame Zeit verbringen, sich nahe sein und projiziert auf den anderen sein eigenes positives Bild. Die rosarote Brille der Verliebtheit lässt den anderen, der sich natürlich nach Kräften bemüht, seine besten Seiten zu zeigen, in strahlendem Licht erscheinen. Distanzbestrebungen machen sich in dieser Zeit zunächst kaum bemerkbar. Allzu schnell werden kleine, innere Widerstände vom Tisch gewischt. Schließlich passt das Nein nicht ins Konzept des harmonischen Paares, das sich nie streitet und immer gemeinsam lächelnd auftritt. Symbiose geht über alles! Wenn bestimmte Verhaltensweisen nerven, so sagt sich die liebende Frau: »Sei doch nicht so kleinlich! Du bist auch nicht perfekt!« Noch fällt es ihr leicht, Kompromisse zu schließen. Abwehrreaktionen werden, wenn überhaupt wahrgenommen, nicht mitgeteilt. Es ist dem Mann fast peinlich, seiner Geliebten sagen zu müssen, dass er einen Abend für sich allein braucht. »Schließlich ist sie so lieb und nett! Ich kann sie doch nicht verletzen!« Also macht auch er einen faulen Kompromiss. Doch wirkliche Nähe und Zufriedenheit leben von einer guten Spannung zwischen den Partnern, die der natürliche Rhythmus von Vereinigung und Abgrenzung schafft.

2. Phase:

Werden die Distanzbestrebungen der ersten Phase nicht ernst genommen und immer wieder verdrängt, so passiert genau das, was das Paar um jeden Preis vermeiden will: Der Abstand zwischen den beiden wird unmerklich größer. Sie ist öfter mal gereizt, er beginnt sich hinter die Zeitung zurückzuziehen. Man ist enttäuscht und verwirrt, dass der andere nicht mehr so tolerant und zugewandt ist wie zu Anfang, sondern auf Abstand geht. Echte Wärme und Nähe werden vermisst. Das Paar unternimmt verzweifelte Versuche, möglichst schnell wieder Harmonie herzustellen, doch längst haben beide eine emotionale Sperre errichtet und sind – auch wenn sie es nicht wahrhaben wollen – unterschwellig böse aufeinander. Aus dem inneren Widerstand sind Ressentiments geworden. Während die Frau in der Regel ihren Schmerz zu kompensieren versucht, indem sie den Mann mit Aufmerksamkeit oder Sticheleien verfolgt, zeigt der Mann eindeutige Fluchttendenzen (die Rollen von Mann und Frau können selbstverständlich auch vertauscht sein).

3. Phase:

Die unterschwellige Ablehnung schlägt nun in offene Antipathie um. Das Paar sucht regelrecht nach Fehlern beim anderen und greift ihn verbal oder nonverbal an. Was in der Verliebtheitsphase als anziehend galt, wird nun offen oder verdeckt attackiert. So wird die Großzügigkeit des anderen als Verschwendungssucht betitelt, die Ordnungsliebe als Putzfimmel kritisiert. Doch diese affektgeladenen Vorwürfe sind immer negative Projektionen des eigenen Unbewussten. Es ist einfacher, den Partner anzugreifen, als die eigenen Schattenanteile zu erkennen. Der andere nervt einfach. Alles, was er oder sie tut, wird als ärgerlich empfunden. Zur emotionalen Entfremdung kommt in dieser Phase auch noch die physische Entfremdung. Die sexuelle Anziehung lässt nach.

Wie pubertierende Jugendliche gegen die Eltern rebellieren, um den Ablösungsprozess zu beschleunigen, so ringt das Paar um ein Gleichgewicht von Autonomie und Nähe, indem es heftig miteinander kämpft. Diese Phase, so schmerzhaft sie auch sein mag, birgt eine große Chance für die Beziehung. Häufig bedarf es dann der Hilfe von außen, um nicht in gegenseitigen Vorwürfen stecken zu bleiben. Leider überspringen harmoniesüchtige Paare diese Phase. Sie erkennen nicht, dass Hass und Streit die Voraussetzungen für einen Neubeginn in der Liebe schaffen können und somit einen wichtigen Platz in der Beziehung haben. Deshalb landen sie direkt in der vierten Phase.

4. Phase:

Irgendwann ist Gleichgültigkeit eingekehrt. Man hat sich arrangiert. Aus Liebenden sind Zimmergenossen geworden, die zwar Tisch und Bett miteinander teilen, doch Leidenschaft, Freude und Intimität aus ihrem Leben verbannt haben. Die Resignation hat Einzug gehalten. Aus Angst vor dem Nein können beide Partner nicht mehr ja zueinander sagen. Bestenfalls spielen sie das Brüderchen/Schwesterchen-Spiel. Beide haben auf emotionalen Leerlauf geschaltet: So müssen sie den Schmerz ihrer verlorengegangenen Liebe nicht spüren.

Es ist tragisch, dass kaum ein Außenstehender die Probleme eines solchen Paares bemerkt. Im Gegenteil: Häufig gelten gleichgültige Paare als recht harmonisch, schließlich führen sie keine lautstarken Auseinandersetzungen. Doch ihr Frieden ist ein Scheinfrieden, ihre Harmonie eine Scheinharmonie. Dies ist die gefährlichste Phase einer Beziehung, die häufig in plötzlicher Trennung endet, wenn einer der Partner eine Außenbeziehung eingeht.

Für viele Menschen gibt es nur ein Entweder-oder. Entweder Liebe oder Hass, entweder Beziehung oder Freiheit, entweder Nähe oder Distanz. Ein Sowohl-als-auch scheint nicht möglich zu sein. Partnerbeziehung und Selbstverwirklichung geraten häufig in einen unvereinbaren Gegensatz. Wenn in der Beziehung keine Individualität möglich ist, wenn das Wörtchen *Ich* dem *Wir* völlig gewichen ist, bleibt irgendwann nur noch die Flucht ins Singledasein oder in die nächste Beziehung. Peter Schellenbaum sagt in seinem Buch »Das Nein in der Liebe«: »Liebe setzt ein Ich voraus, das einen festen Halt in sich selber hat und gleichzeitig für die Hingabe an ein Du offen ist. Das Ich braucht Festigkeit und Durchlässigkeit. Zwischen ihm und der Außenwelt braucht es offene, flexible Grenzen. Das Nein der Abgrenzung muss mit dem Ja der Liebe verbunden werden.«*

Leider haben nur wenige Menschen an ihren Eltern ein positives Vorbild für die eigene Beziehung. Meist hatten Vater und Mutter klar definierte Rollen: Der Vater hatte das Sagen, und die Mutter ordnete sich unter – oder umgekehrt. Entweder wurde gestritten, dass die Fetzen flogen, oder sämtliche Konflikte wurden fein säuberlich unter den Teppich gekehrt.

Eine gut funktionierende Partnerschaft muss selbst erarbeitet werden. Ich sage bewusst *erarbeitet*, denn sie fällt uns nicht in den Schoß. Eine Beziehung braucht genauso viel Pflege wie jeder andere Bereich unseres Lebens, in dem wir erfolgreich sein wollen. Klare, unmissverständliche Kommunikation ist eine der wichtigsten Voraussetzungen für das Gelingen einer Beziehung. So ist es wichtig, Konflikte einerseits nicht einfach unter dem Teppich verschwinden zu lassen und die Energie andererseits nicht in endlosen Hickhacks zu verschwenden.

Um Ihr Beziehungsleben lebendig zu erhalten, möchte ich Ihnen folgenden Vorschlag machen: Treffen Sie mit Ihrem Partner verbindliche Vereinbarungen, wann und wo Sie Raum und Zeit für Begegnung und Auseinandersetzung schaffen wollen. Sie können sich beispielsweise jede Woche einen Abend Zeit

---

* Peter Schellenbaum, Das Nein in der Liebe, Stuttgart: Kreuz Verlag 1984, S. 78.

für ein Gesprächsritual nehmen, bei dem Sie sich gegenseitig erzählen, was Ihnen momentan auf dem Herzen liegt. Ich zeige dir meine Welt und bin gleichzeitig Gast in deiner Welt. Achten Sie darauf, dass immer nur einer spricht – und zwar von sich – und der andere aufmerksam zuhört. Fragen und Ratschläge sind beim ritualisierten Gespräch nicht erlaubt. Drücken Sie bei diesen Gesprächen Ihre Gefühle aus und sprechen Sie über das, was spontan in Ihnen auftaucht. Jeder bestimmt selbst, worüber er sprechen will. Diese Art des Zwiegesprächs ist äußerst effektiv. Wenn Sie an den Gesprächsregeln genauer interessiert sind, empfehle ich Ihnen das Buch von Michael Moeller, »Die Wahrheit beginnt zu zweit«. Dort wird diese Form des partnerschaftlichen Gesprächs ausführlich behandelt.

Ich habe mich in diesem Abschnitt speziell auf den Aspekt der Abgrenzung und Individualität in einer Beziehung konzentriert. Natürlich sind auch Hingabe, Verschmelzung, Kompromissbereitschaft und Toleranz wichtig für das Gelingen einer Partnerschaft. Doch da Frauen dazu tendieren, jede Form von Egoismus als etwas Negatives abzustempeln, und häufig Liebe mit Aufopferung gleichsetzen, erschien es mir wichtig, den Aspekt der Abgrenzung hervorzuheben.

Frauen müssen lernen, dass Hingabe nicht mit Selbstaufgabe und Unterwerfung gleichgesetzt werden darf. Um mich hingeben zu können, muss ich mich erst einmal selbst besitzen. Deshalb ist das Nein in der Liebe so unabdingbar wichtig. Wenn ich weiß, dass ich mich abgrenzen kann, so kann ich mich experimentierfreudig auf das einlassen, was mein Partner möchte, auch wenn es den eigenen Wünschen widerspricht. Wenn ich das Nein energetisch in mir verankert habe, erwacht in mir ganz von selbst die Fähigkeit, über das Nein hinausgehen zu können.

11. Das Nein zu eigenen selbstzerstörerischen Verhaltensweisen und Gewohnheiten

Wie wir anderen Menschen gelegentlich Grenzen setzen müssen, so haben wir auch die Verpflichtung, nein zu unseren eigenen selbstzerstörerischen Verhaltensweisen zu sagen. Wir alle haben bestimmte Persönlichkeitsanteile, die uns mehr schaden als nutzen, wenn wir sie ungehindert gewähren lassen. So kann uns ein starker innerer Antreiber permanent beschäftigt halten und uns im Extremfall einen Herzinfarkt bescheren. Unser innerer Perfektionist kann seine Ansprüche so hoch schrauben, dass wir uns völlig gelähmt fühlen und schließlich aufgeben, wenn es darum geht, Neues in Angriff zu nehmen. Und last but not least kann ein ausgewachsener innerer Kritiker oder Patriarch unseren Selbstwert so stark infrage stellen, dass wir depressiv werden und an Selbstmord denken. Sind wir völlig mit diesen Stimmen identifiziert, so sehen wir die Welt durch ihre Brille und handeln zwanghaft nach ihrer Anschauung und Weltsicht. Wir können uns nicht vorstellen, dass es noch andere Möglichkeiten gibt, mit bestimmten Situationen umzugehen.

In jedem von uns steckt auch ein bedürftiges oder gieriges Kind, das nie genug kriegen kann. Da die meisten Menschen als Kinder nicht gerade mit Liebe und Zuneigung überhäuft wurden, befindet sich unser inneres Kind meist in einem Mangelzustand. Es will immer mehr – mehr an Schokolade, Alkohol, materiellen Gütern, Zuwendung oder was auch immer. Wenn wir es gewähren lassen, kann es uns mitunter großen Schaden zufügen. Deshalb sollten wir die Elternrolle für unser inneres Kind übernehmen und – wenn es sein muss – seiner Unersättlichkeit Einhalt gebieten. Es geht nicht darum, das innere Kind in die Wüste zu schicken und seine Bedürftigkeit zu verdrängen. Doch manchmal brauchen Kinder, auch die inneren, eine liebevolle Hand, die ihnen begreiflich macht, warum es jetzt besser ist, einem bestimmten Bedürfnis nicht nachzugeben. Diese Aufgabe kann nur ein Bewusstes Ich erfüllen. Unsere Hauptstimmen, die ursprünglich zum Schutz des inneren Kindes vorgesehen waren, können unsere Verletzlichkeit nur sehr unzureichend schützen.

Ich möchte hier keine Abhandlung darüber schreiben, was es bedeutet, selbstzerstörerisch mit sich selbst umzugehen. Jeder Mensch weiß ganz genau, was ihm gut tut und was ihm schadet, auch wenn er es manchmal nicht wahrhaben möchte. Wenn Sie sich nur durch Süßigkeiten ernähren oder sich bis über beide Ohren mit Arbeit eindecken, werden Sie bald spüren, dass dies Ihrer Gesundheit nicht zuträglich ist. Grundsätzlich kann man folgendes sagen: Alles, was über längere Zeit hinweg im Übermaß genossen oder betrieben wird, ist ungesund – zu viel Süßes, zu viel Alkohol, Kaffee, Arbeit oder Sport ist ebenso schädlich wie zu viel an Schlaf, Fernsehen oder Bequemlichkeit.

Wäre es nicht sinnvoll, nein zu sagen zu permanenter Überarbeitung, zu Dauerstress und all den kompensatorischen Konsumtrips? Meist findet der Verstand zwar gute Rechtfertigungen für unser zerstörerisches Verhalten, doch letztendlich müssen wir selbst die Rechnung bezahlen. So redet er uns beispielsweise ein, dass wir uns die Zigarette zur Entspannung redlich verdient haben oder dass wir das neue Kleid unbedingt brauchen, um »in« zu sein.

Leider ziehen wir eine kurzfristige Bedürfnisbefriedigung häufig langfristigem Wohlbefinden vor. Die meisten Menschen konzentrieren sich darauf, kurzfristige Unlustgefühle zu vermeiden und schnellstmöglich positive Erfahrungen zu sammeln, wobei dies oft langfristiges Unbehagen zur Folge hat. Um jedoch dauerhaft Freude, Glück und Zufriedenheit zu empfinden, müssen wir manchmal Versuchungen widerstehen oder kurzfristig Anstrengung und Schmerz hinnehmen. Wenn Sie beispielsweise abnehmen wollen, um sich langfristig gesünder und energievoller zu fühlen, müssen Sie den Schokoriegeln und Kartoffelchips widerstehen und eventuell vorübergehende Unlust- und Hungergefühle in Kauf nehmen.

Wir haben jeden Moment die Wahl zu entscheiden, wie wir leben, was wir fühlen oder denken wollen. Kein Mensch ist ausschließlich das Opfer widriger äußerer Umstände. Es liegt an uns, wie wir den Herausforderungen des Lebens begegnen. Unsere Probleme, Sorgen und Ängste entstehen in unserem Verstand. Das Leben erscheint uns ohne Sorgen nicht vorstellbar; doch Probleme und Sorgen sind Geschöpfe unseres eigenen Denkens. Sie machen uns auf die Dauer stumpf und müde. Hat die Sorge je ein Problem gelöst? Kommt die Antwort auf ein Problem nicht erst, wenn wir zur Ruhe kommen?

Doch viele Menschen scheuen sich, eine Pause einzulegen, könnten sich doch ungeahnte Abgründe ihrer Psyche vor ihnen auftun. Sorgen schützen vor solchen unliebsamen Entdeckungen. Und wer sich vor unliebsamen Entdeckungen fürchtet, muss ständig auf Abwehr bedacht sein. Rastlosigkeit und oberflächliche Geschäftigkeit ist die sicherste Form der Abwehr. So gilt Stress in unserer Gesellschaft als Statussymbol. Ein voller Terminkalender gibt uns das Gefühl, wichtig zu sein.

Der menschliche Verstand ist der unglaublichste Computer auf diesem Planeten, aber leider hat uns niemand das Benutzerhandbuch mitgeliefert. Wir schöpfen sein Potential viel zu wenig aus. Das menschliche Gehirn wiegt durchschnittlich drei Pfund, hat dreizehn Billionen Nervenzellen und erlaubt uns einen direkten Zugriff auf alle gespeicherten Daten. Es übertrifft jeden Computer an Speicherkapazität und Schnelligkeit. Es kann bis zu dreißig Milliarden Informationseinheiten pro Sekunde verarbeiten. Sein Netzwerk entspricht ca. zehntausend Kilometern Draht und Kabel. Das Gehirn lässt sich mit der Hardware vergleichen, der Verstand ist die Software. Wichtig dabei ist: Die Software kann verändert werden!

Der Verstand ist ein wertvolles und wichtiges Instrument, doch leider hat der Computer im Kopf häufig unser Lebensruder übernommen. Er spielt sich zum Herrn auf, und wir sind sein Diener. Er hat sich verselbständigt und tyrannisiert uns Tag und Nacht. Der Verstand ist vergleichbar mit einem Radiogerät, das man nicht mehr abstellen kann: Es dudelt vor sich hin, ob es gebraucht wird oder nicht. Ebenso pausenlos produziert unser Verstand Problemmeldungen, Zukunftsängste und Katastrophenphantasien. Die Tragik dabei ist, dass wir diese Hintergrundgeräusche meist nicht einmal bewusst wahrnehmen.

Um Nachrichten, Verkehrsfunk, ein Hörspiel oder Musik zu hören, ist ein Radio gut. Doch es ist nervtötend, vierundzwanzig Stunden am Tag berieselt zu werden, noch dazu mit Horrormeldungen. Wir fühlen uns dem Verstand und seinen Überlebensprogrammen hilflos ausgeliefert und wähnen uns ohnmächtig. Doch die Wahrheit ist:

Die Vergangenheit bestimmt nicht die Gegenwart und die Zukunft – wir haben die Wahl!

Noch ein paar nachdenkenswerte Anmerkungen zur Funktionsweise des Verstandes:

Der Verstand unterliegt dem Zwang zu denken. Das ist seine Bestimmung. Vom Beginn unseres Lebens an sammelt er eifrig bei jedem neuen Sinnesreiz Daten und speichert sie als Erinnerung ab. Er versucht Ordung ins anfängliche Chaos zu bringen, dem Leben Struktur zu geben. Im Lauf der Zeit formen diese Erinnerungen Ihre Glaubenssätze und Bilder vom Leben. Was Sie zu dem macht, was Sie sind oder was Sie zu sein glauben, ist die Summe all Ihrer Erfahrungen, Ihrer Gedanken. Alles zusammen ergibt ein Bild, das Sie von sich machen. Das gleiche gilt für Ihre Umwelt. Sie »erdenken» sich Ihre Realität, Ihr Selbstbild und das Bild anderer.

Der Verstand produziert durchschnittlich 50 000 bewusste und unbewusste Gedanken pro Tag. Neben produktiven Gedanken sammelt sich dabei auch jede Menge Gedankenmüll an. Es ist bemerkenswert, dass sich viele Menschen als Umweltschützer engagieren, doch um die Innenweltverschmutzung kümmert sich kaum jemand. Wir erlauben unseren negativen Gedanken, sich ungehindert in uns auszutoben, und fühlen uns unseren Ängsten und Begierden ausgeliefert. Wir bemitleiden uns selbst und richten unsere Aggressionen gegen uns. Wir grübeln, sorgen und ängstigen uns, obwohl wir wissen, dass es uns nicht gut tut oder weiterbringt. Wir gestatten dem Kritiker, Antreiber oder Perfektionisten, unser Lebensruder zu übernehmen, und sehen achselzuckend zu. Wie viel Zeit am Tag verbringen Sie damit, sich zu kritisieren, sich mit anderen zu vergleichen oder sich schlecht zu machen?

Alte Gewohnheiten sind stark. Unser innerer Schweinehund möchte immer den Weg des geringsten Widerstands gehen. Um so wichtiger ist es, ein Bewusstes Ich zu entwickeln, das den Teufelskreis der Negativität und Bequemlichkeit unterbrechen und selbstzerstörerische Verhaltensweisen verhindern kann. Das Bewusste Ich löst uns aus der Identifikation mit alten Denkmustern und befähigt uns, destruktive Anteile unseres Ichs in ihre Schranken zu weisen.

Übung:

Welche Gewohnheiten und Verhaltensweisen schaden mir auf die Dauer mehr, als sie mir nutzen?

____

____

Was wird langfristig geschehen, wenn ich diese Gewohnheiten und Verhaltensweisen beibehalte?

____

____

Welchen Nutzen werde ich haben, wenn ich diese Gewohnheiten und Verhaltensweisen aufgebe?

____

____

12. Aufbruch in die Entscheidungsfreiheit: Übungsprogramm

In Seminaren und Einzelsitzungen stelle ich immer wieder fest, dass Menschen große Veränderungsbereitschaft zeigen, solange sie über ihre Probleme reden. Wenn es jedoch darum geht, ganz konkret die nötigen Schritte in eine neue Richtung zu tun und andere Erfahrungen zu sammeln, machen sie oft einen Rückzieher. Sie verschieben auf morgen, was im Hier und Jetzt begonnen werden sollte, und erfinden allerhand Ausreden, um die eingefahrenen Gleise nicht verlassen zu müssen. Insgeheim hoffen sie auf ein Wundermittel, das ihnen ermöglicht, Veränderungen herbeizuführen, ohne selbst aktiv werden zu müssen.

Vor Ihnen liegt nun der praktische Übungsteil. Sie können ihn überfliegen und dann das Buch beiseite legen. Schließlich haben Sie jetzt begriffen, worum es geht. Es ist Ihnen einfach zu anstrengend, selbst etwas zu tun. Das ist eine Möglichkeit. Ich möchte Sie an dieser Stelle jedoch dazu ermutigen, den Übungsteil durchzuarbeiten. Vielleicht wollen Sie nicht alle Übungen machen und suchen sich nur einige wenige aus. Nur Sie allein wissen, wo Sie Unterstützung brauchen können. Vielleicht macht es Ihnen ja Spaß, neue Wege zu gehen und mehr über sich zu erfahren. Die Entscheidung liegt bei Ihnen.

Achten Sie darauf, dass Ihnen bei den praktischen Übungen Ihr innerer Kritiker nicht in die Quere kommt. Er ist schnell mit Bemerkungen wie »Mein Gott, was bist du nur für ein schrecklicher Mensch! Gib's auf!« bei der Hand, wenn es darum geht, dass Sie sich selbst besser kennenlernen. Lassen Sie sich von ihm nicht entmutigen.

Kindheitsbotschaften entschlüsseln und alte Regeln transformieren

Ich möchte Ihnen zunächst eine Übung zeigen, die Ihnen hilft, negative Glaubenssätze und Kindheitsbotschaften zum Thema Abgrenzung so zu verändern, dass sie für Ihr heutiges Leben passen. Sie wurde von der amerikanischen Familientherapeutin Virginia Satir entwickelt.

Jedem Verhalten – auch dem ewigen Jasagen – liegt eine Regel zugrunde, die ein Mensch im Laufe seines Lebens gelernt und als richtig befunden hat. Zu Anfang unseres Lebens sind Regeln wichtig, um mit unserer Umwelt und den Bedingungen, unter denen wir leben, zurechtzukommen und unser Überleben zu sichern. Regeln ermöglichen menschliches Zusammenleben. Unsere Eltern und andere Erwachsene geben uns diese Regeln nicht aus böser Absicht mit auf den Weg, nicht um uns einzuschränken oder zu »reglementieren«, sondern weil sie wollen, dass wir gute Menschen werden und im Leben zurechtkommen. Sie wollen uns vor schmerzlichen Erfahrungen, die sie vielleicht selbst gemacht haben oder befürchten, bewahren. Die Regeln, die innerhalb einer Familie gelten, sind eine starke Kraft, die großen Einfluss auf Erlebnisse und Erfahrungen in unserem späteren Leben haben.

Leider sind diese Regeln nicht immer positiv für uns. So gut sie gemeint sein mögen – viele Regeln schränken unsere Ausdrucksfreiheit und Individualität ein. Sie legen unser Verhalten rigide fest und können sehr destruktive Auswirkungen haben. Regeln beginnen – wenn wir es auf den Punkt bringen – mit »Du musst immer ...« oder mit »Du darfst niemals ...«. Virginia Satir war der Ansicht, dass die meisten von uns ein sehr unmenschliches Leben führen, weil sie unmenschlichen Regeln gehorchen.

Wir werden nun Regeln betrachten, die wir Frauen bezüglich Egoismus, Neinsagen, Grenzensetzen, Individualität und Gehorsam von unseren Eltern mitbekommen haben. Bedenken Sie, dass diese Regeln nicht immer direkt und offen ausgesprochen werden mussten. Viele unserer Eltern gingen den indirekten Weg und gaben uns Verhaltensrichtlinien mit, indem sie beispielsweise freche Nachbarskinder, vorlaute Cousins und Cousinen oder andere Personen schlecht machten, worauf Sie als kleines Mädchen vielleicht beschlossen haben, nie so zu werden wie diese. Vielleicht haben die Eltern auch bestimmte Personen bewundert und gelobt, was für Sie hieß, Sie sollten es ihnen gleichtun.

Ein paar Beispiele, wie unsere Regeln lauten können:
- Du musst immer lieb sein.
- Du darfst einem Erwachsenen nie widersprechen.
- Du musst immer nachgeben.
- Du darfst nie egoistisch sein.
- Du musst immer brav sein.
- Du darfst deine Gefühle nie zeigen.

Durch »sollte«, »muss«, »nie« und »immer« fühlt sich ein Kind bedroht, weil der zweite Teil des Satzes natürlich heißt: »sonst wird … passieren«. Die Strafe folgt auf dem Fuß. Und welches Kind hat nicht Angst vor Strafe, nicht nur vor Schimpfen und körperlicher Gewalt, sondern vor allem vor Liebesentzug?

Regeln können zu ehernen Gesetzen werden, und wir hatten als Kinder das Gefühl, als ginge es um Leben oder Tod, wenn wir gegen sie verstießen. So wurden wir *gezwungen*, sie einzuhalten, um geliebt zu werden bzw. um zu überleben. Regeln können also zu Überlebensregeln werden, die auch später im Erwachsenenleben noch gültig sind und zu gewaltigen Barrieren anwachsen. Deshalb, so meint Virginia Satir, ist es so wichtig, starre Regeln in positive Leitlinien umzuwandeln. Ich habe mit dieser Übung in Seminaren und Einzelsitzungen (und auch bei mir selbst) sehr gute Erfahrungen gemacht und möchte sie Ihnen deshalb ans Herz legen.

Nehmen Sie sich, bevor Sie weiterlesen, ein paar Minuten Zeit und schreiben Sie sich mindestens zehn Regeln auf, die Sie von Ihren Eltern mitbekommen haben. Beginnen Sie die Sätze mit »Du musst immer …« oder »Du darfst nie …«.

Meine Überlebensregeln:

Welchen Zweck erfüllen diese Regeln in Ihrem heutigen Leben? Passen diese alten Familienregeln heute noch für Sie? Welchen Preis zahlen Sie für ihre Einhaltung? Welche dieser Regeln haben Sie vielleicht an Ihre eigenen Kinder weitergegeben?

Vielleicht werden Sie gute Gründe finden, um diese Regeln zu legitimieren, um hilflos zu bleiben. Sie können sich einreden, Sie müssten auch als erwachsene Frau den alten Regeln folgen, sonst ... Doch wenn Sie ehrlich sind, werden Sie wahrscheinlich feststellen, dass Sie die alten Glaubenssätze heute mehr behindern, als dass sie Ihnen von Nutzen sind.

Suchen Sie sich nun die Regel aus, von der Sie glauben, dass sie Ihr heutiges Leben am meisten behindert. Mit dieser Regel wollen wir – stellvertretend für die anderen Regeln – weiterarbeiten. In vier Schritten werden wir die alte Regel in eine positive Leitlinie für Ihr heutiges Leben verwandeln.

Sie können die Übung allein machen. Besser ist es jedoch, wenn Sie von einer anderen Person, zum Beispiel einer guten Freundin, durch den Prozess begleitet werden. Sie kann Ihnen die nachfolgenden Fragen stellen. Falls Sie allein arbeiten, beantworten Sie die Fragen schriftlich.

1. Schritt:

Setzen Sie sich bequem auf einen Stuhl (Ihrer Freundin gegenüber) und schließen Sie die Augen. Sie bleiben während der gesamten Übung geschlossen. Sprechen Sie dann zwanzig- bis dreißigmal Ihren Satz in der Ich-Form *laut* aus.

Beispiel: Ich muss immer nachgeben.
Oder: Ich darf nie widersprechen.

Welche Gedanken gehen Ihnen dabei durch den Kopf? Welche alten Bilder tauchen auf? Wie fühlt sich Ihr Körper an, wenn Sie diesen Satz sagen?

Beantworten Sie diese Fragen sehr sorgfältig. Vielleicht spüren Sie einen Druck im Magen, Verspannungen im Schulterbereich oder im Gesicht, ein Engegefühl in der Herzgegend … Achten Sie genau darauf, welche Signale Ihr Körper gibt.

2. Schritt:

Der zweite Schritt besteht darin, Ihre Wahlmöglichkeit zu erweitern, indem Sie das Wort »müssen« oder »dürfen« durch »können« ersetzen.

Beispiel: Ich kann immer nachgeben.
Oder: Ich kann nie widersprechen.

Folgen Sie auch beim zweiten Schritt den Anweisungen des ersten Schrittes, das heißt, Sie sprechen den Satz mehrmals aus und achten dabei auf Gedanken, Bilder und Körperempfindungen. Was hat sich verändert?

3. Schritt:

Wir erweitern nun Ihre Wahlmöglichkeit noch mehr, indem wir das Wort »immer« oder »nie« durch »manchmal« ersetzen.

Beispiel: Ich kann manchmal nachgeben.
Oder: Ich kann manchmal widersprechen.

Achten Sie wieder auf Gedanken, Bilder und vor allem Körperempfindungen. Was hat sich jetzt verändert?

4. Schritt:

Machen Sie nun Ihre Aussage spezifisch, indem Sie »manchmal« weglassen und am Ende des Satzes »wenn« anfügen.

Führen Sie dann eine oder mehrere Situationen an, für die der neue Satz zutrifft, und sprechen Sie die neue Aussage mehrmals laut aus.

Beispiel: Ich kann nachgeben, wenn ich es für sinnvoll erachte (…wenn mich meine Tochter dringend braucht).
Oder: Ich kann widersprechen, wenn ich anderer Meinung bin (…wenn mir mein Chef einen ungerechtfertigten Vorwurf macht).

Wie geht es Ihnen jetzt? Wie fühlt es sich an, in der Kraft zu sein?

Im Lauf des Prozesses werden Sie bemerken, wie sich Ihre Muskeln entspannen, Ihre Atmung sich vertieft und Sie sich freier und lebendiger fühlen. Wenn Sie Ihre alten Regeln und Glaubenssätze in Leitlinien umwandeln können, so wird Ihr Selbstwertgefühl gestärkt. Sie können Ihren neu erarbeiteten Satz wie eine positive Affirmation verwenden und ihn sich im Laufe des Tages immer wieder vorsagen. Worte – ob laut ausgesprochen oder gedacht – haben eine starke Macht. Reden Sie sich permanent ein, Sie könnten oder dürften etwas nicht tun, so werden Sie mit der Zeit daran glauben und sich entsprechend verhalten. Sie werden sich ohnmächtig und schwach fühlen. Sagen Sie sich jedoch »Ich kann, wenn ich will«, so wird Sie dieser Satz stärken und in Ihrer Zielrichtung unterstützen. Mehr dazu im Kapitel »Affirmationen«.

Virginia Satir schlägt vor, von Zeit zu Zeit eine »Regelinventur« durchzuführen. Sie sagt: »Nichts bleibt ewig gleich. Denken Sie an Ihre Unterhosen, den Kühlschrank oder einen Werkzeugschrank. Sie alle haben Neuordnung, Ersatz, das Wegwerfen des Alten und das Hinzufügen von Neuem nötig.«

Folgende Fragen können Ihnen bei der Regelinventur helfen:

- Wie lauten meine jetzigen Lebensregeln?
- Wozu dienen sie?
- Welche Regeln passen noch für mich?
- Welche Regeln sind überholt und können verändert werden?
- Wie kann ich die alten Regeln umformulieren, so dass sie zu positiven Leitlinien für mein jetziges Leben werden?

Die Neinsage-Liste

Häufig merken wir erst im Nachhinein, daß jemand unsere Grenzen überschritten hat. In der Situation selbst laufen Automatismen ab, über die wir uns hinterher zwar ärgern können, doch oft haben wir bereits verständnisvoll mit dem Kopf genickt, unser Brave-Tochter-Lächeln aufgesetzt – und nun ist es zu spät. Deshalb ist es von Vorteil, wenn Sie sich an dieser Stelle Gedanken darüber machen, in welchen Situationen Sie sich in Zukunft besser abgrenzen wollen, was Sie nicht mehr tun möchten. Gehen Sie in Gedanken die verschiedenen Bereiche Ihres Lebens durch, in denen Sie mit anderen Menschen in Berührung kommen: Ihre Partnerschaft, Ihren Beruf, Ihre Beziehung zu den Kindern, zu Freunden, Verwandten usw.

Wozu wollen Sie in Zukunft nein sagen? Wo wollen Sie sich besser abgrenzen? Achten Sie dabei auf kleine, alltägliche Dinge genauso wie auf große Veränderungen mit weitreichenden Folgen. Das kann heißen, dass auf Ihrer Liste steht: »Ich will mich ab jetzt bemerkbar machen, wenn sich jemand im Supermarkt an der Kasse vordrängelt« oder: »Ich werde die Unordnung meines Sohnes nicht mehr dulden« – bis hin zu: »Ich werde meinem Chef sagen, dass ich nicht mehr bereit bin, so viele Überstunden zu machen.« Formulieren Sie Ihre Veränderungswünsche so konkret wie möglich! Verlieren Sie sich nicht in Verallgemeinerungen. Denken Sie an all die Situationen, in denen Sie bisher faule Kompromisse gemacht und sich hinterher darüber geärgert haben. Lassen Sie sich zum Anlegen der Liste mehrere Tage Zeit und ergänzen Sie so lange, bis Ihnen nichts mehr einfällt.

Dazu möchte ich in Zukunft nein sagen / Dagegen möchte ich mich zur Wehr setzen / Hier möchte ich mich besser abgrenzen:

Wenn Ihre Liste fertig ist, suchen Sie den Punkt heraus, den zu verändern Ihnen am leichtesten fällt, und geben Sie ihm die Nummer 1. Nummerieren Sie nun die ganze Liste durch, wobei der schwierigste Punkt als letzter auf Ihrer Skala auftaucht. Wenn Sie darangehen, Veränderungen einzuleiten, beginnen Sie mit dem Einfachsten. So haben Sie am ehesten Erfolg und können Erfahrungen im Neinsagen sammeln. Beginnen Sie mit dem für Sie schwierigsten Punkt, so besteht die Gefahr, dass Sie sich überfordern und aufgeben. Setzen Sie sich ein Zeitlimit. Bis wann möchten Sie den ersten Punkt in Angriff genommen haben?

Übung: Was werden nur die anderen denken?

In den beiden nächsten Kapiteln befassen wir uns mit Ihrer Angst vor der Reaktion Ihrer Mitmenschen, die möglicherweise entsteht, wenn Sie Ihre Abgrenzungspläne in die Tat umsetzen wollen. Ich kann mich noch sehr genau erinnern, wie wichtig es meiner Mutter war, dass wir Kinder in der Schule oder in der Nachbarschaft nicht negativ auffielen. Wie oft sprach sie vom goldenen Mittelweg! Eigentlich war sie selbst recht tolerant und großzügig, doch dass ihre Familie bei Nachbarn, Verwandten, Lehrern und Pfarrer einen guten Eindruck machte, war ihr sehr wichtig. So stellte sie eigene Wünsche und die ihrer Kinder eher zurück, wenn die Gefahr drohte, jemand könnte Schlechtes von uns denken.

Was werden nur die anderen von mir halten, wenn ...? Diese Frage beschäftigt viele Frauen und beeinflusst ihre Handlungsweise nachhaltig. Gewohnt, sich im Außen zu orientieren und nach Bestätigung zu suchen, ist diese Frage für sie von zentraler Wichtigkeit, besonders dann, wenn sie aus ihrem gewohnten Verhaltensmuster ausbrechen.

Zu den Grundbedürfnissen jedes Menschen zählt der Wunsch nach Anerkennung und Liebe. Je weniger Wertschätzung ich für mich selbst habe, desto mehr muss ich Bestätigung im Außen suchen. Ich bin darauf angewiesen, was andere Menschen von mir halten. Nehmen Sie sich deshalb die obige »Neinsage-Liste« noch einmal vor und notieren Sie sich, was Ihrer Meinung nach andere Menschen denken werden, wenn Sie wirklich in die Tat umsetzen, was Sie sich notiert haben.

Liste: Was werden nur die anderen (= mein Mann, die Kinder, Eltern, Nachbarn, Verwandte, Vorgesetzte, Kollegen ...) von mir denken, wenn ...?

Änderungswünsche	Was werden die anderen denken?
______________________	______________________
______________________	______________________

Beispiel: Ich möchte meiner Tochter klarmachen, dass ich nicht mehr bereit bin, ihr teures Hobby zu finanzieren.

Was wird sie von Ihnen denken? Sie wird denken, dass Sie kleinlich sind, eine schlechte Mutter. Sie wird wütend auf Sie sein und Sie ablehnen.

Fragen Sie sich nun weiter, ob Sie diese temporäre Ablehnung aushalten können. Was wird mit Ihnen passieren, wenn Ihre Tochter nicht gut auf Sie zu sprechen ist? Sicher wird sie nicht erfreut sein, schließlich muss sie sich überlegen, wie sie selbst ihr Hobby finanzieren kann. Vielleicht wird sie schmollen oder Ihnen Vorwürfe machen. Sie müssen nun aufpassen, dass Ihr innerer Kritiker diese Vorwürfe nicht aufgreift und Sie zusätzlich peinigt. Überlegen Sie sich gute Argumente für Ihre Weigerung. Lernen Sie, Spannungen und Missstimmung auszuhalten. Konflikte gehen auch vorüber. Suchen Sie sich Unterstützung bei Ihrem Partner, bei Freundinnen oder anderen Personen. Betrachten Sie nicht nur die unmittelbaren Schwierigkeiten, sondern auch den Nutzen, den Sie in Zukunft haben werden. Langfristig werden Sie auf jeden Fall davon profitieren. Ihre Tochter hat eine Mutter vor sich, die nicht zu allem Ja und Amen sagt, sondern auch an sich selbst denkt. Somit sind Sie ein positives Rollenvorbild für sie. Und schließlich können Sie das Geld für die Verwirklichung eigener Interessen nutzen.

Die Katastrophenphantasie

Wenn Frauen die gewohnten Gleise verlassen und aus der Rolle der Nachgiebigen, Gutmütigen und Duldsamen aussteigen, so meldet sich ihr verletzlicher Teil, das innere Kind, mit den schlimmsten Befürchtungen. Hat bisher die gute Mutter oder brave Tochter für den Schutz dieses inneren Kindes gesorgt, indem sie alles tat, um Anerkennung und Zuwendung von anderen Menschen zu erhalten, so ist das innere Kind jetzt extrem verunsichert, ob das neue Verhalten, zum Beispiel ein klares Nein, nicht in die Katastrophe führen wird.

Tatsächlich geraten viele Frauen in Panik, wenn sie klar Stellung beziehen sollen, anstatt auf altbewährte Tricks zurückzugreifen. In ihrer Phantasie beschwören sie eine Katastrophe herauf, die unwiederbringlich in den Abgrund führen wird. Ich beschreibe im folgenden die Katatrophenphantasie einer Klientin:

Alexandra ist 32 Jahre alt, verheiratet und hat zwei Kinder. Seit einiger Zeit spürt sie, dass sie mehr Raum für sich braucht und im gemeinsamen Haus gern ein Zimmer für sich hätte. In ihrer Vorstellung würde in diesem Zimmer ihre Töpferscheibe stehen, einige Bücher, Bilder, die ihr gefallen, würden an der Wand hängen und – sie wagt es kaum auszusprechen – ein Bett, in dem sie hin und wieder allein schläft. Doch Alexandra traut sich nicht, diesen Wunsch laut kundzutun. Ich fordere sie auf, sich das Schlimmste vorzustellen, was passieren könnte, wenn sie ihrem Mann offen sagen würde, was sie möchte.
Alexandra: Jens würde die Welt nicht mehr verstehen. Er wäre irritiert und würde sich vernachlässigt fühlen.
Ich: Was würde geschehen, wenn sich Jens vernachlässigt fühlte?
Alexandra: Er würde sich von mir zurückziehen.
Ich: Und dann?
Alexandra: Er würde unsere Ehe infrage stellen.
Ich: Was wäre, wenn Jens Eure Ehe infrage stellte?
Alexandra: Er würde sich vermutlich über kurz oder lang eine Freundin suchen, die mehr auf seine Bedürfnisse eingeht.
Ich: Was würde dann passieren?

Alexandra: Er würde mich und die Kinder verlassen.
Ich: Wie würde es dir damit gehen?
Alexandra: Es wäre entsetzlich für mich! Ich glaube, ich würde einen Nervenzusammenbruch erleiden.
Ich: Könnte es nicht noch schlimmer kommen? Bitte male dir die totale Katastrophe aus!
Alexandra: Ich könnte wahrscheinlich das Haus finanziell nicht halten und müsste in eine kleine Sozialwohnung ziehen.
Ich: Und weiter?
Alexandra (schmunzelnd): Ich würde unter Depressionen leiden, weil ich zu alt bin, um einen neuen Partner zu finden. Wahrscheinlich wäre ich so niedergeschlagen, dass ich nicht mehr arbeiten könnte. Meine Kinder würden schwierig werden und so bald wie möglich das Haus verlassen. Vielleicht würde ich dem Alkohol oder Tabletten verfallen und schließlich auf der Straße landen. Am Ende würde ich einsam und verlassen wie ein räudiger Hund im Straßengraben sterben. (Sie lacht.)

Die Katastrophenphantasie schafft Distanz zu unseren Ängsten. Durch bewusste Übertreibung unserer Befürchtungen, durch die Projektion der Katastrophe in die Zukunft führen wir unsere Bedenken ad absurdum und können so darüber lachen. Humor schafft Distanz. Und Distanz ist wichtig, wenn wir neue Schritte gehen wollen.

Schreiben Sie nun Ihre eigene Katastrophenphantasie auf. Was wird geschehen, wenn Sie Ihren Sohn zu mehr Mitarbeit auffordern, wenn Sie um Gehaltserhöhung anfragen, wenn Sie Ihrem Partner sagen, dass Sie ihn künftig nicht mehr auf seinen extremen Bergtouren begleiten werden? Übertreiben Sie ruhigen Gewissens, malen Sie sich in allen Einzelheiten all die schrecklichen Dinge aus, die passieren werden, bis Sie schließlich im Abgrund landen.

Meine Katastrophenphantasie:

___

___

Übung: Wenn ich frei wäre von der Meinung anderer Menschen, würde ich …

In der folgenden Übung sollen Sie sich vorstellen, wie Ihr Leben aussehen würde, wenn Ihr neues Verhalten, Ihr Nein keine negativen Konsequenzen nach sich ziehen würde. Was würden Sie tun, wenn andere Menschen Ihre Handlungsweise tolerierten, wenn keine äußeren Zwänge, Einschränkungen existierten, wenn die befürchtete Katastrophe nicht einträte?

Vielleicht werden Sie sich fragen, wozu das gut sein soll. Schließlich leben wir nicht im Märchen, sondern in der Realität. Und die stellt ihre Anforderungen. Das ist richtig. Doch mit der folgenden Übung möchte ich Sie verführen, sich einmal alle äußeren Zwänge wegzudenken, damit Sie Ihrer Sehnsucht, Ihren Träumen, Hoffnungen und Wünschen freien Lauf lassen können. Denn häufig resignieren wir von vornherein und glauben, dass unsere Träume und Wünsche nicht realisierbar sind. Wenn Sie nur ein wenig von dem, was dann auf Ihrer Liste steht, umsetzen werden, so kann eine Menge geschehen.

Glauben Sie mir, Sie sind freier als Sie denken! Viele unserer Einschränkungen, viel von dem Druck, den wir verspüren, haben wir nach außen projiziert. In den meisten Fällen machen wir uns den Druck selbst. Unser jetziges Leben basiert auf früheren Entscheidungen. Sie, und niemand sonst, haben sich für eine bestimmte Lebensform entschieden, weil sie Ihnen vorteilhaft erschien, zumindest vorteilhafter als etwas anderes. Und wenn Ihnen Ihre Lage jetzt aussichtslos erscheint, so müssen Sie wissen: Sie ist es nicht. Ein anderer Mensch würde mit der gleichen Situation vielleicht ganz anders umgehen als Sie.

Denken Sie nun an eine ganz bestimmte Person, von deren wohlwollender Meinung Sie abhängig zu sein glauben. Wie würden Sie sich verhalten, wenn die andere Person unwichtig wäre, wenn Sie von ihrer Meinung unabhängig wären?

Wenn ich von … Meinung unabhängig wäre, würde ich …

Als ich einer Klientin einmal diese Frage stellte, antwortete sie mir:
»Wenn mein Mann damit einverstanden wäre, würde ich einmal pro Woche einen Aquarellkurs besuchen. Ich würde nicht mehr jeden Tag eine warme Mahlzeit auf den Tisch stellen. Auf keinen Fall wäre meine Schwiegermutter jeden Sonntag zu Gast. Ich würde mich sicher öfter mit meinen Freundinnen treffen. Vielleicht würden wir sogar mal zusammen in Urlaub fahren. Das wäre ein Traum!«
Beflügelt von dieser Phantasie begann diese Frau, nicht mehr jeden Tag ein komplettes Menü zu kochen, und war völlig verblüfft, dass ihre Familie nicht verärgert war. Im Gegenteil: Alle freuten sich, hin und wieder essen zu gehen und nicht allabendlich die Pflichtmahlzeit einnehmen zu müssen. So wagte sie den nächsten Schritt und schrieb sich an der Volkshochschule für einen Malkurs ein. Zu ihrem eigenen Erstaunen war ihr Mann nicht beleidigt. Sie hatte ihre eigenen Ängste und Überzeugungen auf die Familie projiziert.

Wünsche und Bedürfnisse äussern

Wünsche und Bedürfnisse klar und direkt äußern zu können, ohne manipulative Strategien anzuwenden, ist ebenso wichtig wie nein sagen zu können. Damit Sie sich klar abgrenzen können, müssen Sie Ihre Wünsche und Bedürfnisse kennen. Häufig fällt es uns leichter zu formulieren, was wir *nicht* wollen, anstatt zu sagen, was wir möchten. Wir bringen zum Beispiel eher zum Ausdruck, dass wir nicht mehr gewillt sind, die Unordnung anderer zu beseitigen, anstatt ihnen zu sagen, dass wir ab jetzt jeden Tag eine Stunde ungestört in einem Buch lesen wollen.

Besonders Frauen sind darauf konditioniert, bescheiden zu sein und zurückzustecken. In den Augen der guten Mutter oder braven Tochter ist jeder Wunsch eine Anmaßung. Viele Frauen sind Meisterinnen, wenn es darum geht, *anderen* Menschen jeden Wunsch von den Lippen abzulesen. Die eigene Bedürftigkeit ist häufig mit Scham- und Schuldgefühlen zugedeckt und wird schlicht und einfach übergangen. Als Kinder wurden wir vielleicht abgewiesen, wenn wir bedürftig waren. Die Eltern hatten keine Zeit, waren mit anderen Dingen beschäftigt oder selbst sehr bedürftig. So fanden wir heraus, dass es sich besser leben lässt, wenn wir für andere da sind und die eigenen Wünsche begraben.

Ich möchte Sie an dieser Stelle auffordern, eine Wunschliste anzulegen. Was wünschen Sie sich? Was sind Ihre Bedürfnisse? Sie können bei dieser Übung Ihr Leben ganz allgemein betrachten oder sich einen bestimmten Bereich, wie zum Beispiel Beruf, Familie, Beziehung / Partnerschaft, Wohnsituation, Geld oder spirituelle Weiterentwicklung aussuchen. Formulieren Sie Ihre Wünsche *so konkret wie möglich und positiv.*

Achtung: Während Sie Ihre Wunschliste schreiben, wird Ihr innerer Kritiker (oder Patriarch) garantiert zur Stelle sein und versuchen, Sie zu bremsen: »Sei nicht so anmaßend! Das ist aber zu viel verlangt! Du bist unverschämt! Das geht sowieso nicht! Du wirst das nie schaffen!« Nehmen Sie ihn einfach wahr, aber lassen Sie sich von ihm nicht aufhalten. Das haben Sie lange genug getan.

Falls es Ihnen schwer fällt, Ihre Wünsche herauszufinden, forschen Sie nach dem, was Sie lebendig und wach macht, was in Ihnen das Gefühl der Begeisterung hervorruft. Welche Vorstellung zaubert ein Lächeln in Ihr Gesicht? Was macht Ihnen Freude? Was könnte Sie begeistern? Was macht Sie ruhig und entspannt? Lassen Sie Ihrer Phantasie freien Lauf. Auferlegen Sie Ihren Wünschen keine Beschränkungen. Das soll natürlich nicht heißen, dass Sie Ihren gesunden Menschenverstand außer acht lassen. Wenn Sie beispielsweise nur 1,50 Meter groß sind, werden Sie kaum als Stewardess arbeiten können.

Meine Wunschliste:

Wir werden nun Ihre Wünsche etwas genauer betrachten. Was erhoffen Sie sich von ihrer Erfüllung? Was wollen Sie wirklich? Was ist der Wunsch hinter Ihrem Wunsch?

Hinter jedem Wunsch ist meist ein noch tieferer Wunsch verborgen. Alles, was wir uns wünschen, ist letztendlich mit einem veränderten Gefühlszustand verbunden. Was erhoffen Sie sich, wenn Sie den neuen Job haben, wenn Ihr Mann sich mehr Zeit für Sie nimmt oder wenn Sie den langersehnten Urlaub endlich antreten? Sie hoffen darauf, dass Sie sich besser fühlen. Sie freuen sich, sind glücklich, zufrieden, entspannt, fühlen sich sicher oder frei. Seien Sie sich also darüber klar, was Sie sich *wirklich* wünschen: einen veränderten Gefühlszustand.

Wünsche oder gar Bedürfnisse zu äußern ist eine heikle Angelegenheit. Zu unseren Mitmenschen »Ich möchte ...« oder gar »Ich brauche ...« zu sagen, bringt uns in eine verletzliche Position, vor allem dann, wenn die Erfüllung unseres Wunsches von anderen Menschen abhängig ist. Wer möchte schon gern seine Verletzlichkeit zeigen? Wir streben Stärke und Unabhängigkeit an, Bedürftigkeit ist uns ein Gräuel; deshalb haben viele Menschen ihre Wünsche verdrängt. Wenn ich mir nicht eingestehe, was ich wirklich möchte, brauche ich mir auch keine Gedanken darüber zu machen, wie ich ans Ziel meiner Wünsche gelangen kann. Doch unser innerster Kern, das innere Kind, Quelle unserer Wünsche und Träume, lässt sich nicht einfach wegschieben. Es wird sich versteckte Mittel und Wege suchen, um an sein Ziel zu kommen.

Seit vielen Jahren beschäftige ich mich mit einer für mich und, wie ich festgestellt habe, für viele Frauen wichtigen Frage: Wie kann ich meine Wünsche und Bedürfnisse äußern, ohne entweder ins Nörgeln und Fordern abzugleiten oder mich andererseits klein zu machen? Ich fand es lange Zeit außerordentlich schwierig, weder auf die Macht- noch auf die Ohnmachtseite zu rutschen, sondern einfach zu mir zu stehen und ganz selbstverständlich zu sagen, was ich will oder was ich brauche. Deshalb habe ich mich intensiv mit diesem Thema befasst. Dabei habe ich entdeckt, dass es drei wichtige Schritte beim Wünschen gibt:

Der erste Schritt besteht darin, Wünsche und Bedürfnisse überhaupt wahrzunehmen. Viele Frauen sind so sehr mit Dingen außerhalb ihrer selbst beschäftigt, dass sie ihre eigenen Bedürfnisse nicht mehr kennen. Alle Antennen sind nach außen gerichtet, um die Wünsche anderer Menschen einzufangen. Dabei verkümmert die Fähigkeit der Selbstwahrnehmung. Zu lange hat frau gehört oder zu sich selbst gesagt: »Nimm dich nicht so wichtig!« Diesen Satz hat sie sich zu Herzen genommen und alle egoistischen Tendenzen hintangestellt. Deshalb ist es wichtig, wieder zu lernen, nach innen zu lauschen und die eigenen Interessen nicht zu vernachlässigen.

Der zweite Schritt besteht darin, die eigenen Wünsche und Bedürfnisse ernst zu nehmen. Vielleicht spüren Sie ja, was Sie brauchen, was für Sie in einer bestimmten Situation wichtig ist. Eigentlich wissen Sie ganz genau, was Sie möchten. Doch immer, wenn sich dieser Wunsch meldet, hören Sie auch eine Stimme, die Ihnen einflüstert: »Jetzt nicht! Das passt jetzt nicht! Das hat Zeit. Das klappt sowieso nicht! Andere Dinge haben Vorrang.« Und schon haben Sie Ihren Wunsch sabotiert. Es ist also nicht nur erforderlich, die eigenen Bedürfnisse wahrzunehmen – Sie müssen auch zu ihnen stehen, sie ernst nehmen. Dabei gilt es, sich Gefühlen von Scham und Schuld zu stellen und sie zu überwinden. Nicht umsonst wollen viele Menschen nichts von anderen wissen, haben sich isoliert, um nicht in eine verletzliche oder gar abhängige Situation zu geraten. Es steht Ihnen zu, an sich zu denken!

Der dritte Schritt besteht darin, daß Sie Ihre Wünsche offen und klar äußern. Wenn Sie Ihre Bedürfnisse für sich behalten, sie verstecken, nicht zu ihnen stehen, werden aus ihnen unausgesprochene Erwartungen, und damit diese Erwartungen erfüllt werden, entwickeln Sie versteckte Strategien. Wünsche und Bedürfnisse lassen sich nicht einfach vom Tisch fegen. Unser Unterbewusstsein sucht sich versteckte Mittel und Wege, um doch ans Ziel zu kommen. Wohlgemerkt: Es geht nicht darum, dass Ihr Gegenüber Ihre Wünsche unbedingt erfüllt! Es ist viel wichtiger, dass Sie zu sich stehen und sagen, was Sie möchten.

Sind Ihre Wünsche und Bedürfnisse mit Schamgefühlen überlastet, so fällt es Ihnen schwer, sie selbstverständlich zu äußern. Sie werden sich im Laufe Ihres Lebens bestimmte Strategien zulegen, um andere Menschen dazu zu bewegen, Ihre Wünsche zu erfüllen.

Es gibt fünf verschiedene Strategien, um zu erreichen, was Sie möchten:

1. Manipulation

Statt offen zu sagen, was Sie möchten, verschleiern Sie Ihr Anliegen. Fast alles kann manipulativ eingesetzt werden: Sex, Geld, Krankheit, Lob, Anerkennung, Liebe, Strafe. Statt zu sagen: »Kannst du bitte das Fenster schließen«, meinen Sie vielleicht: »Mir ist so kalt!« und werfen dabei einen missmutigen Blick auf das Fenster.

2. Wut und Vorwürfe

Wut und Vorwürfe schützen die innere Verletzlichkeit. Um wie viel leichter ist es doch manchmal, dem Partner vorzuwerfen, wie rücksichtlos er ist, statt zu sagen, was man braucht. Indem Sie die Zorneskeule schwingen, kompensieren Sie Ihre Bedürftigkeit. So können Sie sich zumindest kurzfristig besser fühlen. Doch dem Ziel Ihrer Wünsche kommen Sie mit dieser Strategie meist nicht näher.

3. Rache

Wenn du mir nicht gibst, was ich brauche, werde ich es dir zurückzahlen! Wenn Sie in Rachephantasien schwelgen oder sie in die Tat umsetzen wollen, fühlen Sie sich stark. Sie rächen sich mit Liebesentzug, weniger Engagement, mit der berühmten kalten Schulter oder fahren schwerere Geschütze auf. Vielleicht weiß der andere nicht einmal, wofür Sie sich rächen. Um so besser! Auf keinen Fall wollen Sie ihm zeigen, wie sehr es Sie verletzt, wenn er Ihren Wünschen nicht nachkommt.

4. Betteln

Wenn die vorausgegangenen Strategien keinen Erfolg zeigen, fangen Sie vielleicht an, sich klein zu machen, zu betteln. Sie benutzen Ihre süßeste Kleinmädchenstimme, umgarnen Ihr Opfer, indem Sie ganz lieb und brav sind, in der Hoffnung, dass dann auch der stärkste Kerl schwach wird. Wer kann einem so hilflosen, unschuldigen Wesen schon eine Bitte abschlagen?

5. Resignation

Als letzter Ausweg bleibt Ihnen nur noch die Resignation: Sie geben auf. Mit der Resignation kommt die Gleichgültigkeit. Sie wollen den Schmerz der Zurückweisung nicht mehr spüren. Wenn Sie unmittelbar vor der Kapitulation stehen, wird der Partner häufig hellhörig und lenkt ein. Resignation ist letztlich auch eine manipulative Strategie.

Übung:

Die folgende Übung können Sie allein oder besser noch mit einer Freundin, die Ihnen eine Rückmeldung gibt, durchführen. Stellen Sie sich nun Ihren Partner, Ehemann, Chef oder eine andere Person vor, von der Sie etwas möchten. Ihre Freundin versetzt sich stellvertretend in die andere Person. Teilen Sie ihr nun Ihren Wunsch, Ihr Bedürfnis mit. Ihre Freundin, die die andere Person spielt, soll es Ihnen nicht leicht machen mit der Wunscherfüllung und Ihnen zunächst ablehnend gegenübertreten. Welche Strategie benutzen Sie, um Ihr Ziel zu erreichen? Sind es vielleicht sogar mehrere Taktiken, die Sie, je nach Reaktion, auf Lager haben? Springen Sie von einer Taktik zur anderen oder setzen Sie nur eine ein? Merken Sie, wie schwer es ist, einen Wunsch zu äußern, ohne Erwartungen zu haben und ohne manipulative Strategien einzusetzen?
Ich habe für mich herausgefunden, dass ich mich immer dann sehr gut fühle, wenn ich einerseits mit meiner Verletzlichkeit in Kontakt sein und andererseits meine Würde wahren und

meine Kraft spüren kann. Wenn mir der Balanceakt zwischen Bedürftigkeit und Unabhängigkeit gelingt, wenn ich meine Wünsche ohne Schuldgefühle oder Aggressionen äußern kann, dann ist es gar nicht mehr so wichtig, ob mein Gegenüber bereit ist, diesen Wünschen nachzukommen. Ich bin zu mir gestanden und habe für mein inneres Kind und seine Wünsche Verantwortung übernommen – und das ist ein gutes Gefühl. Auch wenn ich damit nicht immer ans Ziel meiner Wünsche gelange, so ist die Wahrscheinlichkeit dennoch viel größer, als wenn ich mit manipulativen Strategien arbeite. Der Grund dafür liegt auf der Hand: Mit Sicherheit wird sich mein Gegenüber bewusst oder unbewusst gegen meine Strategien wehren. Er oder sie fühlt sich in die Ecke gedrängt und manipuliert. Wenn ich jedoch meinen Wunsch ohne Erwartungen, ohne Druck auszuüben äußern kann, dann gebe ich dem anderen die Freiheit zu entscheiden, was er möchte.

Dies zu lernen war eine meiner schwersten Übungen. Es schien mir fast unmöglich, mir etwas zu wünschen, ohne gleichzeitig vom anderen etwas zu erwarten. Noch heute ertappe ich mich immer wieder dabei, wie ich auf eine der bewährten Strategien zurückgreife. Für mich ist eigene Wünsche und Bedürfnisse ernst zu nehmen der wichtigste Punkt. An ihn muss ich mich selbst immer wieder erinnern. Wenn ich in dem Glaubensmuster feststecke, ein Bedürfnis stehe mir nicht zu, und resigniere, dann fange ich an zu kämpfen, zu attackieren. Wenn ich mir meine Bedürfnisse jedoch zugestehe, dann werde ich interessanterweise gleichzeitig unabhängiger von der Erfüllung des Wunsches durch den anderen.

Es ist für Sie wichtig, den richtigen Zeitpunkt zu finden, um Ihren Wunsch vorzutragen. Auf keinen Fall ist es förderlich, mit der Tür ins Haus zu fallen. Wenn Ihr Chef mitten in der Arbeit steckt, wenn Ihr Mann gerade von der Arbeit kommt und noch nicht einmal den Mantel abgelegt hat, dann können Sie davon ausgehen, dass sein Kopf voll mit anderen Dingen ist. Vereinbaren Sie einen Termin mit ihm, zu dem Sie beide Zeit und Raum für ein Gespräch haben. Auf diese Art und Weise sorgen Sie gut für sich und Ihr Anliegen.

Das Misserfolgsrezept

Das Misserfolgsrezept ist eine Übung, die ich dem Buch von Bruno-Paul Roeck, »Jeder ist seines Unglücks Schmied«, entnommen habe. Sie stärkt Ihre Selbstwahrnehmung in bestimmten problematischen Situationen, denen Sie sich hilflos ausgeliefert fühlen. Sie kann Ihnen die Macht über Ihr Leben wieder zurückgeben.

Die zentrale Frage, um die es in dieser Übung geht, heißt: Wie stelle ich es an, immer wieder unglücklich und depressiv zu sein, mich klein zu machen, schwach zu fühlen? Wie produziere ich mein Elend selbst? Vielleicht sträubt sich bei dieser Aufgabenstellung etwas in Ihnen, schließlich sehen Sie sich als Opfer widriger Umstände. Doch unser Wohlbefinden ist weniger von äußeren Umständen als von unseren Überzeugungen, Glaubenssätzen und inneren Regeln abhängig. Nun werden Sie einwenden, Sie würden schon genügend Zeit und Energie auf Ihre Unzulänglichkeiten verwenden. Wäre es deshalb nicht sinnvoller, die Aufmerksamkeit auf positive Veränderungen zu richten?

Ich sage nein, denn der Ausgangpunkt für jede Veränderung ist immer Ihr Ist-Zustand und nicht das Idealbild, das Sie von sich haben. Wenn Sie genau betrachten, wo Sie *jetzt* stehen und wie Sie es immer wieder schaffen, in die gleiche, unbefriedigende Situation zu geraten, kann daraus etwas Neues entstehen. Sie werden zur Expertin Ihrer eigenen Schwierigkeiten.

Hinweise zur Erstellung des Misserfolgsrezeptes:

1. Der Titel

Der Titel muss ausdrücken, wie Sie »sind«, wenn Sie mit Ihren Problemen dasitzen, wie Sie sich selbst in Ihrem Problem erfahren. Und da das Rezept an eine außenstehende Person gerichtet ist, wird es in der Du- oder Sie-Form geschrieben.

Beispiele:
»Ich fühle mich immer klein und wertlos.« – Titel: »Rezept, um dich klein und wertlos zu fühlen.«

»Immer wenn ich zu meinem Chef etwas sagen soll, bekomme ich einen Kloß im Hals.« – Titel: »Rezept, um in Anwesenheit deines Chefs garantiert einen Kloß im Hals zu bekommen.«

»Ich kann einfach nicht nein sagen.« – Titel: »Rezept, um nicht nein sagen zu können.«

Der Titel des Rezeptes darf keine Verbesserungsvorschläge beinhalten, wie zum Beispiel: »Rezept, um selbstbewusster zu werden.« Es geht mir bei dieser Übung nicht darum, dass Sie sich verändern, sondern darum, dass Sie sich ganz bewusst ansehen, wie Sie Ihr Problem selbst immer wieder aufs Neue kreieren. Wenn Sie wissen, welchen Beitrag Sie leisten, um immer wieder Schiffbruch zu erleiden, können Sie auch Veränderungen einleiten.

2. Die zweite Person

Schreiben Sie das Rezept für eine andere Person, eine Freundin, Ihren Mann, für einen Therapeuten … Geben Sie Tips, was er oder sie tun muss, um in die gleiche Misere zu geraten wie Sie.

Wenn Sie Ihr Rezept in der zweiten Person schreiben, bekommen Sie Abstand zu Ihren Schwierigkeiten. Und dieser Abstand ist enorm wichtig, um Ihr Problem klar zu erkennen und nicht in Selbstmitleid zu versinken – denn das bringt Sie keinen Schritt weiter.

3. Der Imperativ oder die beratende Form

Das Rezept ist als Ratschlag für einen anderen Menschen gedacht. Anstatt die Erzählform zu verwenden, wie zum Beispiel »…und dann verkriechst du dich unter der Bettdecke«, schreiben Sie lieber in der Befehlsform: »Verkrieche dich unter der Bettdecke.« Verwenden Sie Wendungen wie »du musst …«, »am besten tust du …«, »sage dir vor …«, »halte unbedingt fest an …« usw. Die Reaktion anderer auf Ihr Verhalten wird als Produkt ihrer blühenden Phantasie und nicht als Tatsache beschrieben: »Rede dir ganz fest ein.« Geben Sie genaue Anweisungen, wie der andere seine negativen Gedanken und Gefühle produzieren muss. Darüber hinaus können Sie ihm raten, was zu tun er um Himmels willen vermeiden sollte, um sich besser zu fühlen.

4. Humor und Übertreibung

Humor ist ein wichtiger Bestandteil Ihres Rezeptes. Nicht etwa, um hämisch über sich selbst und Ihre Unzulänglichkeiten zu lachen, sondern weil Humor die Dinge relativiert und ihnen den richtigen Stellenwert zuweist. Ihr gnadenloses Verurteilungsmuster wird durchbrochen, wenn Sie mit einem Augenzwinkern auf Ihre Schwächen und Fehler blicken können. Das Problem verliert seinen Ernst, indem Sie ein wenig übertreiben. Indem Sie sich als Expertin gerade in den Dingen, die Sie manchmal zum Verzweifeln bringen, betrachten, werten Sie sich auf.

5. Vorsicht vor dem Perfektionisten und dem Masochisten!

Natürlich sollen Sie Ihr Rezept so detailliert und sorgfältig wie möglich erstellen. Nehmen Sie sich dafür ruhig mehrere Tage Zeit. Sie gehen einen Schritt in die richtige Richtung, nämlich in Richtung Selbstbestimmung. Doch erwarten Sie keine Wunder: Dieser Schritt ist noch nicht die ganze Reise. Viele weitere Schritte werden erforderlich sein.

Geben Sie auch dem inneren Masochisten keine Chance, etwa nach dem Motto: »Jetzt siehst du mal, wie schlecht du mit dir selbst umgehst! Du bist doch nicht mehr zu retten!« Lassen Sie auf keinen Fall zu, dass Ihr innerer Masochist das Rezept für seine Zwecke nutzt und Ihnen noch einen zusätzlichen Schlag versetzt.

6. Das Misserfolgsrezept vorlesen

Der letzte Schritt besteht darin, dass Sie Ihr Rezept einem Menschen Ihres Vertrauens vorlesen. Es ist wichtig, dass dieser Mensch Sie akzeptiert, so wie Sie sind, und bereit ist, Ihnen dabei zu helfen, Ihre Lebensqualität zu verbessern. Bleiben Sie auf keinen Fall allein vor Ihrem Rezept sitzen. Lesen Sie das Geschriebene laut und langsam vor. Fragen Sie nach jedem Absatz, ob Ihr Gegenüber den Rat gut verstanden hat. Vergessen Sie nicht, auch herzhaft darüber zu lachen. So können Sie sich von den negativen Glaubens- und Verhaltensmustern lösen, die Ihr Leben bisher in die falsche Richtung lenkten.

Hier ein Beispiel eines Misserfolgsrezeptes, das mir eine Klientin verschrieb:

Rezept, um sich ausgenützt zu fühlen
Zunächst einmal musst du dir bereits beim Aufwachen einreden, du seist nichts wert und ohne gewaltige Anstengungen hättest du überhaupt keine Existenzberechtigung. So sinkt deine Laune auf Null, bevor du überhaupt einen Fuß aus dem Bett gestreckt hast. Nimm dir anschließend möglichst wenig Zeit für dich – außer vielleicht dein missmutiges Gesicht im Spiegel zu betrachten –, denn schließlich musst du dir deine Existenzberechtigung erst verdienen. Deinem Mann und deinen Kindern solltest du möglichst jeden Handgriff abnehmen. Achte nicht auf etwaige Einwände, sie könnten ihr Butterbrot schon selbst schmieren. Du musst unbedingt so lange durchhalten, bis deine Lieben deinen Tatendrang als selbstverständlich betrachten und zu unselbstandigen kleinen Kindern regrediert sind. Dein Ziel ist erreicht, wenn beispielsweise dein Mann seine Socken und Unterhosen nicht mehr selbst aus dem Schrank holen kann oder deine Kinder ihr Zimmer nicht allein aufräumen können. Jetzt endlich kannst du dich bei ihnen beklagen und dich so richtig schön ausgenutzt fühlen. Jeder will etwas von dir! Und wer ist da, wenn du etwas brauchst?

Auch im Beruf solltest du zunächst starke Zweifel hegen, ob du den anstehenden Aufgaben wirklich gewachsen bist. Vergleiche dich permanent mit anderen, natürlich zu deinen Ungunsten. So schaffst du die besten Voraussetzungen, um dich mächtig ins Zeug legen zu müssen. Zeige um Himmels willen nicht nach außen, was in dir vorgeht! Im Gegenteil: Du solltest dich äußerst kompetent geben und jegliche kollegiale Unterstützung heftig zurückweisen. So gewöhnen sich die anderen allmählich daran, dass du alles alleine schaffst. Du musst unbedingt viel Verantwortung an dich reißen. Überstunden zu machen oder für kranke Kollegen einzuspringen sollte eine Selbstverständlichkeit sein. Ohne Fleiß kein Preis! Weise eine Bitte niemals zurück, auch wenn es dir selbst schlecht geht! Außerdem solltest du dir stets klarmachen, dass die anderen nicht aus böser Absicht zwei linke Hände, eine schlechte Gesundheit oder labile Psyche haben.

Wenn du nach der Arbeit nach Hause kommst, widme dich voll und ganz wieder deinem Haushalt. Glaube auf keinen Fall diesen Frauenzeitschriften, die da verkünden, eine Frau bräuchte auch Raum und Zeit für sich allein. Alles Humbug! Rede dir nur kräftig ein, Hausarbeit sei dein Hobby und der richtige Ausgleich für die anstrengende Büroarbeit.

Verschließe dich auch den Wünschen deiner Freunde nicht. Freundschaften wollen schließlich gepflegt sein und brauchen dein volles Engagement. Melde dich freiwillig, wenn es darum geht, bei Umzügen zu helfen oder die Kinder deiner Freundin zu hüten. Und vor allem: Sei niemals aggressiv, ärgerlich und egoistisch! So wirst du dich garantiert bald ausgenutzt fühlen!

Und nun viel Spaß beim Verfassen Ihres eigenen Misserfolgsrezeptes! Finden Sie zunächst das zentrale Thema, Ihr größtes »Problem« heraus. Wie genau stellen Sie es an, sich immer wieder leer, chaotisch, enttäuscht, einsam, depressiv, ängstlich, hilflos, hässlich, eifersüchtig, schwach und klein zu fühlen? Leuchten Sie in alle dunklen Ecken Ihres Lebens. Mit dieser Übung können Sie der Opferrolle entfliehen und Verantwortung für Ihr Wohlbefinden übernehmen.

Mein Misserfolgsrezept:

Das Erfolgsrezept

Die meisten Menschen haben zahlreiche Strategien entwickelt, um sich schlecht zu fühlen, aber nur wenige, um sich gut zu fühlen. Positive Veränderungen sind jederzeit erwünscht, aber möglichst ohne eigenes Zutun! Wir bewegen uns gern in alten, eingefahrenen Gleisen, auch wenn dies bedeutet, dass unsere Lebensqualität darunter leidet.

Wie können Sie erfolgreich Ihre Probleme bewältigen? Ganz einfach: Indem Sie das Gegenteil von dem tun, was Sie in Ihrem Misserfolgsrezept geschrieben haben. Ihre bisherigen Verhaltensweisen und Glaubenssätze haben Sie in die Sackgasse geführt. Vielleicht sind Sie jetzt bereit, neue Wege zu gehen und sich andere Sichtweisen anzueignen.

Das Erfolgsrezept basiert auf dem Misserfolgsrezept. Es ist ganz leicht anzufertigen, indem Sie Ihr Misserfolgsrezept einfach ins Gegenteil verkehren. Das Erfolgsrezept meiner Klientin würde also folgendermaßen lauten:

Rezept, um sich unterstützt und zufrieden zu fühlen
Zunächst einmal musst du dir bereits beim Aufwachen klarmachen, dass du ein wertvoller Mensch bist und dass die Welt dich genau so braucht, wie du bist. Das versetzt dich in gute Laune, noch bevor du einen Fuß aus dem Bett gestreckt hast. Nimm dir anschließend genügend Zeit für dich, hetze nicht, lächle dir im Spiegel aufmunternd zu. Nimm deinem Mann und deinen Kindern nicht jeden Handgriff ab. Vertraue auf ihre Eigenständigkeit. Sie können sich ihr Butterbrot schon selbst schmieren.
Lass auf keinen Fall zu, dass dein Engagement als selbstverständlich betrachtet wird und deine Lieben zu unselbständigen kleinen Kindern regredieren. Wenn dein Mann seine Socken oder Unterhosen nicht mehr selbst aus dem Schrank holen kann oder deine Kinder ihr Zimmer nicht allein aufräumen wollen, so springe auf keinen Fall in die Bresche, sondern gib ihnen die Verantwortung zurück. Höre auf, dich bei anderen Menschen zu beklagen, und verwende deine Energie stattdessen darauf, dein Aschenputteldasein zu beenden. Achte darauf, dass auch du Unterstützung findest, wenn du etwas oder jemanden brauchst.

Auch im Beruf solltest du dir Mut zusprechen, du bist den anstehenden Aufgaben schon gewachsen. Vergleiche dich auf keinen Fall mit anderen. So schaffst du den Nährboden für ein gesundes Selbstbewusstsein. Falls du Schwierigkeiten hast, kannst du ruhigen Gewissens um kollegiale Unterstützung bitten. Du musst nicht alles allein schaffen! Übernimm Verantwortung, aber nur so viel, wie dir zuträglich ist. Überstunden und Vertretung für kranke Kollegen sollten die Ausnahmen und nicht die Regel sein. Wage ruhig, eine Bitte zurückzuweisen, vor allem dann, wenn deine Kräfte erschöpft sind. Sei dir bewusst, dass Gutmütigkeit gern ausgenutzt wird und so mancher zwei linke Hände, eine schlechte Gesundheit oder labile Psyche bekommt, wenn du immer für ihn einspringst.

Wenn du nach der Arbeit nach Hause kommst, gibt es sicherlich noch jede Menge Hausarbeit zu erledigen. Überlege dir gut, wie du die Arbeit umverteilen kannst, so dass du auch noch Raum und Zeit für dich und deine Interessen hast. Hausarbeit ist kein Hobby und wohl kaum der richtige Ausgleich für die anstrengende Büroarbeit.

Lerne auch, dich im Freundeskreis abzugrenzen. Natürlich wollen Freundschaften gepflegt sein und brauchen dein Engagement. Doch auch Freundschaft hat ihre Grenzen. Überprüfe genau, ob es für dich in Ordnung ist, beim Umzug zu helfen oder die Kinder deiner Freundin zu hüten. Stimmt für dich der Ausgleich zwischen Geben und Nehmen? Sind auch deine Freunde für dich da, wenn du sie brauchst? Hab den Mut, auch mal aggressiv, ärgerlich und egoistisch zu sein! So wirst du dich garantiert nicht ausgenutzt fühlen!

Erstellen Sie nun Ihr eigenes Erfolgsrezept. Voraussetzung dafür ist, dass Sie zuvor Ihr Misserfolgsrezept geschrieben haben. Verkehren Sie den Inhalt nun Satz für Satz einfach ins Gegenteil. Das scheint manchmal gar nicht so einfach zu sein – lassen Sie sich deshalb Zeit, die richtigen Formulierungen zu finden. Stellen Sie auch das Erfolgsrezept für eine zweite Person aus, der Sie die fertige Version laut vorlesen.

Mein Erfolgsrezept:

____

____

Sie selbst sind Ihres Glückes oder Unglückes Schmied. Sie haben die Wahl. Durch die letzten beiden Übungen haben Sie sich klargemacht, wie Sie sich glücklich oder unglücklich machen können. Die Umsetzung Ihrer Einsichten kann Ihnen niemand ersparen.

Übung: Wie erkenne ich meine Grenzen?

Nur wenige Menschen verfügen über wirklich intakte äußere und innere Grenzen. Die äußeren Grenzen stellen sicher, dass uns niemand körperlich oder sexuell zu nahe kommt, wenn wir es nicht möchten. Darüber hinaus befähigen sie uns, Distanz zu anderen Menschen zu wahren und ihren Freiheitsraum zu respektieren. Die inneren Grenzen schützen unsere Gefühle und Gedanken. Sind die inneren Grenzen intakt, so wissen wir, dass wir nicht (oder zumindest nicht immer) für die Gefühle, Gedanken und Handlungen anderer Menschen verantwortlich sind. Gleichzeitig übernehmen wir die Verantwortung für unsere eigenen Gedanken, Gefühle und Handlungen. Ohne diese Grenzen sind wir schutzlos und spüren nicht, wenn wir verletzt werden.

Ich werde nie in meinem Leben eine Klientin – ich nenne sie hier Gabi – vergessen, die eines meiner Seminare zum Thema »Grenzen setzen« besuchte. Gabi war der Prototyp der guten Tochter, bereit, für andere Menschen ihr letztes Hemd zu geben. In einer Übung, in der es darum ging, die eigenen Grenzen zu erspüren, ging ich langsam auf Gabi zu, wobei sie stop sagen sollte, wenn ihre Grenze erreicht war. Doch Gabi ließ mich lächelnd immer näher kommen, bis ich ihr zuletzt auf den Füßen stand und sie gegen die Wand drückte. Auf die Frage, wie sie sich denn jetzt fühle, antwortete Gabi im Brustton vollster Überzeugung: »Gut!« Ich spürte sadistische Anwandlungen in mir hochsteigen. So musste es vielen Menschen in Gabis Nähe gehen. Ich fragte sie, ob ich ihr auch noch in der Nase bohren müsse, bevor sie mir eine Grenze setzen würde. Gabi lächelte immer noch, zuckte hilflos mit den Schultern und sagte verzweifelt: »Ich spüre einfach nichts! Tut mir leid, dass du jetzt wütend bist.«

Gabis Ausgangssituation war tatsächlich zum Verzweifeln. Sie hatte die meiste Zeit ihres Lebens damit verbracht, darauf zu achten, was andere Menschen von ihr wollten, und hatte es so zur Meisterin im Gedankenlesen gebracht. Doch ihren eigenen Impulsen und Gefühlen gegenüber war sie taub geworden. Wie viele Frauen trug Gabi in sich den Glaubenssatz »Ich habe kein Recht auf Grenzen«. Sie hatte eine einfach Gleichung aufgestellt: Liebe / Wertschätzung erhält man nur durch ein Ja! Diese tiefsitzende Überzeugung machte es ihr schwer, sich ohne Schuldgefühle abzugrenzen. Ein Nein hatte in ihrer Lebensphilosophie keinen Platz.

Gabis Eltern hatten nur wenig Respekt vor den Gefühlen ihrer Kinder gehabt. Sie waren regelrechte Rauminvasoren, die ihren Kindern keinerlei Intimsphäre zubilligten, so dass Gabi sehr bald nicht mehr wusste, was sie eigentlich fühlte, was falsch und was richtig war. Obwohl sie sich nicht daran erinnerte, bestand ein starker Verdacht auf sexuellen Missbrauch. Nicht ohne Grund fühlte sie sich wie abgestorben.

Grenzen müssen nicht immer vollständig fehlen. Manchmal sind sie auch nur beschädigt, das heißt, dass wir uns nur gegenüber bestimmten Personen abgrenzen können, während es uns bei anderen, zum Beispiel bei Autoritätspersonen, unmöglich ist. Manche Menschen haben ihre Grenzen durch Mauern ersetzt. Diese Mauern können – wie bereits erwähnt – aus Angst, Wut, Schweigen, Worten oder aus Resignation bestehen. Intimität ist mit solchen Menschen unmöglich. Häufig geschieht auch ein Wechsel zwischen fehlenden Grenzen und Mauern, was in einer Partnerschaft äußerst anstrengend und verwirrend sein kann.

Auf die Frage »Wo sind deine Grenzen?« wissen viele Frauen keine Antwort. Erst wenn sie völlig überfordert sind, spüren sie, dass sie zu weit gegangen sind und sich verausgabt haben. Grenzen können von Mensch zu Mensch oder je nach Tagesverfassung recht unterschiedlich sein. Während wir uns an manchen Tagen eher zurückziehen wollen und mehr Raum für uns brauchen, suchen wir an anderen Tagen eher den Kontakt. Es ist wichtig, dass unsere Grenzen flexibel sind. Ich möchte an dieser Stelle unser Grenzsystem folgendermaßen illustrieren:

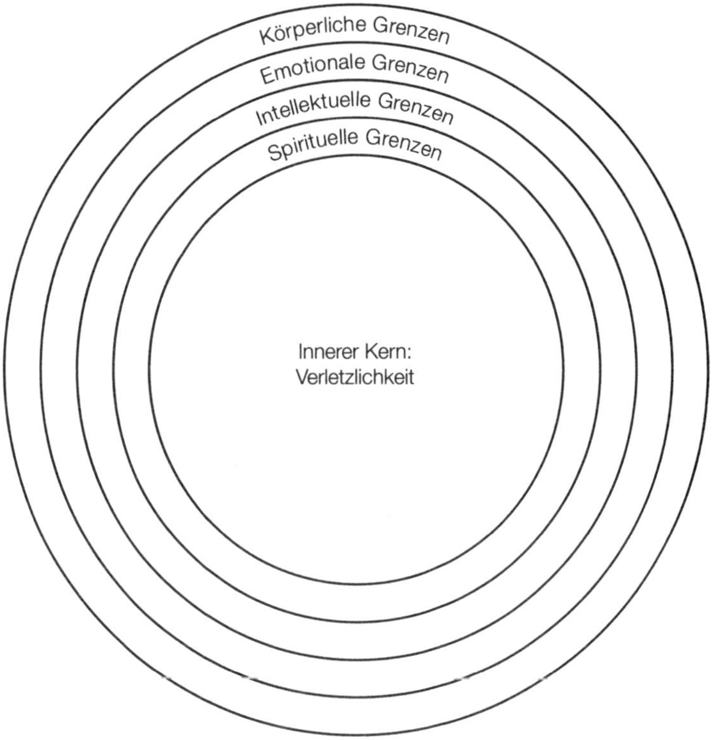

1. Körperliche Grenzen

Körperliche Grenzen werden am offensichtlichsten überschritten, wenn Frauen geschlagen oder vergewaltigt werden. Kaum jemand wird das infrage stellen, obwohl es immer noch Menschen gibt, die der Überzeugung sind, eine Ohrfeige habe noch niemandem geschadet. Immer wenn wir jemandem erlauben, uns zu berühren, zu umarmen, zu küssen oder Sex mit uns zu haben, obwohl wir dies nicht wollen, finden Grenzüberschreitungen statt. Dabei kann uns der Zeitpunkt, die Art und Weise der Berührung oder die Person unangenehm sein. Vielleicht werden unsere Grenzen bereits verletzt, obwohl uns die Person noch gar nicht anfasst. Sie ist einfach aufdringlich, betrachtet uns auf eine bestimmte, lüsterne oder geringschätzige Art und Weise, macht sexuelle Anspielungen oder erzählt schmutzige Witze. Häufig betrachten Frauen diese Dinge nicht als Grenzüberschreitung und geben sich die Schuld, wenn sie damit nicht umzugehen wissen. Sie meinen, sie seien einfach zimperlich oder überempfindlich. Offensichtlicher wird die Grenzüberschreitung, wenn sie durch Handgreiflichkeiten belästigt werden. Auch Voyeurismus, Exhibitionismus und Telefonterror dringen in die weibliche Intimsphäre ein und bedürfen der deutlichen Abgrenzung.

Nicht nur Erwachsene haben eine Intimsphäre. Auch Kinder brauchen ihren eigenen Raum und eigene Zeit; sie wollen nicht zu jeder Zeit angefasst werden, auf anderer Leute Schoß sitzen, gestreichelt oder gar geküsst werden. Erwachsene glauben manchmal, sie könnten sich von ihren Kindern das holen, was ihnen der Partner versagt. Doch ein Kind ist kein Teddybär, den man nach Lust und Laune knuddeln kann.

2. Emotionale Grenzen

Emotionale Grenzüberschreitungen finden sehr häufig statt, besonders dann, wenn die Gefühle eines anderen Menschen geleugnet oder lächerlich gemacht werden (»Was bist du nur für ein Angsthase!«; »Du Heulsuse, musst du alles ernst nehmen? Verstehst du keinen Spaß?«). Ungeachtet dessen, ob die Gefühle des anderen verletzt werden, glauben manche Menschen, ihre eigenen Gefühle lauthals äußern zu müssen. Sie beschimpfen ihr Gegenüber, brüllen es an oder machen es lächerlich, um ihre Aggressionen loszuwerden. Sie übernehmen keine Verantwortung für ihre Emotionen und stülpen sie anderen einfach über: »Du bist schuld, dass es mir so schlecht geht (dass ich so wütend bin)!« Dabei sparen sie nicht mit Schimpfwörtern. Emotionale Grenzen können durch sarkastische Bemerkungen schwer verletzt werden, denn Sarkasmus dringt wie ein Giftpfeil in unser Innerstes ein. In diesem Fall dient Humor als Mittel, um Beleidigungen abzuwehren.

Wenn wir das Vertrauen anderer Menschen missbrauchen, indem wir beispielsweise Versprechungen machen, die wir nicht einhalten, verletzen wir die Gefühle anderer Menschen. Wenn wir in einer Situation dem anderen dann auch noch das

Recht absprechen, auf uns böse zu sein, so haben wir eindeutig eine Grenze überschritten.

3. Intellektuelle Grenzen

Die intellektuellen Grenzen vieler Menschen werden bereits in früher Kindheit verletzt. So werden Kinder, die etwas langsamer sind, leicht als dumm oder ignorant beschimpft, ihre Gedanken werden lächerlich gemacht oder angegriffen. Eltern mit hohem Bildungsanspruch verhöhnen möglicherweise ihre Kinder, wenn sie ihren Leistungsanforderungen nicht genügen. Die einseitige Ausrichtung auf Intellektualität hat schon so manches Opfer gefordert. So kann man andere Menschen intellektuell beschämen, indem man möglichst viele Fremdwörter verwendet, wohlwissend, dass der andere ihre Bedeutung nicht kennt. Doch auch der Vater mit geringerer Schulbildung, der seine Tochter, die das Gymnasium besucht, beschimpft: »Du hast wohl die Weisheit mit Löffeln gefressen«, überschreitet eine Grenze.

Auch im Erwachsenenalter fehlt vielen Menschen der Respekt vor Andersdenkenden. Ich bin im Recht und du im Unrecht! Nur allzu gern drängen sie ihre Denkweise, Überzeugung oder Lebensphilosophie ihren Mitmenschen auf. Intellektuelle Grenzen werden verletzt, wenn wir uns in Entscheidungsprozesse einmischen und dem anderen nicht die Zeit und Reife zugestehen, selbst zum richtigen Entschluss zu kommen.

4. Spirituelle Grenzen

Jeder Mensch trägt in sich die Sehnsucht nach Spiritualität, nach Religiosität. Die Fragen: Wer bin ich? Wo komme ich her und wo gehe ich hin? begleiten unser irdisches Dasein. Der Wunsch nach einer geistigen Heimat und spirituellen Anbindung wird gerade in Zeiten persönlicher oder globaler Krisen wieder besonders laut.

Spirituelle Grenzen werden immer dann überschritten, wenn Menschen sich zu einer höheren Macht oder gottgleichen Figur erheben, statt anderen den Weg zu einer nichtmenschlichen höheren Macht zu weisen. Diese Menschen sehen sich als Stellvertreter Gottes und handeln in seinem Namen. »Mein Wille geschehe, und du hast dich unterzuordnen! Es ist nur zu deinem Besten, denn ich weiß, was für dich gut ist!« Diese oder ähnliche Aussagen sollten uns stutzig machen. Wann immer spirituelle Leitfiguren, Gurus, Therapeuten, Medien, Heiler oder sonstige Lehrer den Anspruch auf Allwissenheit oder Unfehlbarkeit erheben, wann immer sie die totale Unterwerfung unter die strengen Regeln ihrer Lehre fordern, ist Vorsicht angebracht. Zu allen Zeiten haben sogenannte Stellvertreter Gottes ihre Schäfchen materiell und sexuell ausgebeutet. Für mich ist jede Form von Missionieren eine spirituelle Grenzüberschreitung. Der Wunsch nach Perfektion und Unverletzbarkeit oder aber Angst macht Menschen zur leichten Beute für spirituelle Scharlatane.

Wie können wir nun die eigenen Grenzen erkennen oder besser gesagt spüren? Auf Grenzüberschreitungen reagierten Teilnehmerinnen meines Seminars folgendermaßen:

»Ich fühle mich hilflos, traurig, bin verwirrt und unsicher.«
»Ich bin wütend und aggressiv.«
»Ich fühle mich wie gelähmt und bin sprachlos.«
»Ich will einfach alles verdrängen und fange dann an, irgendetwas zu tun.«
»Ich werde depressiv.«

All die oben genannten Dinge passieren erst, wenn wir bereits viel zu weit gegangen sind und anderen Menschen erlaubt haben, unsere Grenzen zu überschreiten.

Es gibt nur einen Weg, Grenzen rechtzeitig zu spüren: über unseren Körper. Dieser ist ein wunderbares Messinstrument, das haargenau aufzeichnet, wenn uns äußere Situationen bedrohlich oder unangenehm erscheinen, und uns dann entsprechende Signale sendet. Unser Körper lügt nicht. Er reagiert mit einem Kloß im Hals, Magenschmerzen, einem vagen Unwohlsein, mit Schweißausbrüchen oder Herzklopfen, mit Verspannungen in den Schultern. Er stellt unsere Nackenhaare auf, lässt es uns heiß und kalt werden, erhöht unseren Puls, wenn wir anderen Menschen erlauben, unsere Grenzen – seien sie körperlich, emotional, intellektuell oder spirituell – zu überschreiten. Diese Signale sind häufig sehr unscheinbar, so dass es anfangs großer Aufmerksamkeit bedarf, um sie überhaupt wahrzunehmen.

Der Kopf, der Verstand mit seinen alten Konditionierungen wird die Signale des Körpers missachten, weil sie seinen Konzepten nicht in den Kram passen. Er mag Ihnen Dinge sagen wie: »Stell dich doch nicht so an! Sei nicht so kleinlich! Nimm dich nicht so wichtig!« – und in einem Bruchteil von Sekunden werden die Körpersignale vom Tisch gewischt.

Viele Menschen kennen Situationen, in denen ihnen der Körper eine Botschaft sandte, der sie jedoch nicht viel oder zu spät Bedeutung beimaßen. Vielleicht erinnern auch Sie sich an eine Gelegenheit, als Sie einmal ein seltsam unangenehmes Gefühl im Rücken spürten. Sie drehten sich um, und da stand jemand vor Ihnen, der Ihnen äußerst unsympathisch war. Eine Bekannte, die von ihrem Chef am Arbeitsplatz sexuell belästigt wurde, erzählte mir, dass sie bereits beim Vorstellungsgespräch Bedenken beschlichen, sie dieses Gefühl aber verdrängte, weil sie sich von den schönen Worten ihres Vorgesetzten beeindrucken ließ.

Die leisen Empfindungen wieder wahrzunehmen und sie richtig zu deuten erfordert einiges an Übung. Vor allem Frauen, die ihr ganzes Leben lang nur für und durch andere Menschen gelebt haben, brauchen Zeit, um sich selbst wieder zu spüren. Wie ein Muskel erschlafft, wenn er längere Zeit nicht benutzt wird, so kann auch unsere Selbstwahrnehmung verkümmern, wenn sie nicht täglich geschult wird. Ich empfehle Ihnen, hin und wieder einfach für ein paar Minuten die Augen zu schließen und nach innen zu lauschen. Der Atem ist der wichtigste Begleiter auf dem Weg zu Ihnen selbst. Tun Sie ein paar tiefe Atemzüge und beobachten Sie, wie Ihr Atem in den Bauch einströmt und beim Ausatmen durch die Nase wieder ausströmt. Was spüren Sie, wenn Sie jetzt nur auf sich und Ihren Körper achten?

Ein Experiment, bei dem Sie herausfinden können, wieviel Raum Sie brauchen

Bitten Sie eine Freundin, sich im Abstand von einigen Metern Ihnen gegenüber aufzustellen. Gehen Sie nun ganz langsam, ohne zu sprechen und den Blickkontakt mit ihr zu verlieren, auf die Freundin zu, bis Sie einen Punkt erreicht haben, an dem Sie den Abstand zu ihr als angenehm empfinden. Sie sind nicht zu nah und auch nicht zu weit weg. Experimentieren Sie damit, wie Ihr Gefühl sich verändert, wenn Sie weitergehen.

Bitten Sie nun Ihre Freundin, das Gleiche zu tun. Sie sagen Halt oder zeigen ihr mit einer Handbewegung an, wenn sie Ihre Grenze überschreitet. Achten Sie dabei auf Ihre Körpersignale. Tauschen Sie sich nach der Übung über die Erfahrung aus. Wo im Körper und wie haben Sie Ihre Grenze gespürt?

Vielleicht möchten Sie die Übung auch mit Ihrem Partner machen. Es ist interessant, zu beobachten, ob Sie beide den gleichen Abstand brauchen oder ob das Bedürfnis nach Distanz oder Nähe sehr unterschiedlich ist.

Sie können sich bei der Übung auch vorstellen, Ihr Chef, Ihre Mutter, Ihr Vater oder eine andere Person, bei der Sie Abgrenzungsschwierigkeiten haben, kommt auf Sie zu. Wie nahe möchten Sie diese Person an sich heranlassen?

Vom Neinsagen und Ja-Meinen: Die überzeugende Körpersprache

»Wenn Frauen nein sagen, meinen sie eigentlich ja!« Wie kommen Männer nur auf diesen Gedanken? Entspringt die Vorstellung, Frauen würden sich einfach zieren und wollten vom Mann erobert oder überredet werden, lediglich dem Wunschdenken von Patriarchen alten Schlages, oder haben Frauen in der Vergangenheit etwas dazu beigetragen, dieses Image zu verbreiten? Fehlt ihrem Nein die nötige Überzeugungskraft?

In meinen Seminaren habe ich immer wieder beobachtet, wie schwer es Frauen fällt, sich kongruent zu verhalten, das heißt, dass Worte und Körpersprache nicht übereinstimmen.

Häufig besteht ein Widerspruch zwischen dem Gesagten und der begleitenden Mimik, Gestik und Körperhaltung. Das ist besonders dann der Fall, wenn Frauen laut und klar nein sagen sollen. Es ist ungewohnt, die Stimme zu erheben, und schnell versucht frau, mit einem entschuldigenden Lächeln alles wieder gutzumachen. Doch ein Nein, das von einem Lachen begleitet wird, ist kein überzeugendes Nein. Es wirkt eher wie eine Bitte: »Tu mir nichts!« Es reicht also nicht aus, einfach nur nein zu *sagen*: Auf das *Wie* kommt es an.

Männer und Frauen scheinen eine unterschiedliche Körpersprache zu haben. Ich empfinde es als äußerst amüsant und interessant, zu beobachten, wie viel Raum Männer in öffentlichen Verkehrsmitteln für sich beanspruchen. Mit einer Selbstverständlichkeit, die an Arroganz grenzt, sitzen sie breitbeinig da, oft noch Taschen und Zeitung neben sich ausgebreitet, während Frauen dazu neigen, sich kleiner zu machen als sie sind. Die Beine übereinandergeschlagen, die Hände im Schoß gefaltet, lassen sie sich bereitwillig einquetschen. Auch wenn ihnen fast der Atem wegbleibt, werden sich nur wenige Frauen wehren und ihr Revier verteidigen. Und während Männer die Mitfahrenden manchmal regelrecht anstarren, gestatten sich Frauen allenfalls einen kleinen, unauffälligen Seitenblick, um dann den Blick wieder demütig zu senken.

Ich kann mich noch gut daran erinnern, dass sich Männer meine Unsicherheit als junges Mädchen zunutze machten und mich im Gedränge der Straßenbahn immer wieder anfassten. Sie spürten wohl, dass ich damals leichte Beute war. Nie wäre ich auf die Idee gekommen, mich zu wehren. Im Gegenteil: Ich hoffte inständig, niemand möge die Annäherungsversuche bemerken! Am liebsten wäre ich vor Scham in Grund und Boden versunken.

Während das Verhalten von Männern häufig Macht und Selbstsicherheit demonstriert, signalisieren Frauen mit ihrer Haltung oft den Verzicht auf Dominanz. Sie geben sich mit der unterlegenen Position zufrieden. Kein Wunder, dass auch ihr Nein häufig nicht ernst genommen wird.

Wie müssen Sie sich verhalten, damit Ihnen Ihr Nein garantiert niemand glaubt? Ich empfehle Ihnen, möglichst wenig

Raum einzunehmen. Sie sollten die Beine zusammenpressen, die Schultern hängen lassen, die Hände auf dem Rücken verschränken oder an Knöpfen oder Ohrringen herumnesteln. Es empfiehlt sich sehr, verlegen zu lächeln, den Blick am besten nach unten gesenkt, schließlich ist Ihr Nein eine freche Anmaßung! So können Sie gleichzeitig Ihr Gegenüber darum bitten, Ihnen nicht böse zu sein. Werden Sie auf keinen Fall laut und eindeutig: Sprechen Sie mit leiser Stimme, wie es sich für eine Frau gehört, besonders vorteilhaft ist die Klein-Mädchen-Stimme. Und vor allem: Glauben Sie Ihrem inneren Kritiker oder Patriarchen, der Ihnen in solchen Situationen einflüstert, wie unverschämt und egoistisch Sie doch sind!

Soweit meine Tips für ein garantiert erfolgloses Nein. Erkennen Sie sich in der einen oder anderen Verhaltensweise wieder? Manchmal sind wir uns dieser alten Gewohnheiten gar nicht bewusst – zu sehr sind sie uns in Fleisch und Blut übergegangen. Wir brauchen den Spiegel von außen, das ehrliche Feedback von anderen Menschen, sei es von einer guten Freundin oder von anderen Seminarteilnehmern, um auf diese Dinge aufmerksam zu werden. Wenn Ihr Nein nicht den Erfolg zeigt, den Sie sich wünschen, so können Sie davon ausgehen, dass Sie sich eine oder mehrere dieser erfolglosen Strategien zugelegt haben.

Selbstsicherheit kann frau üben. Wenn Sie einen Muskel längere Zeit nicht benutzt haben, müssen Sie ihn erst trainieren, damit er wieder voll einsatzfähig ist. Das Gleiche gilt für unsere Verhaltensweisen und Körperhaltungen. Wenn Sie die alten, eingefahrenen Wege verlassen und neue Verhaltensweisen ausprobieren, so sind Sie vielleicht zunächst unbeholfen, doch mit der Zeit werden sie immer selbstverständlicher für Sie werden. Damit meine ich nicht, dass Sie irgendwelche Gesten und Schritte einstudieren sollten, die nicht zu Ihnen passen. Sie wirken nur allzu leicht lächerlich ähnlich einem schlecht sitzenden Kleid. Sie brauchen sich nicht wie ein Ballon aufzublasen oder wie ein Elefant im Porzellanladen aufzutreten, um ernst genommen zu werden. Es reicht, wenn Sie sich an eine frühere Situation erinnern, in der Sie sich stark und selbstsicher gefühlt haben. Vielleicht haben Sie eine Prüfung erfolgreich gemeistert oder es gelang Ihnen, eine schwierige Aufgabe ohne fremde Hilfe zu erledigen. Wie hat sich das Gefühl der Selbstsicherheit und Kraft in Ihrer Körperhaltung, in Ihrer Mimik und Gestik ausgedrückt? Mit Sicherheit haben Sie das Gegenteil von dem getan, was ich oben beschrieben habe. Sie brauchen sich nur zu erinnern, sich voll und ganz in die damalige Situation hineinversetzen – und schon wissen Sie, wie Sie Ihr Nein selbstbewusst vortragen können.

Körper und Seele stehen in einer wechselseitigen Beziehung. Unsere Körperhaltung hat großen Einfluss auf unser seelisches Wohlbefinden. Wenn wir über längere Zeit die Schultern hängen lassen, wird uns das Leben über kurz oder lang tatsächlich trostlos erscheinen. Deshalb möchte ich Sie ermutigen, die folgende Übung zu versuchen.

Die Königin-Übung

Die Königin-Übung hilft, das Selbstbewusstsein zu stärken und sich kraftvoll zu fühlen. Sie sollten sie mindestens einmal am Tag für fünf Minuten durchführen.

1. Stellen Sie sich aufrecht hin. Die Füße stehen, etwa schulterbreit auseinander, parallel auf dem Boden. Gehen Sie leicht in die Knie, so dass Ihr Becken nach vorn kippt. Spüren Sie den Kontakt Ihrer Füße zum Boden und tun Sie ein paar tiefe Atemzüge.
2. Nachdem Sie sich gut geerdet haben, stellen Sie sich vor, Sie seien eine Königin. Nehmen Sie eine aufrechte, würdevolle Haltung ein. Sie können sich dabei vorstellen, dass eine goldene Schnur Ihren Kopf wie bei einer Marionette langsam nach oben zieht, so dass Sie ganz gerade stehen. Ihre Wirbelsäule streckt sich. Der Kopf sitzt locker auf den Schultern. Sie müssen ihn nicht halten, er wird von der goldenen Schnur gezogen.
3. Tun Sie nun ein paar tiefere Atemzüge und entspannen Sie sich dabei mehr und mehr. Die Arme hängen seitlich am Körper herab, die Stirn-, Augen- und Mundpartien entspannen sich, ebenso Ihre Schultern und Ihr Bauch.

4. Erinnern Sie sich an frühere Situationen, in denen Sie sich selbstbewusst und stark gefühlt haben. Ihr ganzer Körper wird von einem Gefühl der Kraft und Zuversicht erfasst. Fühlen Sie sich wie eine mächtige Königin, der die Welt zu Füßen liegt. Mit Hilfe Ihres Atems schaffen Sie sich innerlich den Raum dafür.
5. Nun schreiten Sie langsam im Raum auf und ab, ganz zentriert und in Ihrer Mitte. Betrachten Sie sich im Spiegel. Wie gefallen Sie sich? Nicken Sie sich huldvoll zu. Genießen Sie das majestätische Gefühl mit all Ihren Sinnen.
6. Stehen Sie abschließend noch einmal still und schließen Sie die Augen. Prägen Sie sich das Bild Ihrer Königinnenhaltung innerlich ein. Sie machen sozusagen ein Foto von sich, das Sie in Ihrem Gedächtnis speichern. Selbst wenn Sie nach der Übung irgendeiner belanglosen Tätigkeit nachgehen, so verrichten Sie diese Tätigkeit, wie es eine Königin tun würde.

Experimentieren Sie damit, was geschieht, wenn Sie anderen Menschen in dieser Haltung begegnen. Sie eignet sich auch hervorragend für Situationen, in denen Sie sich Respekt verschaffen wollen. Zu Anfang mag Ihnen die königliche Haltung übertrieben vorkommen. Je öfter Sie die Übung jedoch durchführen, desto mehr wird sie Ihnen in Fleisch und Blut übergehen, desto natürlicher wird es für Sie als Frau sein, Ihre Würde zum Ausdruck zu bringen.

Die »Schallplatte mit Sprung«-Technik

Das ist eine altbekannte, recht wirksame Kommunikationstechnik, die Ihnen hilft, beharrlich Ihre Ziele zu verfolgen. Viele Frauen geben zu schnell auf, wenn sie sich Einwänden und Kritik ausgesetzt sehen. Wenn sie einen Wunsch oder einen Standpunkt vortragen und ihr Gegenüber widersetzt sich aus irgendwelchen Gründen der prompten Wunscherfüllung, so geben sich Frauen bereitwillig mit der Verliererrolle zufrieden. Sie geben klein bei, lassen sich nur allzu leicht von männlichen Wortlawinen überrollen und von »logischen« Begründungen außer Gefecht setzen. Vielleicht war es ja doch zu anmaßend, überhaupt den Mund aufzumachen?

Um ans Ziel Ihrer Wünsche zu gelangen, reicht es häufig nicht aus, einen zaghaften Vorstoß zu wagen. Manchmal müssen Wünsche beharrlich und wiederholt (wie die berühmte Schallplatte mit Sprung eben) geäußert werden, damit sie wirklich ernst genommen werden. Männer appellieren erfolgreich an das Schuldgefühl oder das Verständnis von Frauen, wenn es darum geht, eine Forderung zurückzuweisen. Mann zeigt sich kompromissbereit, würde dem Wunsch nur allzu gern nachkommen, doch leider, leider kann der gewünschte Urlaub nicht genehmigt werden, frau wird das ja hoffentlich verstehen! Und da Frauen Meisterinnen im Verständnis für ihre Mitmenschen sind, tun sie das auch und geben nach.

Es ist wichtig, dass Sie keine Entschuldigungen oder Rechtfertigungen für Ihre Wünsche anbieten, sondern klar und deutlich äußern, was Sie möchten. Mit Hilfe der »Schallplatte mit Sprung«-Technik können Sie konsequent an einem Thema festhalten und verhindern, sich von der Gegenseite einschüchtern zu lassen. Sie wiederholen so lange, was Sie wollen, bis der andere Ihrem Wunsch nachkommt oder sich zumindest kompromissbereit zeigt. Dabei geht es nicht darum, wie ein Automat zu reagieren, sondern sich beharrlich durchzusetzen. Zur Verdeutlichung folgt die Anwendung der »Schallplatte mit Sprung«-Technik, wie sie sich in einer alltäglichen Situation abspielen könnte:

Situation: Einen Vertreter an der Haustür erfolgreich abwimmeln

Vertreter: Guten Tag. Mein Name ist Braun. Hier mein Ausweis. Ich bin vor zwei Wochen aus dem Gefängnis entlassen worden. Wie Sie vielleicht verstehen werden, ist es für mich sehr schwierig, Arbeit und Wohnung zu finden. Wären Sie bereit, mich zu unterstützen?
Johanna: Wie könnte das aussehen?

Vertreter: Würden Sie bei mir eine Zeitschrift abonnieren? Sie würden mir damit einen großen Gefallen tun.
Johanna (ruhig und klar): Tut mir leid, ich bin nicht an einem Abonnement interessiert.
Vertreter: Haben Sie etwas gegen ehemalige Strafgefangene?
Johanna: Nein. Aber ich bin an einer Zeitschrift nicht interessiert.
Vertreter: Darf ich Ihnen mal eine persönliche Frage stellen? Haben Sie Kinder?
Johanna: Nein. Und ich bin an einem Abonnement nicht interessiert.
Vertreter: Ihr Mann würde sich doch sicherlich freuen, wenn Sie ihn mit dem »Spiegel« überraschen.
Johanna (lauter): Haben Sie verstanden? Ich bin nicht interessiert!
Vertreter (beleidigt und vorwurfsvoll): Tja, wenn Sie mit mir nicht reden wollen, dann gehe ich eben. Guten Tag!

Johanna fühlt sich prächtig, nachdem sie die Tür hinter sich geschlossen hat. Sie hat mit der alten Zwangsgewohnheit gebrochen, auf jede Frage, die ihr gestellt wird, eine Antwort geben zu müssen. Diesmal hatte sie sich erlaubt, nicht erwartungsgemäß zu reagieren und bei sich zu bleiben. Wäre sie auf den penetranten Vertreter eingegangen, hätte sie argumentiert – so wäre sie mit Sicherheit von ihm in eine endlose Diskussion verwickelt worden, und wahrscheinlich hätte er ihr eine Zeitschrift aufgeschwatzt.

Wut tut gut

Angelika Aliti sagt: »Zorn und Wut machen die Welt nicht gut, aber sie sind wunderbare Sprungbretter in die Aktivität.« Ich schließe mich dieser Meinung an. Wenn wir wütend sind, fühlen wir uns stark, energiegeladen und lebendig, vorausgesetzt wir haben keine Schuldgefühle.

Ich bin keine Verfechterin des ungehemmten Säbelrasselns und Keulenschwingens. Ich bin mir der Gefahren der Trotztochter und der Grenzen der wilden Frau sehr wohl bewusst. Es geht mit Sicherheit nicht darum, in Wut und Empörung stecken zu bleiben. Doch wenn wir Aggressionen völlig unterdrücken, werden sie sich gegen uns richten. Wir werden depressiv, launisch, nörglerisch oder passiv.

Wut ist Wut. Sie ist weder gut noch schlecht, sondern Teil menschlichen Lebens. In bestimmten Momenten kommt sie, und sie geht auch wieder. Wut ist eine nach außen gerichtete Energie, und Männern wird sie eher zugestanden als Frauen. Das macht die Sache schwierig. Unterdrücken Frauen ihr Aggressionspotential, so gehen nicht nur ihr Durchsetzungsvermögen, sondern auch ihr Selbstbewusstsein und ihre Würde verloren. Fehlt ihnen der Zugang zu dieser grenzensetzenden Energie, so werden sie leichte Beute für Menschen, die Grenzen überschreiten. Wir sollten Wut und Zorn also als Werkzeuge benutzen, uns jedoch nicht von ihnen leiten lassen.

Sie sollten sich an dieser Stelle einmal fragen:
Wie bewerte ich Wut, Zorn und Aggressionen?
Wie gehe ich mit meiner eigenen Wut um?
Wie reagiere ich typischerweise auf Wut? Fange ich leicht zu weinen an und verfalle in Selbstzweifel, wenn jemand wütend auf mich ist oder mich etwas oder jemand wütend macht?
Neige ich dazu, in Konfliktsituationen krank zu werden, zum Beispiel Kopfschmerzen zu bekommen?
Nehme ich zähneknirschend ungerechtfertigte Vorwürfe hin oder platzt mir bei jeder Kleinigkeit der Kragen?
Ziehe ich mich zurück und leide stumm vor mich hin oder handle ich nach dem Motto: Angriff ist die beste Verteidigung?

Wie also umgehen mit Wut und Zorn? Fragen Sie Fachleute, Ärzte, Therapeuten, Pädagogen, so werden Sie recht verschiedene Antworten erhalten. Der eine rät Ihnen, Ihre Aggressionen möglichst auszuleben, der andere meint, Sie sollten dreimal um den Block laufen, ein Kissen schlagen oder leise bis hundert zählen. Und der dritte sagt, Sie sollten mehr meditieren, sich zusammenreißen und liebevolle Gedanken aussenden, statt anderen Menschen an die Kehle zu springen.

Ich denke, Sie sollten Ihre eigenen Methoden finden und sie je nach Situation bewusst einsetzen. Wichtiger erscheint mir die Frage, ob Sie langfristig Ihre Aggressionen als Motor für tiefere Selbsterkenntnis und für die Entdeckung besserer zwischenmenschlicher Kommunikationsstrategien nutzen können.

Haben Sie schon einmal genau beobachtet, was passiert, wenn Sie wütend werden? Die Zornesröte steigt Ihnen ins Gesicht, Sie beißen die Zähne zusammen oder zeigen sie sogar. Sie legen die Stirn in Falten, kneifen die Augen zusammen oder reißen sie auf. Ihr Blick wird stechend und könnte morden. Sie atmen heftig, Ihre Muskeln spannen sich an. Ihre Hände wollen Fäuste bilden, und vielleicht stampfen Sie mit dem Fuß auf. Was will Ihr Körper in dieser Situation ausdrücken?

Wut ist ein Signal, auf das wir hören sollten. So wie uns der physische Schmerz beispielsweise sagt, dass wir die Hand von der Herdplatte nehmen müssen, und uns damit schützt, so schützt der Schmerz, der die Wut auslöst, unseren innersten Kern. Welche Botschaft könnte unsere Wut enthalten? Sie könnte uns darauf hinweisen, dass wir mehr tun oder geben, als wir wollen oder können. Sie kann bedeuten, dass uns jemand gekränkt, unsere Grenzen verletzt hat oder unsere Wünsche und Bedürfnisse nicht respektiert hat. Wut kann sich jedoch auch gegen uns selbst richten und uns signalisieren, dass es höchste Zeit ist, zu handeln und destruktive Verhaltensweisen abzustellen. Sie will, dass wir uns nicht aufgeben, sondern aktiv werden.

Wenn Sie das nächste Mal einen Wutanfall haben, rate ich Ihnen, in die Beobachterrolle zu gehen, nachdem die erste Wut verraucht ist. Schieben Sie die Wut nicht weg, sondern beobachten Sie wie eine neugierige Forscherin, was sie mit Ihnen macht. Fragen Sie die Wut nach der Botschaft, die sie Ihnen vermitteln will. Lernen Sie, sich in die wahren Ursachen Ihrer Wut einzufühlen. Treten Sie einen Schritt zurück, um unproduktive Interaktionsmuster erkennen und stoppen zu können.

Nehmen Sie nicht alles persönlich

Von Dr. Hal und Sidra Stone, den Erfindern der Voice-Dialogue-Methode, habe ich gelernt, wie wichtig für Frauen neben ihrer kriegerischen und sexuellen Energie der Zugang zu ihrer unpersönlichen Energie ist. Mit unpersönlicher Energie meine ich die Fähigkeit, objektiv, eher distanziert und unbeteiligt im Kontakt mit anderen Menschen zu sein. Von Kindesbeinen an wird Frauen eingetrichtert, sie seien gefühlvolle Wesen, die zu ihren Mitmenschen eine persönliche, von Anteilnahme getragene Beziehung herstellen müssten. Eine »richtige« Frau muss warmherzig sein und für die Bedürfnisse ihrer Lieben stets ein offenes Ohr haben.

Während Männer durchaus einen kühlen Kopf bewahren und Dinge erst einmal abwägen dürfen, sollen Frauen einfühlsam und verständnisvoll reagieren. Männer lernen, ihre Grenzen zu schützen und Dinge an sich abprallen zu lassen. Ihr Bedürfnis zu gefallen, zu schmeicheln und Verständnis zu vermitteln ist bei weitem nicht so ausgeprägt wie bei Frauen. Während Frauen sich Dinge sehr zu Herzen nehmen können und sich stets fragen, ob sie nicht etwas falsch gemacht haben, neigen Männer dazu, die Schuld von sich zu weisen und zu sagen: »Das hat mit mir nichts zu tun!«

Wenn Frauen überwiegend aus persönlicher Energie schöpfen, sind sie emotional abhängig von anderen Menschen. Sie brauchen die Bestätigung von außen. Kritik, Zurückweisung und Spannungen werden leicht unerträglich für sie. Persönliche Energie kann unser Leben sehr anstrengend machen, da wir permanent unsere Aufmerksamkeit nach außen richten und um Kontakt bemüht sind. Unpersönliche Energie dagegen hilft uns, innere und äußere Grenzen zu setzen und die Dinge etwas abgeklärter und distanzierter zu betrachten. Das heißt nicht, dass Sie abweisend und unfreundlich sein müssen.

Damit Sie sich unpersönliche Energie vorstellen können – was vielen Frauen äußerst schwer fällt –, müssen Sie nur an einen Bankbeamten am Schalter denken. Er ist durchaus freundlich und zuvorkommend zu seinen Kunden, doch er ist auf gewisse Weise distanziert, unnahbar und kühl. Wenn er sich abends nicht völlig ausgelaugt fühlen will, muss er sich unabhängig machen von den Stimmungen seiner Kunden und unpersönliche Energie zur Verfügung haben.

Ich stelle Ihnen im folgenden eine Übung vor, durch die Sie lernen, zwischen persönlicher und unpersönlicher Energie zu unterscheiden.

Übung: Den Unterschied zwischen persönlicher und unpersönlicher Energie spüren

1. Führen Sie die Übung mit einer Person Ihres Vertrauens durch. Setzen Sie sich einander gegenüber und nehmen Sie beide zunächst Kontakt zu Ihrer persönlichen Energie auf, das heißt, seien Sie offen, am anderen interessiert, warmherzig und einfühlsam. Es ist Ihnen wichtig, dass der andere glücklich und zufrieden ist. Drücken Sie das auch in Ihrer Körperhaltung aus: Vielleicht rücken Sie näher zusammen und beugen sich nach vorn. Der Gesichtsausdruck und der Klang Ihrer Stimme signalisieren Offenheit und Wärme. Unterhalten Sie sich nun etwa fünf Minuten über irgendein Thema, während Sie beide voll persönlicher Energie sind.
2. Nach dieser Zeit wechseln Sie über zur unpersönlichen Energie. Sprechen Sie nun über das gleiche Thema, doch seien Sie nun distanzierter, objektiver und unabhängiger von der Meinung des anderen. Auch Ihre Körperhaltung ist jetzt aufrechter: Sie lehnen sich zurück. Die Stimme klingt kühler, weniger gefühlsgeladen. Sie hören dem anderen zu, ohne den Kontakt zu Ihnen selbst zu verlieren. Dabei wird Ihnen auffallen, dass Sie sich wesentlich leichter abgrenzen und anderer Meinung sein können, wenn Sie voll unpersönlicher Energie sind.
3. Zuletzt wechselt einer von Ihnen zu persönlicher Energie über, der andere verharrt in unpersönlicher Energie. Nun unterhalten Sie sich wieder über ein bestimmtes Thema. Nach fünf Minuten wird wieder gewechselt.
4. Tauschen Sie abschließend Ihre Erfahrungen aus. Welche Rolle fällt Ihnen leichter? Ist es schwierig für Sie, in unpersön-

licher Energie zu bleiben, wenn Ihr Gegenüber sehr persönlich ist? Was ist angenehm an unpersönlicher Energie?

Ich habe immer wieder Frauen erlebt, die in meinen Seminaren bei dieser Übung zum ersten Mal in ihrem Leben mit unpersönlicher Energie in Kontakt kamen. Erst durch das bewusste Erleben von unpersönlicher Energie wurde ihnen klar, wie sehr sie ihr Leben aus persönlicher Energie heraus lebten und wie anstrengend das sein kann. Das berühmt-berüchtigte weibliche Lächeln war auf einmal von ihren Gesichtern verschwunden, und sie strahlten Klarheit und Ruhe aus. Unpersönliche Energie kann sehr befreiend und eine echte Bereicherung Ihres Lebens sein: Sie reagieren nicht ständig auf andere Menschen; es fällt Ihnen leichter, in schwierigen Situationen einen Schritt zurückzutreten und klare Entscheidungen zu fällen. Mit unpersönlicher Energie können Sie leichter Grenzen setzen und sind nicht auf die Zustimmung anderer Menschen angwiesen. Sie können Wünsche bestimmter vortragen und sich klarer ausdrücken. Sie verlieren Ihre Ziele nicht aus den Augen, und Ihr Umgang mit Menschen wird »energiesparender«.

Unpersönliche Energie muss anfangs immer wieder eingeübt werden. Allzu schnell sind der innere Kritiker und der Patriarch mit dem Vorwurf zur Stelle, Sie hätten Ihre Weiblichkeit verloren. Lassen Sie sich von ihren Warnungen, kein Mann wolle eine solche Frau, nicht einschüchtern! Experimentieren Sie in Ihrem Alltag immer wieder mit dem Wechsel von persönlicher und unpersönlicher Energie. Achten Sie dabei vor allem darauf, wie es *Ihnen* dabei geht.

Übung: Die Schutzglocke

Die Schutzglockenübung hilft Ihnen, sich vor negativen oder überwältigenden Energien zu schützen. Sie sollten sie regelmäßig üben, um im Kontakt mit anderen Menschen bei sich bleiben zu können und nicht alles auf sich zu beziehen.

Setzen Sie sich aufrecht auf einen Stuhl und schließen Sie die Augen. Tun Sie ein paar tiefe Atemzüge und kommen Sie ganz bei sich an. Strecken Sie nun in Ihrer Vorstellung beide Arme aus und malen Sie mit dem Zeigefinger einen Kreis um sich herum auf den Boden. Drehen Sie sich in Ihrer Phantasie einige Male hin und her, bis Sie einen dicken Kreis auf den Boden gemalt haben. Dieser Kreis ist Ihr persönlicher Schutzkreis.

Lassen Sie nun im Uhrzeigersinn eine kleine Flamme im Kreis herumwandern, bis Sie einen kompletten Flammenkreis um sich haben. Stellen Sie sich vor, Ihr Schutzkreis habe magische Kräfte: Wie ein Magnet stößt er von außen alles ab, was Sie nicht in Ihrem Kreis haben möchten, und er lässt auch von innen nur das aus dem Kreis, was Sie wollen. So sind Sie doppelt gesichert.

Lassen Sie nun den Kreis langsam in die Höhe wachsen. Zunächst reicht er bis zu Ihren Knien, dann bis zum Bauch. Lassen Sie ihn höher wachsen zu Ihrer Brust, bis zum Hals und über den Kopf, wo er sich langsam wie eine Glasglocke über Ihnen schließt. Nun sitzen Sie vollständig geschützt unter der Glocke. Geben Sie ihr die Farbe und das Material, womit Sie sich sicher fühlen. Kreieren Sie Ihre persönliche Schutzglocke. Wie fühlt es sich an, unter der Schutzglocke zu sitzen?

Dem Nein im Aussen begegnen

Je geringer der Selbstwert von Frauen ist, je weniger sie nein sagen können, desto schwerer fällt es ihnen, mit Ablehnung von außen umzugehen. Statt zu sehen, dass lediglich ihr Wunsch oder Anliegen zurückgewiesen wird, fühlen sie sich als Gesamtperson infrage gestellt.

Nicht immer werden unsere Ideen, Handlungen und Wünsche auf Zustimmung stoßen. Andere Menschen haben nun einmal andere Pläne und Vorstellungen als wir. Wir müssen uns klarmachen, dass es keinesfalls darum gehen kann, immer das zu bekommen, was wir wollen. Wie bereits erwähnt kann das innere Kind in seinen Wünschen und Bedürfnissen unersättlich sein.

Der Lohn besteht vielmehr darin, dass wir uns selbst treu bleiben und unser Anliegen selbstsicher vortragen, statt klein beizugeben und zu resignieren. Es ist wichtig, dass wir lernen, mit Ablehnung so umzugehen, dass wir uns nicht völlig niedergeschmettert fühlen und uns selbst infrage stellen.

Die Kommunikationspsychologie spricht davon, dass wir Botschaften eines anderen Menschen mit vier verschiedenen »Ohren« empfangen können (nach dem Buch von Friedemann Schulz von Thun: »Miteinander reden«): mit

1. dem »Sachohr«,
2. dem »Beziehungsohr«,
3. dem »Selbstoffenbarungsohr« und
4. dem »Appellohr«.

Es ist eine alte Weisheit, dass wir immer das hören, was wir hören wollen. Während Männer eher mit dem Sach- und Selbstoffenbarungsohr hören, das heißt, den Inhalt einer Botschaft zu verstehen versuchen oder sich fragen, was mit der *anderen* Person los ist, empfangen Frauen Informationen häufig mit dem Beziehungs- oder Appellohr. Sie fragen sich, wie der Sender der Botschaft zu *ihnen* steht und was am besten zu tun ist, um *ihn oder sie* zufriedenzustellen. Ich möchte die Unterschiede an einem Beispiel näher erläutern:

Herr Frank, Chef einer kleinen Software-Firma, kommt ins Büro seiner Mitarbeiter gestürmt und tobt: »Eure Arbeit von gestern taugt keinen Pfennig!« Während Herr Schneider denkt: »Mein Gott, heute hat er wieder mal einen schlechten Tag. Er hatte bestimmt Streit mit seiner Frau«, denkt Frau Müller: »Oje, jetzt habe ich schon wieder etwas falsch gemacht. Wahrscheinlich findet er mich inkompetent und wird mir bald kündigen!« Herr Schneider hört mit dem Selbstoffenbarungsohr. Er sieht, daß der Chef in seinem Vorwurf eine Aussage über sich selbst macht, grenzt sich deutlich von diesem Vorwurf ab und fragt sich, ob er Eheprobleme hat. Frau Müller dagegen hat ihr Beziehungsohr weit geöffnet. Sie bezieht sofort alles auf sich und fühlt sich schuldig.

Herr Schmidt wiederum geht ganz anders mit der Situation um. Er stellt einfach fest: »Aha, da ist uns wohl ein Fehler unterlaufen«, ohne auf den Wutausbruch des Chefs einzugehen. Er hat sein Sachohr geöffnet. Frau Rieger dagegen hat ein übergroßes Appellohr. Sie fühlt sich sofort aufgefordert, etwas zu tun, um die Missstimmung auszuräumen, und rennt geschäftig hin und her.

Je nachdem, welches unserer vier Ohren wir vorrangig auf Empfang gestellt haben, werden Weichen für das weitere zwischenmenschliche Geschehen gestellt. Nicht selten entstehen Missverständnisse, die Nachricht kommt anders bei uns an, als sie gemeint war. Unsere Reaktion hat großen Einfluss auf ein Gespräch – und natürlich auf unser Wohlbefinden. Es ist sehr heilsam für uns Frauen, nicht nur unsere Beziehungs- und Appellohren aufzusperren. Gute Mütter und brave Töchter beziehen alles auf sich und stellen sich permanent infrage. Ihr Beziehungsohr ist hochempfindlich, und ihr negatives Selbstbild wird durch die falsche Auslegung harmloser Botschaften bestätigt. So sind sie in einem Teufelskreis gefangen.

Frauen müssen lernen, öfter ihre Sach- und Selbstoffenbarungsohren zu benutzen. Ein Nein ist einfacher hinzunehmen, wenn wir es nicht automatisch auf uns als Person beziehen. Selbstwert ist nicht gleichbedeutend mit Marktwert. Ich bin nicht nur das, was ich leiste – ich bin viel mehr. Ich muss nicht perfekt sein und darf auch Fehler machen.

Frauen reagieren auf Kritik besonders empfindlich. Während sie die Kritik wie ein begossener Pudel sprachlos über sich ergehen lassen, sich zu rechtfertigen oder gar zu weinen beginnen, setzen sich Männer eher nach dem Motto »Angriff ist die beste Verteidigung« aggressiv zur Wehr.

Kritik oder Ablehnung von anderen Menschen kann, wenn sie sachlich geäußert wird, durchaus hilfreich bei der persönlichen Entwicklung sein. Rückmeldung auf unser Verhalten und Handeln ist wichtig und kann neue Impulse setzen. Doch wir müssen dafür sorgen, dass andere Menschen uns nicht ungerechtfertigt oder hintenherum kritisieren und nicht ihren Seelenmüll auf uns abwälzen. Das fällt leichter, wenn wir in unpersönlicher Energie sind, unsere Beziehungs- und Appellohren mehr verschließen und stattdessen öfter unsere Sach- und Selbstoffenbarungsohren benutzen. Erinnern Sie sich auch an die Übungen »Königinnen-Haltung« und »Schutzglocke«, wenn Sie kritisiert werden.

Übung:

Die folgende kleine Übung soll Ihnen helfen, herauszufinden, mit welchem Ohr Sie vorwiegend hören.

Sie haben Geschäftspartner zum Essen eingeladen und in mehrstündiger Arbeit ein viergängiges Menü gezaubert. Ein Kollege stellt während des Hauptgangs folgende Frage: »Was ist denn das Scharfe in der Soße?«

Was hören Sie heraus? Was denkt der Kollege Ihrer Meinung nach?
a) Der Geschmack ist ungewohnt für mich.
b) Mit ihren Kochkünsten ist es nicht weit her.
c) Lass beim nächsten Mal das scharfe Gewürz weg!
d) Die Soße schmeckt scharf.

Versetzen Sie sich nun in die oben beschriebene Situation und entscheiden Sie sich für eine Antwort.
a) Selbstoffenbarung
b) Beziehung
c) Appell
d) Sachinhalt

Erinnern Sie sich an andere Situationen, in denen es vielleicht zu Missverständnissen kam. Auf welchen Empfangskanal hatten Sie geschaltet?

Stärken und Kraftquellen finden

Wenn wir Frauen unsere Stärken und Kraftquellen kennen, fällt es uns leicht, unsere Grenzen zu schützen. Haben wir Zugang nicht nur zur Mutter und Liebenden, sondern auch zu unserer inneren Kriegerin, Königin und zur wilden Frau, so wissen wir genau, wann es angebracht ist, Kompromisse zu schließen, und wann wir nein sagen müssen.

Es ist für unser geistiges und seelisches Wohlbefinden nicht gerade förderlich, wenn wir uns permanent mit unseren Fehlern und Schwächen, mit dem, was wir (noch) nicht können und sind, beschäftigen. Unser innerer Kritiker findet immer etwas, das ihm an uns nicht passt, das verbesserungwürdig ist, der Therapie oder sonstiger Veränderungsmaßnahmen bedarf. Wir entwickeln ein Mangelbewusstsein, und dieses Mangelbewusstsein hat die Tendenz, Kritik von außen anzuziehen. So sind wir in einem Teufelskreis gefangen.

Sich seiner eigenen Fehler und Schwächer bewusst zu werden ist sicher sinnvoll. Ich plädiere durchaus nicht dafür, den Kopf in den Sand zu stecken und permanent mit einer rosaroten Brille durch die Welt zu laufen. Doch häufig vergessen wir dabei, dass wir viele liebeswerte Eigenschaften und Stärken in uns tragen, die bei der Bewältigung der Anforderungen unseres Lebens immens hilfreich sein können.

Deshalb sollten Sie sich nun all die Dinge aufschreiben, die Sie an sich mögen, Ihre Stärken. Denken Sie dabei an Verhaltensweisen ebenso wie an Charaktereigenschaften, körperliche Dinge, geistige oder handwerkliche Fähigkeiten usw. Nehmen Sie nichts als selbstverständlich hin und lassen Sie sich mindestens eine Viertelstunde Zeit, um die Liste zu vervollständigen.

Das mag ich an mir / Meine Stärken sind:

Wie leicht oder schwer fiel Ihnen das Aufschreiben Ihrer Stärken? Kamen Sie sich überheblich und eingebildet vor oder hat es Ihnen Spaß gemacht? Waren Sie vielleicht freudig überrascht, so viele positive Qualitäten an sich zu entdecken?

Notieren Sie sich nun abschließend all die Dinge, die eine Quelle der Kraft für Sie sind, bei denen Sie auftanken und neue Kraft schöpfen können. Schließen Sie zunächst die Augen, atmen Sie ein paarmal tief ein und aus und nehmen Sie Kontakt auf zu der Höheren Kraft in Ihnen. Sie können diese Kraft

Gott, Höhere Energie, Licht, kosmische Energie oder anders nennen. Stellen Sie sich vor, dass Sie Licht und Energie einatmen, und Sorgen, Selbsthass und Spannungen ausatmen. Verweilen Sie einige Minuten bei dieser Übung, bevor Sie weiterschreiben.

Meine Kraftquellen sind:

____

____

Meine persönlichen Kraftquellen sind ganz verschiedene Dinge, zum Beispiel Meditation, Aufenthalt in der Natur, die Lektüre eines guten Buches, Zärtlichkeit, Tanzen, Yogaübungen, ein gutes Gespräch mit Freunden, ein heißes Bad usw.

Fragen Sie sich nun, ob Sie sich genügend Zeit nehmen, Ihre persönlichen Kraftquellen anzuzapfen. Geben Sie sich zum Abschluss des Buches das innere Versprechen, sich – falls nötig – mehr Raum und Zeit für Ihre Kraftquellen zu gönnen. Seien Sie Ihre eigene beste Freundin!

13. Schlussbemerkung

Fünfzehn Monate sind vergangen, seit ich auf La Gomera mit dem Schreiben dieses Buches begann. Mein Partner und ich hatten uns für einige Wochen an einen einsamen, kleinen Strand im Westen der Insel zurückgezogen. Das Meer war ungewöhnlich wild und stürmisch. An manchen Tagen schlugen die Wellen bis über den Balkon unseres Appartements. Nach heftigen Unwettern war die steile Serpentinenstrasse zum Strand kaum befahrbar. Erdrutsche hatten schwere Steine auf den Weg gespült.

Die Naturgewalten so hautnah zu erleben war beängstigend und gleichzeitig unbeschreiblich schön. Das gigantische Rauschen der Brandung spülte nachts in Alpträumen alte, längst vergessene Bilder an die Oberfläche. Und ich wollte schreiben, schreiben, schreiben. Szenen aus der Kindheit und die damit verbundenen Gefühle tauchten wieder auf. Ich sah das kleine, dünne Mädchen vor mir, das nie gewagt hätte, den Eltern oder Lehrern zu widersprechen. Zu groß war die Angst vor Strafe und Ablehnung. Ich sah auch den langhaarigen Teenager vor mir, der gelernt hatte, zu schwindeln, und sämtliche Hintertürchen kannte, um zu seinem Recht zu kommen, ohne offen rebellieren zu müssen. Ich erinnerte mich an die Studentin, die sich in der Frauenbewegung engagierte und trotzig schwor, sich nie so wie die eigene Mutter einem Mann unterzuordnen.

Seitdem ist viel passiert. Viel sehe und empfinde ich heute anders. Ich weiß, dass Rebellion die Schwester der Fügsamkeit ist, dass sie ebenso verhängnisvoll ist wie die Anpassung und Unterwerfung. Ich verstehe auch, dass es nicht darum gehen kann, die Lager zu wechseln und sich der Illusion hinzugeben, jetzt sei alles gut. Manchmal ist es für mich auch heute noch schwer, die richtige Entscheidung zu treffen.

Dieses Buch zu schreiben war für mich zunächst wie eine Zeitreise in die eigene Vergangenheit. Diese Reise war zuweilen schmerzhaft, zuweilen äußerst amüsant. Und sie ist mit der

Ablieferung des Mauskriptes nicht zu Ende. Auch als Lehrende in Sachen Nein sagen fühle ich mich weiter als Lernende. Jede Begegnung ist eine neue Herausforderung, mich einem anderen Menschen zu öffnen, ohne mich dabei selbst zu verlieren. Ich würde mich freuen, wenn ich auch Ihnen, liebe Leserin, dabei ein Stück weiterhelfen konnte.

14. Ihre Rechte

- **Sie haben das Recht, Grenzen zu setzen und nein zu sagen.**
- **Sie haben das Recht, zu bestimmen, wo Ihre individuellen Grenzen sind.**
- **Sie haben das Recht, zu denken, was Sie denken.**
- **Sie haben das Recht, zu tun oder zu lassen, was Sie für nötig erachten (vorausgesetzt, Sie schaden niemandem dabei).**
- **Sie haben das Recht, zu fühlen, was Sie fühlen.**
- **Sie haben das Recht, Ihre Meinung zu äußern.**
- **Sie haben das Recht, sich gegen emotionale Verletzungen zu schützen.**
- **Sie haben das Recht auf eigene Entscheidungen.**
- **Sie haben das Recht, sich gegen Missachtung und Respektlosigkeit zur Wehr zu setzen.**
- **Sie haben das Recht, die Verantwortung für die Gefühle und Gedanken anderer Menschen abzulehnen.**
- **Sie haben das Recht, zu bestimmen, wie, wann, wo und von wem Sie berührt werden möchten.**
- **Sie haben das Recht, zu bestimmen, mit wem und wie Sie sexuell verkehren möchten.**
- **Sie haben das Recht auf eigene Zeit und eigenen Raum.**
- **Sie haben das Recht, Fehler zu machen.**

Literatur

Aliti, Angelika: *Die wilde Frau. Rückkehr zu den Quellen weiblicher Macht und Energie*, München 1993

Dethlefsen, Thorwald und Rüdiger Dahlke: *Krankheit als Weg*, München 1983

Hellinger Bert: *Ordnungen der Liebe. Ein Kursbuch*, Heidelberg ²1993

Hellinger, Bert und Gabriele ten Hövel: *Anerkennen, was ist. Gespräche über Verstrickung und Lösung*, München ⁴1997

Moeller, Michael: *Die Wahrheit beginnt zu zweit. Das Paar im Gespräch*, Reinbek 1992

Northrup, Christiane: *Frauenkörper, Frauenweisheit. Bewusst leben – ganzheitlich heilen*, München ³1996

Riemann, Fritz: *Grundformen der Angst. Eine tiefenpsychologische Studie*, München 1997

Robbins, Anthony: *Das Powerprinzip – Grenzenlose Energie. Wie Sie Ihre Schwächen in positive Energie verwandeln*, München 1995

Robbins, Anthony: *Das Robbins Power Prinzip. Wie Sie Ihre wahren inneren Kräfte sofort einsetzen*, München 1995

Roeck, Bruno-Paul: *Jeder ist seines Unglücks Schmied*, Offenbach 1984

Schellenbaum, Peter: *Das Nein in der Liebe. Abgrenzung und Hingabe in der erotischen Beziehung*, Stuttgart: Kreuz Verlag 1984, S. 78

Schulz von Thun, Friedemann: *Miteinander reden. Störungen und Klärungen. Allgemeine Psychologie der Kommunikation*, Hamburg 1981

Stone, Hal und Sidra Stone: *Du bist viele*, München 1994

Stone, Sidra: *Es ist Zeit, dass du gehst*, München 1997

Weber, Gunthard (Hrsg.): Zweierlei Glück. *Die systemische Psychotherapie Bert Hellingers*, Heidelberg 1993

Über die Autorin

Ulrike Dahm, Jahrgang 1954, ist systemische Familien- und Paartherapeutin mit eigener Praxis in München. Sie hat eine Zusatzausbildung in Voice Dialogue sowie in Körper- und Energiearbeit. Neben ihrer Praxistätigkeit hält sie Vorträge und Seminare im In- und Ausland.

Ihre Themenschwerpunkte sind:
- Selbstwert und Selbstliebe
- Abgrenzung, Nähe und Distanz
- Voice Dialogue (besonders der innere Kritiker)
- Familienaufstellungen nach Bert Hellinger
- Meditation

Bislang hat sie folgende Bücher veröffentlicht:
Sei Dein bester Freund. Wegweiser zur Selbstliebe,
Münsingen/Bern 1992 (zusammen mit Erich Keller)
Mit der Kindheit Frieden schließen. Wie alte Wunden heilen,
Kreuzlingen/München 2006.

Für weitere Informationen wenden Sie sich bitte an:
Ulrike Dahm
Gartenstraße 20
82008 Unterhaching
Tel. 089/6 11 88 47
Fax 089/6 11 88 47
E-Mail Ulrike.Dahm@t-online.de
www.wege-zum-selbst.de